LIFE IN THE

GW01417464

Urdu & Englis

For

New Residents

In line with the 3rd Edition of the Home Office Handbook

For Tests After 25th March 2013

URDU & ENGLISH

مفصّل اردو ترجمہ کے ساتھ

Comprehensive Urdu Translation, Study Guide & Practice Questions

مفصّل اردو ترجمہ، سٹڈی گائیڈ اور پریکٹس ٹیسٹ

SAMIRA YAHYA
AZEEM S SHEIKH

Authors: Samira Yahya
Azeem S Sheikh

First Edition: October 2012 [ISBN: 9780957445307]
Second Edition: June 2013 [ISBN: 9780957445345]
Third Edition: January 2015 [ISBN: 9780957445352]

British Library Cataloguing in Publication Data.

A catalogue record for this book is available from the British Library.

Published & Distributed in the UK, by: Gold Beans
Gold Beans Publishing Ltd
5, Jupiter House
Calleva Park, Aldermaston
Reading
RG7 8NN

'Gold Beans' is a trading name for Gold Beans Publishing Ltd.

Place Orders @:
Contact No. : (+44) 07956 829 786
Email for Orders: GoldBeansPublishing@gmail.com

Printed in the United Kingdom

Study Aid based ... **v Residents; 3rd**

http://www.r ... t-licence.htm

We dedicate this book to our beloved mothers Zarina Begum & Aapa Jan, who spent their lives shaping ours....
May their Souls Rest in Peace!
Life is not the same without mothers!

Acknowledgements:

Little angels who add brightness to our days and smiles to our thoughts: Abdullah Johar, Roha, Maria, Abdur Rehman, Shehzal and Ayesha!

Introduction

'Life in the UK Test – Urdu & English Guide for New Residents', (3rd Edition) with Urdu translation, has been written keeping in mind those whose first language is Urdu and have difficulty in understanding English. The purpose of translation of subject matter to Urdu is to help them in clear understanding and memorization of the facts in their own language to be able to answer the questions correctly. The book is meant to be equally useful to those fluent in English by virtue of important point-wise summaries of the syllabus.

It is a study guide for people appearing in the Life in the UK Test, prior to applying for the British Citizenship/Indefinite Leave to Remain in the UK. The book contains important points chapter by chapter, from the new [3rd Edition of the] official home office book (mentioned below). These points cover most of the substance of the book. The points are both in English and Urdu, and there are around 150 exam-style questions in English in form of practice questions, to give you an idea of the format of questions. The first section contains some very useful tables with important information extracted from the chapters that can serve as 'Handy points' and will help you in quicker revision, prior to taking your test. In 3rd edition, we have added a translation of the Glossary from the Official Test book.

We strongly recommend to all prospective candidates to read the latest official home office book [the latest as per December 2014 is: 'Life in the United Kingdom -A Guide for New Residents' 3rd Edition, you should check the latest information prior to your test].

It is worth noticing that the current home office book contains far more elaborate history compared to the past edition. While it seems a daunting task to remember everything in history, reading with interest and use of imagination to visualize how history was unfolding, will help retain these interesting facts. As far as chapter four and five are concerned, we hope that their usefulness in your daily life will help you remember the information, not only for your test, but for help in day-to-day life too.

When we make updates to our book in accordance with any future updates in Home Office publication, we will endeavour to provide information on this page or on the title page of the book.

Disclaimer:

Our book and the included translation is based on the latest official home office book at the time of publication: 'Life in the United Kingdom -A Guide for New Residents' 3rd Edition. The content of the official handbook may undergo changes and updates in future. We will try to keep up-to-date with those changes, especially when major, but it is your own responsibility to ensure that the book you are buying is relevant and current for your test, whenever you intend to take it. At the time of publication, a thorough and intense effort has been made to comply with the Home Office's current test handbook mentioned above and the content is exclusively based on it, with no additional information from any outside source. Authors are not able to guarantee the relevance of content at any point in future. It is your own responsibility to ensure that you have up-to-date knowledge of any changes in syllabus and relevant issues from the UKBA's official websites.

We do not accept any liability for any loss, damage, expense, costs or liability whatsoever incurred by you by use of our book.

تمہید

'لائف ان دا یو کے' ٹیسٹ برطانیہ کی نیشنیلٹی یا ریزیڈنسی حاصل کرنے کی طرف ایک اہم قدم کی حیثیت رکھتا ہے- جب ہم یہ ٹیسٹ لے رہے تھے تو ہم نے مشاہدہ کیا کے ایسے بہت سے امیدوار جن کی پہلی زبان انگریزی نہیں اس ٹیسٹ میں جدوجہد کر رہے تھے - یہ کتاب ان سب کے لئے ہے جن کی پہلی زبان اردو ہے اور جن کو انگریزی پڑھنے یا سمجھنے میں دقّت محسوس ہوتی ہے-

اس کتاب میں برٹش ہسٹری اور اہم نکات پر مشتمل ٹیبلز ہیں جو کہ آپ کو یہ چیزیں یاد کرنے میں اور انکی ٹیسٹ دینے سے پہلے جلد از جلد نظر ثانی کرنے میں مدد دیں گے تیسرے ایڈیشن میں الفاظ معنی کی گلوسری کا اضافہ کیا گیا ہے- نیز ہر چیپٹر میں اہم نکات جن پر سوالات آسکتے ہیں، بلٹ پوائنٹس کی صورت میں ایک طرف انگریزی میں اور اس کے سامنے اردو میں شامل کیے گئے ہیں- آپ چاہیں تو پہلے انگریزی میں وہ اہم نکات پڑھ لیں اور پھر ایسا کوئی نکتہ جو اچھی طرح سمجھ نہ آرہا ہو، اردو میں دیکھ لیں- ہر چیپٹر کے آخر میں پریکٹس کیلیے کچھ سوالات ہیں- اگر آپ محسوس کریں کہ آپ کو پاس ہونے کے لئے زیادہ سوالات کے ساتھ تفصیلی تیّاری کرنے کی ضرورت ہے تو آپ ہماری ذیل میں دی گئی ایک ہزار سوالات پر مشتمل دوسری کتاب خرید سکتے ہیں - مگر یاد رہے کہ سوالات کی کتاب اردو میں نہیں ہے- ہمارا اندازہ ہے کہ زیادہ تر لوگ ہماری اردو کی یہ ہینڈ بک جو آپ دیکھ رہے ہیں، اسکو پڑھنے کے بعد اردو سوالات کی ضرورت محسوس نہیں کرتے -- آپ ہمیں Email کر کے خاص رعایت طلب کر سکتے ہیں-

[GoldBeansPublishing@Gmail.com]

Get Through Life in the UK Test- 1000 Practice Questions; 2013
ISBN: 9780957445338

www.LifeintheUKUrdu.co.uk

ہم آپ کے فیڈ بیک اور رائے کے منتظر رہیں گے تا کہ آئندہ اس کتاب کو مزید بہتر بنایا جاسکے-

سمیرہ یحیٰی
عظیم ایس شیخ

اہم معلومات

ٹیسٹ کی تیاری کرتے ہوئے یاد رکھیں کہ ہوم آفس نے یہ بات نہایت واضح کر دی ہے کہ آپ نئی اطلاعات حاصل کرنے کی کوشش نہ کریں کیونکہ آپ کا ٹیسٹ انہی معلومات سے ہو گا جو موجودہ آفیشل بک میں ہیں۔ نیز یہ کہ ایسی کوئی اپیل منظور نہیں کی جائے گی جو ہینڈ بک میں موجود معلومات کو چیلنج کرتی ہو۔ ٹیسٹ کے امیدوار صرف ہوم آفس کے مواد سے ہی استفادہ حاصل کریں اور ٹیسٹ کیلئے تازہ ترین معلومات اور نئے قوانین کے بارے میں جاننے کی کوشش نہ کریں۔

اس ضرورت کو پورا کرنے کیلئے ہم نے اپنی کتاب میں بھی صرف آفیشل بک سے رجوع کیا ہے تا کہ آپ کو صرف وہی معلومات دیں جو ٹیسٹ کے سلیبس میں شامل ہیں اور اور کتاب سے باہر کے اعداد و شمار سے آپ کو کنفیوز نہ کریں۔

پس، چونکہ ٹیسٹ صرف آفیشل مواد پر ہی مبنی ہو گا اس لئے سوالات کے جوابات جاننے کے لئے نئی اطلاعات کا جمع کرنا دانشمندانہ نہیں، چاہے وہ زیادہ درست ہی کیوں نہ ہوں۔

CONTENTS

Section I | 7

Glossary of Important Words & Urdu Meanings | 8

Handy Points

Important Days to Remember | 16

Age Restrictions to Remember | 18

Major Historical Events by Years | 19

Section II

Chapter-wise Bullet Points & Practice Questions

Chapter 1: The Values & Principles of the UK | 41

&

Chapter 2: What is the UK?

Practice Questions | 55

Answer Key | 61

Chapter 3: A Long & Illustrious History   63

        Practice Questions   201

        Answer Key   213

Chapter 4: A Modern Thriving Society   215

        Practice Questions   305

        Answer Key   311

Chapter 5: The UK Government, the Law & Your Role   313

        Practice Questions   429

        Answer Key   440

Section 1

Glossary

Handy Points

- Important Days to Remember

- Age Restrictions to Remember

- Major British Historical Events By Years

Glossary of Important Words & Urdu Meanings

Words	Meaning
AD	اینوڈومینی-مراد حضرت عیسیٰ کی ولادت کے بعد کے سال ہیں
Allegiance	کسی سے وفاداری، جیسے کسی رہنما، کسی یقین یا ملک سے
Armed forces	آرمی، بحری اور فضائی فوج , جو جنگ اور امن میں ملک کا دفاع کرتی ہے
Arrested (police)	پولیس کسی کو پولیس سٹیشن لے کر جائے اور پوچھ گچھ کے لئے وہاں پر رکھے
Assault	ایسا جرم جس میں کسی کے خلاف طاقت کا استعمال کیا جائے یا حملہ کیا جائے، جیسے کسی کو ضرب لگانا
Bank holiday	ایسا دن جب لوگوں کو سرکاری طور پر چھٹی ہوتی ہیں اور بہت سے کاروبار بند ہوتے ہیں-اس کو پبلک ہالیڈے بھی کہتے ہیں-
Baron	یسا شخص جسے برطانوی عظمت کا رتبہ ملا ہو-مڈل ایجز کے دوران یہ ٹائٹل بہت عام تھا.
BC	.بیفور کرائسٹ-مراد حضرت عیسیٰ کی ولادت سے پہلے کے سال ہیں-
Bishop	عیسائی مذہب کے پادریوں کے فرقے کا ایک اہم رکن، جو اکثر کسی خاص جگہ پر چرچ کا انچارج ہوتا ہے-
Boom	کسی چیز میں تیزی کا رجحان-عام طور پر کاروبار یا اقتصادیات میں-
Brutality	دوسرے کے ساتھ ایسا برتاؤ جو ظالمانہ اور تشدد پسندانہ ہو اور نقصان پہنچائے -

By-election	ایسا الیکشن جو کسی انتخابی حلقے یا مقامی حلقے میں خالی نشت پر ہو-
Cabinet (government)	سینئر وزراء کا گروہ جو حکومت کی پالیسی کا ذمہ دار ہوتا ہے-
Casualties (medical)	لوگ جو زخمی یا ہلاک ہوں، جیسے جنگ میں-
Charter (government)	ایک سرکاری دستاویز جو ملک اور اس کے شہریوں کے حقوق اور فرائض کی تفصیلات بیان کرتی ہے-
Chieftain	سکاٹ لینڈ یا آئر لینڈ کے چھوٹے قبیلے کا سربراہ-
Civil disobedience	عوام کا قوانین ماننے سے انکار کرنا، جو عام طور پر کسی سیاسی مسلے پر احتجاج کرنے کے لئے کیا جاتا ہے-
Civil law	قانونی نظام جو لوگوں یا مختلف گروہوں میں تنازعہ طے کرتا ہے-
Civil service	حکومت کے محکمے جو ملک چلانے کا کام کرتے ہیں- جو لوگ حکومت کے لیے کام کرتے ہیں ان کو سول سرونٹ بھی کہہ سکتے ہیں-
Civil war	. ایک ہی ملک میں رہنے والے مختلف گرہوں کے درمیان جنگ-
Clan	کنبے یا لوگوں کے گروہ جو ایک سردار کے نیچے رہتے ہیں اور اسی کی اولاد ہو سکتے ہیں- یہ روایتی طور پر سکاٹ لینڈ میں استعمال ہوتا ہے
Clergy	مذہبی رہنما، یہاں پر عیسائی چرچ کے پادری مراد ہے-
Coalition	مختلف سیاسی جماعتوں کا اتحاد-
Colonise	کسی دوسرے ملک میں سکونت اختیار کرنا یا ملک پر قبضہ کرنا- نو آباد کاروں کو کالونسٹس کہا جاتا ہے-
Commemorate	کسی شخص یا چیز یا واقعہ کو یاد کرنا

Conquered	لڑائی میں شکست دینا۔
Constituency	ایک خاص علاقہ جہاں پر رہنے والے ووٹر اپنے ایم پی کا انتخاب کرتے ہیں جو پارلیمنٹ میں ان کی نمائندگی کریں۔
Constitution (law)	قوانین اور اصولوں کا ڈھانچہ جو ملک چلانے کے کام آتا ہے
Convention (government)	دستور جو اکثر مختلف حکومتوں کے بیچ طے پاتے ہیں
Criminal law	جرائم سے متعلق قانون
Decree (law)	قانونی فیصلہ
Democratic country	جمہوری ملک
Devolution	وفاقی حکومت سے اختیارات کو علاقائی سطح پر منتقل کرنا
Dialect	کسی خاص علاقے میں رہنے والے لوگوں یا گروہ کی مقامی زبان
Domestic policies	داخلی پالیسی۔
Electoral register	انتخابات کا رجسٹر یا ووٹرز لسٹ۔
Electorate	وہ سارے لوگ جو انتخابات میں ووٹ ڈالنے کے اہل ہوں
Eligible	قانونی طور پر اہل ہونا۔
Ethnic origin	نسل یا ذات یا پیدائش کا ملک یا نیشنلٹی۔
Executed	سزا کے طور پر مار ڈالنا۔

First past the post	الیکشن کا وہ نظام (جیسا پاکستان میں ہے) جس میں جو زیادہ ووٹ لیتا ہے وہ انتخابات میں جیت جاتا ہے۔
Franchise	ووٹ ڈالنے کا حق۔
General Election	عام انتخابات۔
Government Policies Guilty	وہ خیالات اور عقاید جنہیں سیاسی پارٹیاں حکومت چلانے کے لئے آپس میں طے کرتی ہیں۔
Heir	دولت، جائداد یا تخت کا وارث
House (history)	(تاریخ میں) خاندان (کو کہتے ہیں)
House of Commons	ہاؤسز آف پارلیمنٹ کا وہ حصہ جہاں ممبران پارلیمنٹ بیٹھ کر بحث کرتے ہیں۔
House of Lords	ہاؤسز آف پارلیمنٹ کا وہ حصہ جہاں سینٹ ممبران یا لارڈز بیٹھ کر بحث کرتے
Household	گھرانہ , جس میں گھر اور اسکے افراد شامل ہوتے ہیں۔
Houses of Parliament	لندن میں وہ بلڈنگ جہاں اسمبلی ممبران اور لارڈز ملتے ہیں۔
Illegal	غیر قانونی
Infrastructure	بنیادی ڈھانچہ
Innocent	جسے قانون کے تحت مجرم قرار نہیں دیا گیا ہو۔
Judge	جج عدالت کا سب سے اہم رکن ہے ، جو دھیان رکھتا ہے کہ سب معاملات انصاف اور قانون پر مبنی ہوں۔
Judiciary	عدلیہ

Jury (Legal)	جیوری / پنچ
Legal	قانونی
Legislative Power	قانون سازی کی طاقت-
Liberty	آزادی
Magistrate	مجسٹریٹ- وہ شخص جو اس کورٹ میں جج ہوتا ہے جہاں جرائم کی نوعیت سنگین نہیں ہوتی-
Marital Status	ازدواجی حیثیت - شادی شدہ، مطلقہ وغیرہ
Media	میڈیا: عوام کو معلومات فراہم کرنے والی تنظیمیں
Medieval / Middle Ages	قرون وسطی - تاریخ ،1066 اور 1500 کے درمیان عرصہ کا وقت
Monarch	بادشاہ ,ملکہ
National Issues	قومی مسائل
Nationalized	صنعتوں اور کاروباروں کو قومیا لینا
Nobility	لوگوں میں سب سے اعلی سماجی طبقے، سرداروں، رئیس کی طرح
Office, To Be In	دفتر میں ,اقتدار میں رہنا
Olympics	اولمپکس -ایک 4 سالہ بین الاقوامی کھیلوں کا مقابلہ
Opposition	حزب اختلاف
Pale	پیل -آئرلینڈ کا حصہ جس پر انگریزوں کی حکومت تھی-

Party Politics	پارٹی سیاست
Patron Saint	سرپرست سینٹ
Penalty (Law)	قانون میں سزا
Pope	روم کا سردار پادری۔ پوپ۔ پاپائے اعظم
Practice of A Religion	ایک مذہب کی پیروی کرنا
Prime Minister	وزیر اعظم
Prohibit	منع
Proportional Representation	متناسب نمائیندگی
Protestants	پروٹسٹنٹ - احتجاجی -(ان لوگوں کو کہا جاتا ہے جنہوں نے پوپ کے خلاف آواز اٹھائی-)
Public Body	حکومت کا وہ عوامی ادارہ جو عوام کی بہتری کے لئے کام کرتا ہے
Public House/ Pub	عوام گھر / پب - جہاں لوگ شراب خرید سکتے ہیں اور پی سکتے ہیں۔
Reformation	اصلاح کا دور - جب 16 ویں صدی عیسوی میں ایک مذہبی تحریک نے پوپ کی حاکمیت کو چیلنج کیا۔
Refugee	پناہ گزین: ایک شخص جو جنگ کی وجہ سے یا سیاسی مقاصد کے لئے ملک چھوڑتا
Residence	رہائش گاہ: جگہ جہاں کوئی رہتا ہے
Rival Viewpoints	مخالف نقطہ ہائے نظر

Rural	دیہی
Scrutinise	تنقیدی جائزہ
Seat In Parliament	پارلیمان میں سیٹ
Sentence	سزا
Shadow Cabinet	شیڈو کابینہ: اپوزیشن کی طرف سے بنائی جاتی ہے
Sheriff	شیرف: سکاٹ لینڈ میں جج
Slavery	غلامی
Sonnet	ایک نظم جس میں 14 لائنیں ہوتی ہیں
Speaker	قومی یا صوبائی اسمبلی کا سپیکر
Stand For Office	الیکشن کے لیے کھڑے ہو ہونا
Strike - Go on Strike	ہڑتال-ہڑتال پر جانا
Successor (Government)	وہ شخص جو دوسرے سے اقتدار موصول کرتا ہے- مثال کے طور پر جب بادشاہ فوت ہو جاتا ہے تو اسکا بیٹا بادشاہ بن جاتا ہے-
Suspend	ایک مختصر وقت کے لئے کچھ روکنا
Terrorism	دہشت گردی
The Phone Book	ٹیلیفون ڈائریکٹری جس میں نام، پتے اور فون نمبر ہوتے ہیں-
Theft	چوری

Trade Union	صنعتی ملازمین کی یونین
Treaty	معاہدہ
Uprising	بغاوت
Voluntary Work	رضاکارانہ کام
Volunteer	رضاکار
War Effort	ملک میں جنگ کے زمانے میں مدد کرنے کے لئے لوگوں کی طرف سے مدد / تگ و دو۔
Yellow Pages	ییلو پیجز - ایک طرح کی ٹیلیفون ڈائریکٹری جس میں نام، پتے اور فون نمبر

Important Days to Remember

Date	Important Day
1st January	New Years' day
14th February	Valentine's day
1st March	St David's Day, Wales
17th March	St Patrick's Day, Northern Ireland
Sunday 3 weeks before Easter	Mother's Day
February-March	Shrove Tuesday, Pancake day
February-March	Ash Wednesday, Lent starts
March-April	Good Friday, Death of Jesus Christ
March April	Easter Sunday, Rising of Jesus Christ from Dead
1st April	April Fool's day
Depends on Moon sighting	Eid al-Fitr
Depends on Moon sighting	Eid al-Adha
14th April	Vaisakhi
23rd April	St George's Day, England

Date	Important Day
3rd Sunday in June	Father's Day
31st October	Halloween
October or November	Diwali
November or December	Hannukah
5th November	Bonfire Night
11th November	Remembrance Day
30th November	St Andrew's Day, Scotland
24th December	Christmas Eve
25th December	Christmas day
26th December	Boxing day
31st December	New Years Eve
31st December	Hogmanay in Scotland

Age Restrictions to Remember

Age	Importance
16 years	When they are 16, people can drink wine or beer with a meal in a hotel or restaurant (including eating areas in pubs) as long as they are with someone over 18
	People under 16 are not allowed to participate in the National Lottery
	You need to be at least 16 years old to ride a moped
17 years	In the UK, you must be at least 17 years old to drive a car or motor cycle
18 years	It is a criminal offence to sell alcohol to anyone who is under 18 or to buy alcohol for people who are under the age of 18
	It is illegal to sell tobacco products to anyone under the age of 18
	You have to be 18 to go betting shops or gambling clubs
	Anyone aged 18 or over can stand for election as an MP
70 years	Drivers can use their driving license until they are 70 years old. After that, the license is valid for three years at a time.

Major British Historical Events by Years

Year/ Period	Significant Events	Official Handbook Reference
Stone Age	First people to live in Britain were hunter-gatherers, in what we call the Stone Age.	p.15
10,000 years ago	Britain only became permanently separated from the continent by the Channel about 10,000 years ago.	p.15
6000 years ago	The first farmers arrived in Britain 6000 years ago.	p.15
4000 years ago	Bronze Age [people learned to make bronze].	p.16
Iron Age	People learned how to make weapons and tools out of iron; first coins were minted.	p.16
55 BC	Julius Caesar led a Roman invasion of Britain.	p.17
AD 43	Emperor Claudius led the roman army in a new invasion.	p.17
3rd & 4th centuries AD	Christian communities began to appear in Britain.	p.17
AD 410	The Roman army left Britain to defend other parts of the Roman Empire.	p.17
AD 600	Anglo-Saxon Kingdoms were established in Britain.	p.17

Year/ Period	Significant Events	Official Handbook Reference
After 600 AD	Saints & Missionaries came to preach in Britain.	p.18
AD 789	The Vikings came from Denmark and Norway.	p.19
AD 1066	An invasion led by William the conqueror, the Duke of Normandy (which is now in northern France)	p.19
AD 1066	Battle of Hastings [Same as above; that is, the invasion by William]	p.19
AD 1066	The Norman Conquest [Same as above, the conquest by William]	p.20
1066	The Tower of London was first built by William the Conqueror after he became king in 1066.	p.115
1066 to 1485	Middle Ages or Medieval Period [The period after the Norman conquest to 1485]	p.21
Middle Ages	Crusades were fought, in which European Christians fought for control of the Holy land.	p.21
Middle Ages	100 years War with France, ending in 1415	p.2
1200	By 1200, the English ruled an area of Ireland known as the Pale, around Dublin.	p.2

Year/ Period	Significant Events	Official Handbook Reference
1215	King John was forced to agree to a charter of rights called the Magna Carta, that restricted the power of kings.	p.22
1284	King Edward I of England introduced the Statute of Rhuddlan, which annexed Wales to the crown of England.	p.21
1314	The Scottish, led by Robert the Bruce, defeated the English at the Battle of Bannockburn, and Scotland remained unconquered by the English.	p.21
1314	Battle of Bannockburn [Same as above]	p.21
1348	The Black Death - a form of plague, killed a third of population in UK.	p.22
1400	English had become the preferred language of the royal court and the parliament.	p.23
1415	Battle of Agincourt [King Henry V defeated the French.] and that was the end of 100 Year War	p.21
1450	The English left France, at the end of the 100 years war.	p.21
1455--1485	War of Roses, a civil war in England to decide who will be the king, fought between Houses of Lancaster and York.	p.25

Year/ Period	Significant Events	Official Handbook Reference
1485	Battle of Bosworth, the deciding battle in War of Roses, when Henry Tudor from House of Lancaster won and became King Henry VII of England.	p.25
1530	Church of England was formed. [By Henry VIII]	p.26
1530	Reformation Act of 1530 [relating to formation of Church of England, as above].	p.77
1560	The Protestant Scottish Parliament abolished the authority of the Pope in Scotland. Roman Catholic religious services became illegal in Scotland.	p.29
1564	William Shakespeare (1564-1616)	p.30
1603	Elizabeth I died, her cousin James became King James I of England.	p.31
1605	On 5th November 1605, when a group of Catholics led by Guy Fawkes failed in their plan to kill the Protestant king with a bomb in the Houses of Parliament.	p.8
1642	Civil war between the King Charles I and parliament began in 1642.	p.3
1643	Isaac Newton (1643-1727)	p.3
1649	King Charles I was executed.	p.3

Year/ Period	Significant Events	Official Handbook Reference
1649	England declared itself a republic, called the Commonwealth.	p.34
1649	Oliver Cromwell was made leader of the Republic and was given title of 'Lord Protector'.	p.34
1656	The first Jews to come to Britain since the Middle Ages settled in London in 1656.	p.38
1658	Oliver Cromwell died.	p.34
1649-1658	The only eleven years when England was a republic.	p.34
May 1660	The parliament invited Charles II to come back from exile in the Netherlands.	p.34
1665	Major Outbreak of plague in London	p.35
1666	Great Fire destroyed much of London	p.35
1679	The Habeas Corpus Act became law in 1679.	p.35
1680--1720	Between 1680 and 1720 many refugees called Huguenots came from France.	p.38
1688	The Glorious Revolution by the protestant king of Netherlands, William of Orange, when James II fled to France.	p.36
1689	The Bill of Rights, 1689, confirmed the rights of parliament.	p.37

Year/ Period	Significant Events	Official Handbook Reference
After 1689	Start of Constitutional Monarchy.	p.38
1690	William defeated James II at the Battle of Boyne in Ireland.	p.36
1695	From 1695, newspapers were allowed to operate without a government licence.	p.38
1707	The Act of union, known as the Treaty of union in Scotland, was agreed.	p.38
1714	When queen Anne died in 1714, parliament chose a German, George I to be the next King.	p.39
1721	The first man to be called Prime Minister was Sir Robert Walpole, who was prime minister from 1721 to 1742.	p.39
1732	Richard Arkwright (1732 – 92)	p.4
1745	During rule of George II, son of George I, there was another attempt to put a Stuart King back on the throne in place of George I's son, George II	p.3
1746	Battle of Colluden, George II defeated Charles Edward Stuart (Bonnie Prince Charlie).	p.3
1759	Sake Dean Mahomet (1759 – 1851)	p.4
1759	Robert Burns (1759 – 96)	p.4

Year/ Period	Significant Events	Official Handbook Reference
1760	By the 1760s, there were substantial colonies in North America.	p.43
1776	In 1776, 13 American colonies declared their independence.	p.43
1783	Britain recognised the colonies' independence in 1783.	p.44
1789	French Revolution, waged war on Britain, Napolean continued the war.	p.44
18th century	New ideas about politics, philosophy and science were developed, often called 'The Enlightenment'.	p.40
18th century	Slavery was a fully established overseas industry, dominated by Britain and American colonies.	p.42
Late 1700's	The first formal anti-slavery groups were set up by the Quakers.	p.43
1800	Act of Union of Ireland passed	p.45
1801	In 1801, Ireland became unified with England, Scotland and Wales after the act of Union of 1800.	p.45
1805	Britain's navy fought against combined French and Spanish fleets, winning the Battle of Trafalgar in 1805.	p.44

Year/ Period	Significant Events	Official Handbook Reference
1807	In 1807, it became illegal to trade slaves in British ships or from British ports.	p.43
1815	In 1815, the French wars ended with the defeat of the emperor Napoleon by the Duke of Wellington at the Battle of Waterloo.	p.44
1832	The Reform Act of 1832 had greatly increased the number of people with the right to vote.	p.50
1833	The Emancipation Act abolished slavery throughout the British Empire.	p.43
1833	After 1833, 2 million Indian and Chinese workers were employed to replace the freed slaves.	p.43
1837	In 1837, Queen Victoria became queen of the UK at the age of 18.	p.47
1830's-- 1840's	In the 1830s and 1840s, a group called the Chartists campaigned for reform.	p.120
1846	Repealing of the Corn Laws	p.47
1847	The number of hours that women and children could work was limited by law to 10 hours per day.	p.47
Victorian Period	A major expansion of the railways took place in the Victorian period.	p.4

Year/ Period	Significant Events	Official Handbook Reference
1851	A Great Exhibition of machines and handmade goods opened in Hyde Park in the Crystal Palace	p.49
1853-1856	Britain fought Crimean War, with Turkey and France against Russia.	p.49
1853-1913	13 million British citizens left the country.	p.47
1854	In 1854, Florence Nightingale went to turkey and treated soldiers who were fighting in the Crimean war.	p.49
1858	Emmeline Pankhurst was born in Manchester in 1858.	p.51
1860	In 1860 Florence Nightingale established the Nightingale Training School for nurses at St Thomas' Hospital in London.	p.49
1861	Potato crops failed in mid-19th century, causing famine and emigration. By 1861 there were large populations of Irish people in cities such as Liverpool, London, Manchester and Glasgow.	p.49
1865	Rudyard Kipling was born in India in 1865. [Nobel prize 1907].	p.52
1867	in 1867 there was another Reform Act.	p.50
1870-1914	120,000 Russian and Polish Jews came to Britain to escape persecution.	p.47

Year/ Period	Significant Events	Official Handboo Referenc
1870	Acts of parliament in 1870 and 1882 gave wives the right to keep their own earnings and property.	p.5
1872	The first tennis club was founded in Leamington Spa in 1872.	p.8
1874	Winston Churchill (1874 - 1965)	p.5
1881	Alexander Fleming (1881 - 1955)	p.6
1882	Acts of parliament in 1870 and 1882 gave wives the right to keep their own earnings and property.	p.5
1889	Emmeline Pankhurst set up The Women's Franchise League in 1889.	p.5
1895	The national trust was founded in 1895 by three volunteers.	p.10
1896	Films were first shown publicly in the UK in 1896.	p.10
1899-1902	The Boer War, when British went to war in South Africa with settlers from Netherlands called the Boers.	p.5
19th century	The Irish nationalist movement had grown strongly.	p.5
19th century	The first professional football clubs were formed in the late 19th century.	p.8

Year/ Period	Significant Events	Official Handbook Reference
19th-20th century	In the late 19th and early 20th centuries, an increasing number of women [later known as 'suffragettes'] campaigned and demonstrated for greater rights and, in particular, the right to vote.	p.50
20th century	In the 20th century. Sir Edwin Lutyens had an influence throughout the British Empire. He designed New Delhi to be the seat of government in India.	p.96
1901	End of Queen Victoria's reign	p.47
1902	Motor-car racing in the UK started in 1902.	p.89
1903	In 1903 Emmeline Pankhurst helped found the Women's Social & Political Union (WSPU), the first group whose members were called 'suffragettes'.	p.51
1907	Rudyard Kipling was awarded the Nobel Prize in literature in 1907.	p.52
1908	The UK has hosted the Olympic Games on three occasions: 1908, 1948 and 2012.	p.84
1913	In 1913, the British government promised 'Home Rule' for Ireland.	p.55
1914-1918	The First World War	p.54

Year/ Period	Significant Events	Official Handbook Reference
1916	During 1st WW, the British attack on the Somme in July 1916, resulted in about 60,000 British casualties on the first day alone.	p.54
1916	Irish nationalists started an uprising (the Easter Rising) against the British in Dublin.	p.55
1918	The First World War ended at 11.00 am on 11th November 1918 with victory for Britain and its allies.	p.55
1920	British Empire continued to grow until 1920s.	p.51
1920's	The television was developed by Scotsman John Logie Baird (1888 - 1946) in the 1920s.	p.65
1921	In 1921, a peace treaty was signed with Ireland.	p.55
1922	In 1922, Ireland became two countries.	p.55
1922	The BBC started radio broadcasts in 1922.	p.5
1927	The PROMS has been organised by the British Broadcasting Corporation (BBC) since 1927.	p.9
1928	Alexander Fleming discovered Penicillin.	p.6
1928	The women were given the right to vote at the age of 21, the same as men.	p.5

Year/ Period	Significant Events	Official Handbook Reference
1928	The UK has had a fully democratic voting system since 1928.	p.133
1929	The world entered the 'Great Depression'.	p.55
1930-1939	Car ownership doubled from 1 million to 2 million.	p.56
1930's	A Turing Machine is a theoretical mathematical device invented by Alan Turing, a British.	p.65
1930's	The Jet Engine was developed in Britain in the 1930s by Sir Frank Whittle, a British Royal air force engineer officer.	p.65
1932	Scotsman John Logie Baird made the first television broadcast between London and Glasgow.	p.65
1933	Adolf Hitler came to power in Germany in 1933.	p.56
1935	Radar was developed by Scotsman Sir Robert Watson-Watt (1892 – 1973).	p.65
1935	Movie: The 39 Steps (1935), directed by Alfred Hitchcock.	p.104
1936	The BBC started the world's first regular television service in 1936.	p.56
1939	Hitler invaded Poland in 1939.	p.56

Year/ Period	Significant Events	Official Handbook Reference
1940	Winston Churchill became prime minister.	p.56
1940	German forces defeated allied troops and advanced through France.	p.56
1941	Japanese bombed America's naval base at Pearl Harbour.	p.58
1941	America joined 2nd WW when above happened.	p.58
1942	Beveridge Report presented by William Beveridge [the 1942 report Social Insurance and Allied Services].	p.62
1944	6 June 1944, [2nd WW] allied forces landed in Normandy (this event is often referred to as 'D-Day').	p.59
1944	The introduction of Education Act 1944 (often called 'The Butler act'), by conservative MP, RA Butler.	p.62
1945	The allies comprehensively defeated Germany in May 1945.	p.59
1945	The war against Japan ended in august 1945 when the United States dropped its newly developed atom bombs on the Japanese cities of Hiroshima and Nagasaki.	p.59
1945	Winston Churchill lost the general election in 1945.	p.56

Year/ Period	Significant Events	Official Handbook Reference
1945	Labour government elected in Britain	p.60
1945	Clement Attlee became prime minister after the labour party won the 1945 election.	p.61
1947	In 1947, independence was granted to nine countries including India, Pakistan, Ceylon (now Sri Lanka).	p.61
1948	NHS established under Labour government.	p.60
1948	Benefits were introduced.	p.60
1948	In 1948, people from West Indies were invited to come and work.	p.63
1948	The UK has hosted the Olympic Games on three occasions: 1908, 1948 and 2012.	p.84
20th century	By the second half of the 20th century, Britain gave freedom to commonwealth countries.	p.52
1949	The independent part of Ireland became Irish Republic.	p.55
1950	UK signed European Convention on Human Rights and Fundamental Freedoms.	p.148
1950's	The 1950s were a period of economic recovery after the war.	p.61

Year/ Period	Significant Events	Official Handbook Reference
1950's	Sir Christopher Cockerell (1910 -99), a British inventor, invented hovercraft in the 1950s.	p.65
1950's	There was a shortage of labour in the UK.	p.63
1951-1964	Conservative government	p.61
1951	Churchill returned as PM.	p.56
1952	Queen Elizabeth II has been reigning since her father's death in 1952.	p.122
1952	The Mousetrap, a murder-mystery play by Dame Agatha Christie, has been running in the West End since 1952and has had the longest initial run of any show in history.	p.93
1954	Sir Roger Bannister was the first man in world to run a mile in under four minutes, in 1954.	p.85
1957	West Germany, France, Belgium, Italy, Luxembourg and the Netherlands formed the European Economic Community (EEC).	p.66
1958	Since 1958, the prime minister has had the power to nominate peers just for their own lifetime.	p.124

Year/ Period	Significant Events	Official Handbook Reference
1950's--60's	The 1950s and 1960s were a high point for British comedies, including Passport to Pimlico, The Ladykillers and, later, the Carry On films.	p.103
1960's	Swinging sixties' known for growth in British fashion, cinema and popular music.	p.63
1960's	The 1960s was also a time of technological progress.	p.63
1960's	In late 1960s because the government passed new laws to restrict immigration to Britain.	p.64
1962	Lawrence of Arabia (1962), directed by David Lean.	p.104
1964	Churchill stood down as an MP.	p.56
1965	Winston Churchill died.	p.56
1966	England's only Football international Tournament victory was at the world cup of 1966 hosted in the UK.	p.88
1966-67	A British sailor, Sir Francis Chichester, was the first person to sail single-handed around the world, in 1966/67.	p.89
1967	The first ATM machine [invented by James Goodfellow] was put into use by Barclays Bank in Enfield, north London in 1967.	p.65

Year/ Period	Significant Events	Official Handbook Reference
1969	Troubles broke out in Northern Ireland.	p.131
1969	Present voting age of 18 was set.	p.132
1969	Britain and France developed Concorde, the world's only supersonic passenger aircraft. First flew in 1969; began carrying passengers in 1976; Retired from service in 2003.	p.65
1970's	Britain admitted 28,000 people of Indian origin who had been forced to leave Uganda.	p.64
1970's	The 1970s were also a time of serious unrest in Northern Ireland.	p.66
1972	In 1972, the Northern Ireland parliament was suspended.	p.66
1972	Mary Peters who won an Olympic gold medal in the pentathlon in 1972.	p.66
1973	UK joined European Union [previously EEC]	p.66
1978	IVF (In-vitro fertilisation) therapy for the treatment of infertility was pioneered in Britain. The world's first 'test tube baby' was born in Oldham, Lancashire in 1978.	p.65
1979-1990	Margaret Thatcher, Britain's first woman prime minister, led the Conservative government from 1979 to 1990.	p.66

Year/ Period	Significant Events	Official Handbook Reference
1979-1990	There was privatisation of nationalised industries and imposed legal controls on trade union powers.	p.67
1982	Argentina invaded the Falkland Islands.	p.67
1984	The Turner Prize was established in 1984 and celebrates contemporary art.	p.95
1990	World wide web was invented by Sir Tim Berners-Lee, a British.	p.65
1990's	Throughout the 1990s, Britain played a leading role in coalition forces involved in the liberation of Kuwait, following the Iraqi invasion in 1990.	p.68
1990's	Britain involved in the conflict in the Former Republic of Yugoslavia.	p.68
1996	Two British scientists, Sir Ian Wilmot and Keith Campbell were the first to succeed in cloning a mammal, Dolly the sheep.	p.65
1997-2010	Labour government elected	p.68
1997	In 1997 the Labour party led by Tony Blair was elected.	p.68
1998	In Northern Ireland, the Belfast Agreement or the Good Friday Agreement was signed in 1998.	p.68

Year/ Period	Significant Events	Official Handbook Reference
1998	The Human Rights Act 1998 incorporated in the European Convention on Human Rights into UK law.	p.149
1999	Since 1999, hereditary peers have lost the automatic right to attend the House of Lords.	p.124
1999	Scottish parliament and a Welsh Assembly were introduced.	p.68
1999	The Northern Ireland assembly was elected in 1999.	p.68
2000	Since 2000, British armed forces have been engaged in the global fight against international terrorism... , including operations in Afghanistan and Iraq.	p.68
2002	The Northern Ireland assembly was suspended in 2002.	p.68
2002	Winston Churchill was voted the greatest Briton of all time by the public.	p.56
2003	In 2003, The Lord of the Rings by JRR Tolkien was voted the country's best- loved novel.	p.97
2004	Dame Kelly Holmes won two gold medals for running in the 2004 Olympic Games.	p.85

Year/ Period	Significant Events	Official Handbook Reference
2004	Dame Ellen MacArthur, a yachtswoman became the fastest person to sail around the world singlehanded.	p.85
2007	The Northern Ireland assembly reinstated.	p.68
2007	Gordon brown took over as prime minister in 2007.	p.68
2007	Forced Marriage (Civil Protection) Act 2007, was introduced.	p.150
2008	Forced Marriage Protection Orders were introduced in 2008 for England, Wales and Northern Ireland.	p.150
2009	British combat troops left Iraq in 2009.	p.68
2010	Census, showing UK population of just over 62 Million.	p.74
2012	Queen's Diamond Jubilee was celebrated.	p.122
2012	The UK has hosted the Olympic Games on three occasions: 1908, 1948 and 2012.	p.84
2012	Mo Farah won gold medals in the 2012 Olympics for the 5000 and 10,000 metres and is the first Briton to win the Olympic Gold medal in the 10,000 metres.	p.86
2012	Jessica Ennis won the 2012 Olympic gold medal in the heptathlon.	p.86

Year/ Period	Significant Events	Official Handbook Reference
2012	Scottish tennis player, Andy Murray won the men's singles in the US Open.	p.86
2012	Bradley Wiggins, a cyclist, became the first Briton to win the Tour de France.	p.86
2012	The Big Ben clock tower named 'Elizabeth Tower' in honour of Queen Elizabeth II's Diamond Jubilee in 2012.	p.108
2012	In November 2012, the public elected police and crime commissioners (PCCS) in England and Wales.	p.142
2014	Afghans will have full security responsibility in all provinces by the end of 2014.	p.69

Section 2

Chapter 1:

The Values & Principles of the UK

Chapter 2:

What is The UK?

- Britain is a fantastic place to live; a modern, thriving society with a long and illustrious history.

- We are proud of our record of welcoming new migrants who will add to the diversity of our national life.

- Applying to become a permanent resident or citizen of the UK is an important decision and commitment.

- You will be agreeing to accept the responsibilities, which go with permanent residence and to respect the laws, values and traditions of the UK.

- Good citizens are an asset to the UK. We welcome those seeking to make a positive contribution to our society.

- British society is founded on the fundamental values and principles, which all those living in the UK should respect and support. These values are reflected in the responsibilities, rights and privileges of being a British citizen or permanent resident of the UK. They are based on history and traditions and are protected by law, customs and expectations.

- There is no place in the British society for extremism or intolerance.

- The fundamental principles of British life include:
    - Democracy
    - The rule of law
    - Individual liberty
    - Tolerance of those with different faiths and beliefs
    - Participation in community life

- برطانیہ رہنے کے لئے ایک شاندار جگہ ہے, ایک طویل اور شاندار تاریخ کے ساتھ -

- ہمیں اپنے نئے تارکین وطن، جو ہماری قومی زندگی کے تنوع میں اضافہ کریں گے، کا خیر مقدم کرنے کی روایت پر فخر ہے -

- یو کے کی سٹیزن شپ یا یہاں مستقل سکونت کے لئے درخواست دینا ایک اہم فیصلہ ہے -

- آپ مستقل رہائش اختیار کرنے کے لیے اپنی ذمہ داریوں کو قبول کریں گے اور برطانیہ کے قوانین، اقدار اور روایات کا احترام کرنے پر اتفاق کریں گے.

- اچھے شہری برطانیہ کے لئے ایک اثاثہ ہیں. ہم اپنے معاشرے کے لئے ان کی مثبت شراکت کا استقبال کرتے ہیں.

- برطانوی معاشرے کی بنیاد اس کی بنیادی اقدار اور اصولوں پر ہے جن کا برطانیہ میں رہنے والے تمام لوگ احترام کرتے ہیں اور ان کی حمایت کرتے ہیں. ان اقدار کی عکاسی ایک برطانوی شہری یا برطانیہ کے مستقل رہائشی کی ذمہ داریوں، حقوق اور مراعات سے ہوتی ہے. یہ تاریخ اور روایات پر مبنی ہیں اور قانون، رواجات اور توقعات انہیں تقویت دیتے ہیں -

- انتہا پسندی یا عدم برداشت کے لئے برطانوی معاشرے میں کوئی جگہ نہیں ہے -

- برطانوی زندگی کے بنیادی اصولوں میں شامل ہیں:

  - جمہوریت
  - قانون کی حکمرانی
  - انفرادی آزادی
  - مختلف عقائد اور اعتقادات والے لوگوں کی رواداری
  - کمیونٹی کی زندگی میں شرکت

- As part of the citizenship ceremony, new citizens pledge to uphold these values. The pledge is:

'I will give my loyalty to the United Kingdom and respect its rights and freedoms. I will uphold its democratic values. I will observe its laws faithfully and fulfil my duties and obligations as a British citizen.'

- If you wish to be a permanent resident or citizen of the UK, you should:

  - Respect and obey the law
  - Respect the rights of others, including their right to their own opinions
  - Treat others with fairness
  - Look after yourself and your family
  - Look after the area in which you live and the environment

- In return the UK offers:

  - Freedom of belief and religion
  - Freedom of speech
  - Freedom from unfair discrimination
  - A right to a fair trial
  - A right to join in the election of a government

- To apply to become a permanent resident or citizen of the UK, you will need to:

  - Speak and read English
  - Have a good understanding of life in the UK

- شہریت کی تقریب کے سلسلے میں، نئے شہری ان اقدار کو بر قرار رکھنے کا عہد کرتے ہیں. یہ عہد ہے کہ:

'میں برطانیہ کے لئے وفادار رہوں گا اور اس کے حقوق اور آزادیوں کا احترام کروں گا. میں اس کی جمہوری اقدار کو قائم رکھوں گا. ایمانداری سے اس کے قوانین پر عمل اور ایک برطانوی شہری کے طور پر اپنے فرائض اور ذمہ داریوں کو پورا کروں گا'.

- اگر آپ برطانیہ کے ایک مستقل رہائشی یا شہری ہونا چاہتے ہیں تو، آپ کو کرنا چاہئے:

  - قانون کی اطاعت اور احترام
  - دوسروں کے حقوق کا احترام، ان میں اُن کی اپنی رائے کا حق بھی شامل ہے
  - دوسروں کے ساتھ اچھا سلوک
  - اپنی اور اپنے خاندان کی دیکھ بھال
  - رہائش کے علاقے اور ماحول کی دیکھ بھال

- بدلے میں برطانیہ پیش کرتا ہے:

  - عقیدے اور مذہب کی آزادی
  - تقریر کی آزادی
  - غیر منصفانہ امتیازی سلوک سے آزادی
  - ایک منصفانہ مقدمہ کا حق
  - حکومت کے انتخابات میں شامل ہونے کا حق

- یو کے سٹیزن شپ یا یہاں کی مستقل سکونت کے لئے درخواست دینے کے لئے آپ کو چاہیے کے آپ:

  - انگریزی بول اور پڑھ سکتے ہوں-
  - یو کے کی زندگی کے بارے میں اچھی سمجھ بوجھ رکھتے ہوں-

- There are currently (as of January 2013) two ways you can be tested on these requirements:

- Take the Life in the UK Test.

  - The questions are written in a way that requires an understanding of the English language at English for speakers of other languages (ESOL) Entry level 3, so there is no need to take a separate English language test.

- Pass an ESOL Course in English with Citizenship.

  - You will need to take this course if your standard of English is below ESOL Entry level 3. The course will help you to improve your English and learn more about life in the UK.

  - At the end of the course, you will take the test.

- Once you have passed one of these tests, you can make an application for permanent residence or British citizenship.

- The form that you have to complete and the evidence that you need to provide will depend on your personal circumstances.

- There is a fee for submitting an application, which is different for various types of applications.

- All of the forms and a list of fees can be found on the UK border agency website, www.ukba.homeoffice.gov.uk.

- فی الحال (جنوری 2013 سے) دو طریقوں سے آپ کا ٹیسٹ لیا جاسکتا ہے۔

- لائف ان دا یو کے کا ٹیسٹ دینا۔

  - سوالات ایسے بنائے گئے ہیں کہ جو ESOL لیول 3 کے درجہ کی انگریزی ٹیسٹ کرے تا کہ آپ کو انگریزی کا کوئی الگ ٹیسٹ دینے کی ضرورت نہ رہے۔

- شہریت کے ساتھ انگریزی میں ESOL کورس پاس کریں.

  - اگر آپ کی انگریزی کا معیار ESOL انٹری لیول 3 سے کم ہے تو آپ کو یہ کورس کرنے کی ضرورت ہوگی. کورس آپ کو آپ کی انگریزی کو بہتر بنانے اور برطانیہ میں زندگی کے بارے میں مزید جاننے کے لئے مدد دے گا.

  - کورس کے آخر میں، آپ کا امتحان لیا جائے گا۔

- جب آپ نے ان میں سے کوئی ایک ٹیسٹ پاس کر لیا تو آپ برٹش سٹیزن شپ یا مستقل سکونت کے لئے درخواست دے سکتے ہیں۔

- آپ کو جو فارم مکمل کرنا ہے اور جو ثبوت آپ کو مہیا کرنا ہے، آپ کے اپنے حالات پر منحصر ہے۔

- فارم جمع کرانے کی فیس ہوتی ہے، جو مختلف درخواستوں کے لئے مختلف ہے۔

- تمام فارمز اور فیس کی تفاصیل یو کے بارڈر ایجنسی کی ویب سائٹ پر مل سکتی ہیں [
  www.ukba.homeoffice.gov.uk]

- From October 2013, the requirements will change. From that date, for settlement or permanent residence, you will need to

  - Pass the Life in the UK test

  AND

  - Produce acceptable evidence of speaking and listening skills in English at B1 of the Common European Framework of Reference. This is equivalent to ESOL Entry level 3.

- The requirements for citizenship application may also change in the future.

- Further details will be published on the UK border agency website and you should check the information on that website for current requirements before applying for settlement or citizenship.

Taking the Life in the UK Test

- Life in the UK test consists of 24 questions about important aspects of life in the UK. Questions are based on all parts of the handbook. The 24 questions will be different for each person taking the test at the test session.

- The life in the UK test is usually taken in English, although special arrangements can be made if you wish to take it in Welsh or Scottish Gaelic.

- There are about 60 test centres around the UK. You can only book your test online, at www.lifeintheuktest.gov.uk.

- اکتوبر 2013 سے ضروریات بدل جائیں گی – اس تاریخ سے مستقل سکونت حاصل اختیار کرنے کے لئے آپ کو چاہئیے کہ آپ

  - لائف ان دا یو کے ٹیسٹ پاس کریں۔

  اور

  - کامن یورپی فریم ورک آف ریفرنس کے 1- B لیول پر انگریزی میں بولنے اور سننے کی مہارت کا قابل قبول ثبوت پیش کریں. یہ ESOL انٹری لیول 3 کے برابر ہے.

- شہریت کی درخواست کے لئے ضروریات مستقبل میں تبدیل ہوسکتی ہیں.

- مزید تفصیلات برطانیہ کی بارڈر ایجنسی کی ویب سائٹ پر شائع کر دی جائیں گی اور آپ کو مستقل رہائش یا شہریت کے لیے درخواست دینے سے پہلے موجودہ ضروریات کے بارے میں معلومات کے لئے اس ویب سائٹ پر ضرور جانا چاہئے.

لائف ان دا یو کے ٹیسٹ دینا

- ٹیسٹ میں یو کے میں زندگی کے اہم امور سے متعلق 24 سوالات شامل ہیں – سوالات ہینڈ بک کے تمام حصوں سے ہوں گے – 24 سوالات ٹیسٹ سینٹر میں ہر ٹیسٹ دینے والے کے لئے مختلف ہوں گے۔

- لائف ان دا یو کے ٹیسٹ عام طور پر انگریزی میں دیا جاتا ہے، اگرچہ اگر آپ ویلش یا سکاٹش گیلک میں ٹیسٹ دینا چاہیں تو اسکے خصوصی انتظامات کیے جاسکتے ہیں۔

- یو کے میں تقریباً 60 ٹیسٹ سینٹرز ہیں – آپ اپنا ٹیسٹ صرف آن لائن اس ویب سائٹ [www.lifeintheuktest.gov.uk] پر جاکر بک کر سکتے ہیں۔

- If you live on the Isle of Man or in the Channel Islands, there are different arrangements for taking the life in the UK test.

- You will need to take some identification and proof of your address with you to the test. If you do not take these, you will not be able to take the test.

Where to find more information

- You can find out more information from the following places:

- The UK border agency website (www.ukba.homeoffice.gov.uk) for more information about the application process and the forms you will need to complete.

- The life in the UK test website (www.lifeintheuktest.gov.uk) for more information about the test and how to book a place to take one.

- Gov.uk (www.gov.uk) for information about ESOL courses and how to find one in your area.

- اگر آپ آئل آف مین یا چینل آئلینڈز میں رہتے ہیں تو وہاں پر لائف ان دا یو کے ٹیسٹ دینے کے مختلف انتظامات ہیں-
- آپ کو چاہئیے کہ اپنی شناخت اور جائے رہائش کا ثبوت ٹیسٹ دینے کے لئے ساتھ لے کر جائیں-اگر آپ یہ ساتھ لے کر نہیں جائیں گے تو آپ کو ٹیسٹ دینے نہیں دیا جائے گا-

مزید معلومات کہاں سے حاصل کریں

- آپ مزید معلومات مندرجہ ذیل جگہوں سے حاصل کر سکتے ہیں-
- یو کے بارڈر ایجنسی کی ویب سائٹ [www.ukba.homeoffice.gov.uk] سے آپ اپلیکیشن کے طریقہ کار اور فارمز جو آپ کو مکمل کرنے ہیں، کے بارے میں جان سکتے ہیں-
- لائف ان دا یو کے ٹیسٹ کی ویب سائٹ [www.lifeintheuktest.gov.uk] سے آپ ٹیسٹ سے متعلق مزید معلومات اور ٹیسٹ بک کرنے کے طریقہ کار کے بارے میں جان کاری حاصل کر سکتے ہیں -
- گورنمنٹ کی ویب سائٹ (www.gov.uk) پر آپ ESOL کورسز اور اپنے قریب ایسا کورس تلاش کرنے کر بارے میں معلومات حاصل کر سکتے ہیں-

What is the UK?

- The UK is made up of England, Scotland, Wales and Northern Ireland. The rest of Ireland is an independent country.

- The official name of the country is the United Kingdom of Great Britain and Northern Ireland. 'Great Britain' refers only to England, Scotland and Wales, not to Northern Ireland.

- There are also several islands, which are closely linked with the UK but are not part of it: the Channel Islands and the Isle of Man. These have their own governments, and are called 'Crown dependencies'.

- There are also several British overseas territories in other parts of the world, such as St Helena and the Falkland Islands. They are also linked to the UK but are not a part of it.

- The UK is governed by the parliament sitting in Westminster.

- Scotland, Wales and Northern Ireland also have parliaments or assemblies of their own, with devolved powers in defined areas.

یو کے کیا ہے؟

- برطانیہ انگلینڈ، اسکاٹ لینڈ، ویلز اور نادرن آئرلینڈ پر مشتمل ہے. آئرلینڈ کا باقی ماندہ حصہ ایک خود مختار ملک ہے.
- ملک کا سرکاری نام 'یونائیٹڈ کنگڈم آف گریٹ برٹین اینڈ نادرن آئرلینڈ' ہے. 'گریٹ بریٹن' صرف انگلینڈ، اسکاٹ لینڈ اور ویلز کے لئے استعمال ہوتا ہے، نادرن آئرلینڈ اس میں شامل نہیں-
- بہت سے ایسے جزائر بھی ہیں جو کہ برطانیہ سے منسلک ہیں لیکن اس کا حصہ نہیں ہیں: چینل آئلینڈز اور آئل آف مین وغیرہ. ان کی اپنی حکومتیں ہیں اور انہیں 'کراؤن ڈیپنڈنسیز' کہا جاتا ہے.
- اس طرح سینٹ ہیلینا اور جزائر فاک لینڈ جیسے دنیا کے دیگر حصوں میں کئی برطانوی سمندر پار علاقے بھی ہیں. یہ بھی برطانیہ سے منسلک ہیں لیکن اس کا حصہ نہیں ہیں-
- برطانیہ پر ویسٹ منسٹر میں موجود پارلیمنٹ کے ذریعے حکومت کی جاتی ہے-
- سکاٹ لینڈ، ویلز اور نادرن آئرلینڈ کی بھی اپنی اپنی اسمبلیاں یا پارلیمنٹ ہیں جن کے پاس معین شدہ معاملات میں تنزیلی طاقتیں ہیں -

Chapter 1 & Chapter 2:

Practice Questions

1.   **British society is founded on which of these?**

      A   Wealth

      B   Religion

      C   Fundamental values and principles

      D   Science

****

2.   **Who should support fundamental values and principles?**

      A   Only immigrants

      B   All those living in UK

      C   Politicians

      D   Students

****

3.   **British values are based on which TWO of these?**

      A   Scientific facts only

      B   History

      C   Traditions

      D   Law only

** ********

4.   **Who is allowed to show intolerance and extremism in UK?**

      A   Only Police

      B   Only government departments

      C   Only judges

      D   No one

****

5.   **Which TWO of these are the fundamental principles of British life?**

      A   Democracy & Individual liberty

      B   Growing your own vegetable

      C   Tolerance of different faiths and beliefs

      D   Recycling

6.   At what time do the new citizens pledge to uphold British values?

   A   When they apply for test
   B   When they apply for permanent residence
   C   At Citizenship Ceremony
   D   Anytime in life

****

7.   Which TWO of these should you do if you wish to be a permanent resident or citizen of the UK?

   A   Respect and Obey Law
   B   Respect others' rights and opinions
   C   Pay extra taxes
   D   Join Army

****

8.   Which TWO does UK offer to its citizens?

   A   Freedom of speech
   B   Freedom of belief and religion
   C   Free US Visas
   D   Free Housing for all immigrants

****

9.   The Life in the UK Test questions require an understanding of the English language at what level?

   A   ESOL entry level 1
   B   ESOL entry level 2
   C   ESOL entry level 3
   D   ESOL entry level 4

****

10.   People on work visas are not required to pass 'Life in the UK test' to become permanent residents. Is this statement true or false?

   A   True
   B   False

11.   The forms to make an application for permanent residence can be found at which of these websites?

A   Home office's UKBA website.

B   HMRC Website

C   Life in the UK Test Website

D   Local Council Website

12.   Currently [April 2013], if you pass Life in the UK test, you do not need to appear in a separate English test. Is this statement true or false?

A   True

B   False

13.   The requirements for British Citizenship may change in future. Where should you check for information before applying for citizenship?

A   DVLA Website

B   HMRC Website

C   Life in the UK Test Website

D   Home office's UKBA website.

14.   Life in the UK test can be given in which TWO of these language/s in addition to English?

A   Welsh

B   Scottish Gaelic

C   Spanish

D   French

15.   Which of the following do you need to take to the test?

A   Current valid visa & proof of ID

B   Proof of address & ID

C   Proof of ID & application fee

D   Proof of English language skills

16.   There are different arrangements for taking the life in the UK test in the Isle of Man or in the Channel Islands. Is this statement true or false?

     A   True
     B   False

17.   You can appear in Life in the UK test at which of these places?

     A   Any local library
     B   Your own school or University
     C   Online at UKBA website
     D   Only approved and Registered Life in the UK Test centres

18.   The UK border agency website, provides information about the Citizenship application process. Is this statement true or false?

     A   True
     B   False

19.   The website Gov.uk provides information about ESOL courses and how to find one in your area. Is this statement true or false?

     A   True
     B   False

20.   What is the official name of Great Britain?

     A   Britain
     B   United Kingdom of Great Britain
     C   United Kingdom of Great Britain and Northern Ireland
     D   Great Britain

21.   What does Great Britain refer to?

        A   England and Scotland
        B   England, Scotland and Wales
        C   England, Scotland and Northern Ireland
        D   England and Wales

22.   Which of these are Crown Dependencies or territories?

        A   Channel Islands & Isle of Man
        B   Ireland and Isle of Wight
        C   Australia
        D   Canada

23.   Which of these are British overseas territories?

        A   Germany
        B   Australia
        C   Falkland Islands
        D   Dunkirk

24.   Where does the UK parliament sit?

        A   Kings Cross in London
        B   Westminster
        C   Cambridge
        D   Oxford

25.   Scotland, Wales and Northern Ireland also have parliaments or assemblies of their own. Is this statement true or false?

        A   True
        B   False

Q.#	Answer	Reference	
		Chapter	Page #
1	C	The Values & Principles of the UK	p. 7
2	B	The Values & Principles of the UK	p. 7
3	B & C	The Values & Principles of the UK	p. 7
4	D	The Values & Principles of the UK	p. 7
5	A & C	The Values & Principles of the UK	p. 7-8
6	C	The Values & Principles of the UK	p. 8
7	A & B	The Values & Principles of the UK	p. 8
8	A & B	The Values & Principles of the UK	p. 8
9	B	The Values & Principles of the UK	p. 9
10	B	The Values & Principles of the UK	p. 9
11	A	The Values & Principles of the UK	p. 9
12	A	The Values & Principles of the UK	p. 9
13	D	The Values & Principles of the UK	p. 9
14	A & B	The Values & Principles of the UK	p. 10
15	B	The Values & Principles of the UK	p. 10
16	A	The Values & Principles of the UK	p. 10
17	D	The Values & Principles of the UK	p. 10
18	A	The Values & Principles of the UK	p. 11
19	A	The Values & Principles of the UK	p. 11
20	C	What is the UK?	p. 13
21	B	What is the UK?	p. 13
22	A	What is the UK?	p. 13
23	C	What is the UK?	p. 13
24	B	What is the UK?	p. 13
25	A	What is the UK?	p. 13

Please note that the page numbers in last column are from Official book and are written here for your peace of mind that all information and question answers are from official book. Thanks.

Chapter 3:

A Long & Illustrious History

EARLY BRITAIN

- First people to live in Britain were hunter- gatherers, in what we call the Stone Age.

- People came and went, following the herd of dear and horses, which they hunted.

- Britain only became permanently separated from the continent by the Channel about 10,000 years ago.

- The first farmers arrived in Britain 6000 years ago.

- The ancestors of these first farmers probably came from southeast Europe. These people built houses, tombs and monuments on the land.

- One of these monuments, Stonehenge, still stands in what is now the English county of Wiltshire. Stonehenge was probably a special gathering place for seasonal ceremonies.

- Skara Brae on Orkney, off the north coast of Scotland, is the best preserved prehistoric village in northern Europe, and has helped archaeologists to understand more about how people lived near the end of Stone Age.

- Around 4000 years ago, people learned to make bronze. We call this period the Bronze Age. People lived in roundhouses and buried their dead in tombs called round barrows.

- The people of the Bronze Age were accomplished metalworkers who made many beautiful objects in bronze and gold, including tools, ornaments and weapons.

ابتدائی برٹن

- برطانیہ میں رہنے والے سب سے پہلے لوگ شکاری گروہ تھے جو کہ اُس زمانے میں آئے جسے ہم پتھر کا زمانہ کہتے ہیں.
- لوگ ہرنوں اور گھوڑوں کے جھنڈوں کا پیچھا کرتے آتے اور چلے جاتے.
- برطانیہ مستقل طور پر صرف 10 ہزار سال پہلے پانی کی گزر گاہ کی وجہ سے براعظم سے علیحدہ ہوا.
- سب سے پہلے کسان 6000 سال پہلے برطانیہ میں پہنچے-
- ان کسانوں کے آباؤاجداد غالباً جنوب مشرقی یورپ سے آئے تھے. ان لوگوں نے زمین پر گھر، مقبرے اور یادگاریں تعمیر کیں.
- اُس وقت کی یادگاروں میں سے ایک سٹون ہینج اب بھی انگریزی کاؤنٹی ولٹ شائر میں ایستادہ ہے-سٹون ہینج شاید موسمی تقریبات کے لئے ایک خصوصی اجتماع گاہ تھی.
- سکاٹ لینڈ کے شمالی ساحل کے ساتھ، اورکنی پر سکارابرے، شمالی یورپ میں بہترین غیر ترمیم شدہ قبل از تاریخ کا گاؤں ہے، اور اس سے آثار قدیمہ کے ماہرین کو اس بارے میں مزید سمجھنے میں مدد ملی کہ پتھر کے زمانے کے اختتام کے قریب لوگ کس طرح رہتے تھے.
- تقریباً 4000 سال پہلے، لوگوں نے کانسی بنانا سیکھا. ہم اس دور کو کانسی کا دور کہتے ہیں. لوگ گول گھروں میں رہتے تھے اور اپنے مُردوں کو ایسی قبروں میں دفن کرتے تھے جنہیں گول ڈھیریاں کہا جاتا تھا۔
- کانسی کے دور کے لوگ ماہر کاریگر تھے جنہوں نے کانسی اور سونے کی خوبصورت اشیاء بنائیں جن میں ان کے اوزار، زیورات اور ہتھیار شامل ہیں.

- The Bronze Age was followed by the Iron Age, when people learned how to make weapons and tools out of iron.

- People still lived in roundhouses, grouped together into larger settlements, and sometimes defended sites called hill forts.

- A very impressive hill fort can still be seen today at Maiden Castle, in English county of Dorset.

- Most people were farmers, craft workers or warriors. The language they spoke was part of the Celtic language family.

- Similar languages were spoken across Europe in Iron Age, and related languages are still spoken today in some parts of Wales, Scotland and Ireland.

- The people of Iron Age had a sophisticated culture and economy. They made the first coins to be minted in Britain, some inscribed with the names of Iron Age Kings. This marks the beginning of British history.

The Romans

- Julius Caesar led a Roman invasion of Britain in 55 BC. This was unsuccessful and for nearly 100 years, Britain remained separate from the Roman Empire.

- In AD 43 the emperor Claudius led the roman army in a new invasion. This time there was resistance from some of the British tribes but the Romans were successful in occupying almost all of the Britain.

- کانسی کے دور کے بعد لوہے کا دور آیا، جس میں لوگوں نے لوہے سے ہتھیار اور آلات بنانا سیکھا.

- لوگ اس وقت بھی گول گھروں میں اور بڑے بڑے گروہوں کی شکل میں رہتے اور بعض اوقات ایسی دفاعی جگہوں میں جو پہاڑی قلعے کہلا تیں .

- ایک بہت متاثر کن پہاڑی قلعہ اب بھی میڈن کیسل (Maiden Castle)، ڈورسیٹ کے انگریزی کاؤنٹی میں دیکھا جا سکتا ہے.

- زیادہ تر لوگ کسان، دست کار یا جنگجو تھے. وہ جس زبان میں بات چیت کرتے تھے وہ کیلٹک زبان سے ملتی جلتی تھی۔

- لوہے کے دور میں یورپ بھر میں اسی طرح کی زبانیں بولی جاتی تھیں، اور ان سے متعلقہ زبانیں اب بھی ویلز، سکاٹ لینڈ اور آئرلینڈ کے کچھ حصوں میں بولی جاتی ہیں.

- لوہے کے دور کے لوگوں کی ثقافت اور معیشت بہتر تھی. انہوں نے برطانیہ میں پہلی مرتبہ سکّے بنائے جن میں سے کچھ پر لوہے کے دور کے بادشاہوں کے نام کندہ تھے. یہاں سے برطانوی تاریخ کا آغاز ہوا.

رومنز

- جولیس سیزر نے 55 BC میں برطانیہ کے ایک رومن حملے کی قیادت کی. یہ ناکام رہا اور تقریباً 100 سال تک برطانیہ رومی سلطنت سے علیحدہ رہا.

- 43 AD میں شہنشاہ کلاڈیئس (Claudius) نے ایک نئے حملے میں رومن فوج کی قیادت کی. اس وقت کچھ برطانوی قبائل کی طرف سے مزاحمت کی گئی لیکن رومی تقریباً تمام برطانیہ پر قبضہ کرنے میں کامیاب رہے.

- One of the tribal leaders who fought against the Romans was Boudicca, the queen of the Iceni, in what is now eastern England. She is still remembered today and there is a statue of her on Westminster Bridge in London, near the houses of parliament.

- Areas of what is now Scotland were never conquered by the Romans, and the Emperor Hadrian built a wall in the north of England to keep out the Picts (ancestors of the Scottish people).

- Parts of the Hadrian wall, including the forts of Housesteads and Vindolanda, can still be seen. It is a popular area for walkers and is a UNESCO (United Nations Education, Scientific & Cultural Organisation) World Heritage Site.

- The Romans remained in Britain for 400 years. They built roads and public buildings, created a structure of law, and introduced new plants and animals.

- It was during the 3rd and 4th centuries AD that the first Christian communities began to appear in Britain.

The Anglo-Saxons

- The Roman army left Britain in 410 AD to defend other parts of the Roman Empire and never returned.

- Britain was again invaded by tribes from northern Europe: the Jutes, the Angles and the Saxons. The languages they spoke are the basis of modern-day English.

- Battles were fought against these invaders but by about AD 600, Anglo-Saxon Kingdoms were established in Britain.

- رومیوں کے خلاف لڑنے والے قبائلی رہنماؤں میں سے ایک بوڈیکا تھی جو کہ آئیسنی (Iceni)، جو اب مشرقی برطانیہ ہے، کی ملکہ تھی. اسے آج بھی یاد کیا جاتا ہے اور اس کا مجسمہ لندن میں پارلیمنٹ ہاؤسز کے قریب ویسٹمنسٹر برج میں ایستادہ ہے-
- وہ علاقے جنہیں اب اسکاٹ لینڈ کہا جاتا ہے رومیوں نے کبھی فتح نہیں کیے تھے اور شہنشاہ ہیڈریان نے پکٹس[سکاٹش لوگوں کے آباؤاجداد] کو باہر رکھنے کے لئے انگلینڈ کے شمال میں ایک دیوار تعمیر کی تھی.
- ہیڈریان کی دیوار کے حصے جن میں ہاؤسٹیڈز اور ونڈولانڈا کے قلعے شامل ہیں اب بھی دیکھے جاسکتے ہیں. یہ پیدل سیر کرنے والوں کے لئے ایک مقبول علاقہ ہے اور یونیسکو(اقوام متحدہ کی تعلیمی، سائینسی اور ثقافتی تنظیم) کے عالمی ثقافتی ورثہ میں شامل ہے.
- رومی 400 سال تک برطانیہ میں رہے. انہوں نے سڑکیں اور سرکاری عمارتیں بنائیں، قانون کی ساخت وضع کی، اور نئے پودے اور جانور متعارف کرائے.
- تیسری اور چوتھی صدی کے دوران برطانیہ میں سب سے پہلی عیسائی آبادیاں ظاہر ہونا شروع ہوئیں.

اینگلو سیکسنز

- رومن فوج نے 410 AD عیسوی میں، رومن سلطنت کے دیگر حصوں کے دفاع کے لئے، برطانیہ چھوڑ دیا اور کبھی واپس نہیں آئی.
- برطانیہ پر شمالی یورپ کے قبائل: جیوٹ، اینگلز اور سیکسنز نے ایک بار پھر حملہ کیا. جن زبانوں میں وہ بات چیت کرتے تھے وہ جدید انگریزی کی بنیاد ہیں.
- ان حملہ آوروں کے خلاف جنگیں لڑی گئی تھیں لیکن تقریباً 600 عیسوی میں برطانیہ میں اینگلو سیکسن بادشاہتیں قائم ہو گئیں.

- The Anglo-Saxons were not Christians when they first came to Britain but, during this period, missionaries came to Britain to preach about Christianity. The most famous of these were St Patrick, who would become the patron saint of Ireland and St Columbia, who founded a monastery on the island of Iona, off the coast of what is now Scotland.

- St Augustine led missionaries from Rome, who spread Christianity in the south. St Augustine became the first archbishop of Canterbury.

The Vikings

- The Vikings came from Denmark and Norway.

- They first visited Britain in AD 789 to raid coastal towns and take away goods and slaves. Then, they began to stay and form their own communities in the east of England and Scotland.

- The Anglo-Saxon Kingdoms in England united under King Alfred the Great, who defeated the Vikings.

- Many of the Viking invaders stayed in Britain -especially in the east and north of England, in an area known as Danelaw (many place names there, such as Grimsby and Scunthorpe, come from the Viking languages).

- Anglo-Saxons continued to rule what is now England, except for a short period when there were Danish Kings. The first of these was Cnut, also called Canute.

- اینگلو سیکسن جب پہلے برطانیہ آئے تو وہ عیسائی نہیں تھے لیکن اس دوران مشنری عیسائیت کی تبلیغ کرنے کے لئے برطانیہ آئے. ان میں سب سے زیادہ مشہور سینٹ پیٹرک، جو آئرلینڈ کے سرپرست سینٹ بنے، اور سینٹ کولمبیا، جنہوں نے آج کے اسکاٹ لینڈ کے ساحل سے پرے آئیونا کے جزیرے پر ایک خانقاہ کی بنیاد رکھی، شامل تھے.

- سینٹ آگسٹین نے روم سے مشنریوں کی قیادت کی جنہوں نے جنوب میں عیسائیت پھیلائی. سینٹ آگسٹین کنٹربری کے پہلے آرچ بشپ بن گئے.

وائکنگز

- وائکنگز ڈنمارک اور ناروے کی طرف سے آئے.
- وہ 789 AD عیسوی میں پہلے پہل ساحلی شہروں میں چھاپے مارنے اور اشیاء اور غلاموں کو لے جانے برطانیہ آئے. اس کے بعد انہوں نے یہاں قیام شروع کیا اور اسکاٹ لینڈ اور انگلینڈ کے مشرق میں اپنی آبادیاں بنائیں .
- انگلینڈ میں اینگلو سیکسن بادشاہتیں عظیم بادشاہ الفریڈ کے جھنڈے تلے متحد ہوئیں، جس نے وائکنگز کو شکست دی.
- وائکنگ حملہ آوروں میں سے بہت سے برطانیہ میں ٹھہرے، خاص طور پر انگلینڈ کے مشرق اور شمال کے اس علاقے میں جسے ڈین لاء کہتے ہیں [وہاں بہت سی جگہوں مثلاً گریمزبی اور سکنتھارپ کے نام وائکنگ زبانوں سے آئے ہیں].
- اینگلو سیکسن نے اس علاقے پر حکومت جاری رکھی جو آج کا انگلینڈ ہے، سوائے ایک مختصر مدت کے، جب وہاں ڈینش (ڈنمارک سے) بادشاہوں کی حکومت تھی. ان میں سے سب سے پہلا کینوٹ تھا.

- In the north, the threat of attack by Vikings had encouraged the people to unite under one King, Kenneth MacAlpin. The term Scotland began to be used to describe that country.

The Norman Conquest

- In 1066, an invasion led by William, the Duke of Normandy (in what is now northern France), defeated Harold, the Saxon King of England, at the Battle of Hastings. Harold was killed in the Battle.

- William became the King of England and is known as William the conqueror. The Battle is commemorated in a great piece of embroidery, known as Bayeux Tapestry, which can still be seen in France today.

- The Norman Conquest was the last successful foreign invasion of England and led to many changes in the government and social structures in England.

- Norman French, the language of the new ruling class, influenced the development of the English language, as we know it today.

- Initially the Normans also conquered Wales, but the Welsh gradually won the territory back.

- The Scots and the Normans fought on the border between England and Scotland; the Normans took over some land on the border but did not invade Scotland.

- William sent people all over England to draw up lists of all the towns and villages. This was called the Domesday book.

- شمال میں، وائکنگز کی طرف سے حملے کے خوف نے لوگوں کو ایک بادشاہ، کینتھ میک الپن (Kenneth MacAlpin) کے تحت متحد کرنے کی حوصلہ افزائی کی. اسکاٹ لینڈ کی اصطلاح اس ملک کے لئے استعمال کی جانے لگی.

نارمن فتح

- 1066 میں ولیم، ڈیوک آف نارمینڈی [جواب شمالی فرانس ہے] کی قیادت میں ہیسٹنگز کی لڑائی میں انگلینڈ کے سیکسن کنگ ہیر الڈ کو شکست ہوئی. ہیر الڈ جنگ میں مارا گیا.

- ولیم انگلینڈ کا بادشاہ بن گیا اور ولیم فاتح کے طور پر جانا جاتا ہے. جنگ کا منظر آج بھی فرانس میں کڑھائی کے ایک بڑے ٹکڑے پر دیکھا جا سکتا ہے جو بیوکس ٹیپسٹری (Bayeux Tapestry) کے طور پر جانا جاتا ہے.

- نارمن فتح انگلینڈ کا آخری کامیاب غیر ملکی حملہ تھا جو کہ انگلینڈ میں حکومت اور سماجی ڈھانچے میں بہت سی تبدیلیوں کا باعث تھا.

- نئے حکمران طبقے کی نارمن فرانسیسی زبان، موجودہ انگریزی زبان کی نشو نماءٔ پر اثر انداز ہوئی جس سے ہم آج شناسا ہیں.
- ابتدائی طور پر نارمنوں نے ویلز بھی فتح کیا، لیکن ویلش نے آہستہ آہستہ اپنا علاقہ واپس لے لیا.

- اسکاٹس اور نارمنوں نے انگلینڈ اور اسکاٹ لینڈ کے درمیان سرحد پر لڑائی لڑی؛ نارمنوں نے سرحد کی کچھ زمین پر قبضہ کر لیا لیکن اسکاٹ لینڈ پر حملہ نہیں کر سکے.

- ولیم نے انگلینڈ بھر میں افراد کو تمام شہروں اور دیہاتوں کی فہرست مرتب کرنے کے لئے بھیجا. اسے ڈومز ڈے (Domesday) کتاب کہا جاتا تھا.

THE MIDDLE AGES

War at home and abroad

- The period after the Norman Conquest up until about 1485 is called the Middle Ages (or the medieval period). It was a time of almost constant war.

- The English Kings fought with the Welsh, Scottish and Irish noblemen for control of their lands.

- In Wales, the English were able to establish their rule.

- In 1284, King Edward I of England introduced the Statute of Rhuddlan, which annexed Wales to the crown of England. Huge castles, including Conwy and Caernarvon were built to maintain this power.

- By the middle of the 15th century, the last Welsh rebellions had been defeated. English laws and English language were introduced.

- In Scotland, the English Kings were less successful.

- In 1314, the Scottish, led by Robert the Bruce, defeated the English at the Battle of Bannockburn, and Scotland remained unconquered by the English.

- At the beginning of Middle Ages, Ireland was an independent country.

- The English first went to Ireland as troops to help Irish King and remained to build their own settlements.

مڈل ایجز

اندرون اور بیرون ملک جنگ

- نارمن فتح کے بعد 1485 تک کی مدت کو مڈل ایجز [میڈیول ایجز] کہا جاتا ہے. یہ تقریباً مسلسل جنگ کا دور تھا.
- انگریزی بادشاہوں نے ویلش، سکاٹش اور آئرش نوابوں کے ساتھ انکی زمینوں کے کنٹرول کے لئے لڑائی کی.
- ویلز میں انگریز اپنا اقتدار قائم کرسکے.
- 1284 میں انگلینڈ کے کنگ ایڈورڈ اوّل نے رُڈلین (Rhuddlan) کا قانون متعارف کرایا جس کی رُو سے ویلز تاجِ برطانیہ میں شامل ہوگیا. کانوے (Conwy) اور کارناروِن (Caernarvon) سمیت بڑے بڑے قلعے اس طاقت کو برقرار رکھنے کے لئے تعمیر کیے گئے.
- پندرہویں صدی کے وسط میں آخری ویلش بغاوت کو کچلا گیا. (ویلز میں) انگریزی قوانین اور انگریزی زبان متعارف کرائی گئی.
- اسکاٹ لینڈ میں انگریز بادشاہ کم کامیاب رہے.
- 1314 میں رابرٹ بروس کی قیادت میں اسکاٹ لینڈ نے بینیک برن (Bannockburn) کی لڑائی میں انگریزوں کو شکست دی، اور اسکاٹ لینڈ انگریزوں کے لیے غیر مفتوح ہی رہا.
- مڈل ایجز کے آغاز میں آئرلینڈ ایک آزاد ملک تھا.
- انگریز پہلے آئرش بادشاہ کی مدد کرنے کے لئے فوجیوں کے طور پر آئرلینڈ گئے تھے اور وہاں اپنی بستیاں تعمیر کرنے کیلیے رک گئے.

- By 1200, the English ruled an area of Ireland known as the Pale, around Dublin. Some of the important lords in other parts of Ireland accepted the authority of the English King.

- During the Middle Ages, the English Kings also fought a number of wars abroad. Many knights took part in the crusades, in which European Christians fought for control of the Holy land.

- English Kings also fought a long war with France, called the Hundred Years War (even though it actually lasted 116 years).

- One of the most famous Battles of the Hundred year's war was the Battle of Agincourt in 1415, where King Henry V's vastly outnumbered English army defeated the French.

- The English left France in 1450s.

THE BLACK DEATH

- The Normans used a system of land ownership called feudalism.

- The King gave land to his lords in return for help in war. Landowners had to send certain numbers of men to serve in the army.

- Some peasants had their own land but most were serfs. They had a small area of their lord's land where they could grow food. In return, they had to work for their lord and could not move away. The same system developed in southern Scotland.

- In the north of Scotland and Ireland, land was owned by members of 'clans' (prominent families).

- 1200 تک انگریزوں نے ڈبلن کے ارد گرد کے علاقے جسے، پیل (Pale) کہا جاتا ہے، پر حکومت کی. آئرلینڈ کے دیگر حصوں میں اہم لارڈز میں سے کچھ نے انگریزی بارشاہ کی حکومت کو قبول کرلیا.

- قرون وسطی کے دوران، انگریزی بادشاہوں نے بیرون ملک بھی جنگوں کی ایک بڑی تعداد لڑی. بہت سے سپہ سالاروں نے صلیبی جنگوں میں حصہ لیا جن میں یورپی عیسائیوں نے مقدس سرزمین پر کنٹرول کے لئے لڑائی کی.
- انگریزی بادشاہوں نے فرانس کے ساتھ بھی ایک طویل جنگ لڑی، جسے سو سال کی جنگ کہا گیا(اگرچہ یہ حقیقت میں116 سال تک جاری رہی).
- سو سال کی جنگ کی زیادہ مشہور لڑائیوں میں سے ایک 1415 میں ایجن کورٹ (Agincourt) کی لڑائی تھی جس میں بادشاہ ہنری پنجم کی وسیع انگریزی فوج نے فرانسیسیوں کو شکست سے دوچار کیا.

- انگریزوں نے1450 میں فرانس چھوڑ دیا.

بلیک ڈیتھ

- نارمن زمین کی ملکیت کا ایک نظام استعمال کرتے تھے جسے جاگیردارانہ نظام کہا جاتا تھا.
- بادشاہ جنگ میں مدد کے بدلے اپنے لارڈز کو زمین دیتا تھا. جاگیرداروں کو فوج میں خدمت کرنے کے لئے مردوں کی مخصوص تعداد میں بھیجنا پڑتی تھی.

- کچھ کسانوں کی اپنی زمین تھی لیکن زیادہ تر مزارعے تھے. ان کے پاس لارڈ کی عطا کردہ زمین کا ایک چھوٹا سا ٹکڑا ہوتا تھا جہاں وہ اناج اگا سکتے تھے. بدلے میں انہیں اپنے لارڈ کے لئے کام کرنا پڑتا تھا جسے چھوڑ کر وہ نہیں جاسکتے تھے. جنوبی سکاٹ لینڈ میں بھی ایسا ہی نظام تھا.

- اسکاٹ لینڈ اور آئرلینڈ کے شمال میں، زمین 'کلانز' (ممتاز خاندانوں) کے ارکان کی ملکیت ہوتی تھی.

- In 1348, a disease, probably a form of plague, came to Britain. This was known as Black Death.

- One third of the population of England died and a similar proportion in Scotland and Wales. This was one of the worst disasters ever to strike Britain.

- Following the Black Death, the smaller population meant there was less need to grow cereal crops. There were labour shortages and peasants began to demand higher wages.

- New social classes appeared, including owners of large areas of land (later called gentry), and people left countryside to live in the towns. In the towns, growing wealth led to the development of a strong middle class.

- In Ireland, the Black Death killed many in the Pale and, for a time, the area controlled by the English became smaller.

Legal & political changes

- In the Middle Ages, parliament began to develop into institution it is today.
- Its origin can be traced to the King's council of advisers, which included important noblemen and the leaders of the Church.

- There were few formal limits to the King's power until 1215. In that year, King John was forced by his noblemen to agree to a number of demands. The result was a charter of rights called the Magna Carta (which means the Greater Charter).

- 1348 میں ایک بیماری، غالباً طاعون کی ایک شکل، برطانیہ میں پھیلی. یہ بلیک ڈیتھ کے طور پر جانی جاتی تھی.
- انگلینڈ کی ایک تہائی آبادی اس سے مر گئی، اور اسکاٹ لینڈ اور ویلز میں بھی اموات کا یہی تناسب رہا. یہ برطانیہ پر حملہ کرنے والی بدترین آفات میں سے ایک تھی.
- بلیک ڈیتھ کے بعد، کم آبادی کے لیے اناج کی فصلیں اگانے کی کم ضرورت تھی. مزدوروں کی قلت تھی اور کسانوں نے زیادہ اجرت کا مطالبہ شروع کر دیا تھا.
- نئے سماجی طبقات معرضِ وجود میں آئے جن میں وسیع زمینوں کے مالکان تھے (جنہیں بعد میں شرفاء یا جینٹری کہا گیا) اور لوگوں نے شہروں میں رہنے کے لئے دیہی علاقوں کو چھوڑ دیا. شہروں میں بڑھتی ہوئی دولت ایک مضبوط متوسط طبقے کی ترقی کا باعث بنی.
- آئرلینڈ میں بھی بلیک ڈیتھ سے بہت سے افراد جاں بحق ہوئے اور کچھ وقت کے لئے انگریزوں کے زیرِ تسلط علاقہ کم ہو گیا.

قانونی اور سیاسی تبدیلیاں

- مڈل ایجز میں، پارلیمنٹ نے وہ شکل اختیار کرنا شروع کی جو آج ہمیں نظر آتی ہے.
- اس (پارلیمنٹ کے) آغاز کی بنیادیں بادشاہ کے مشیروں کی کونسل سے ملتی ہیں، جن میں اہم معززین اور چرچ کے رہنما شامل ہوتے تھے.
- 1215 تک بادشاہ کے اقتدار پر چند رسمی حدود تھیں. اسی سال کنگ جان کو اس کے معززین نے بہت سے مطالبات سے اتفاق کرنے پر مجبور کیا. اس کے نتیجہ کے طور پر حقوق کا ایک ضابطہ سامنے آیا جسے میگنا کارٹا (Magna Carta)[جس کا مطلب ہے عظیم ضابطہ] کہا جاتا ہے.

- In England, parliaments were called for the King to consult his nobles, particularly when the King needed to raise money.

- The numbers attending Parliament increased and two separate parts, known as Houses, were established.

- The nobility, great landowners and bishops sat in the House of Lords.

- Knights, who were usually smaller landowners and wealthy people from towns and cities, were elected to sit in the House of Commons.

- Only a small part of the population was able to join in electing the members of the Commons.

- A similar parliament developed in Scotland. It had three Houses, called Estates: the lords, the commons and the clergy.

- This was also a time of development in the legal system. The principle that judges were independent of the government began to be established.

- In England, judges developed 'common law' by a process of precedence (that is, following previous decisions) and tradition.

- In Scotland, the legal system developed slightly differently and laws were 'codified' (that is, written down).

- انگلینڈ میں جب بادشاہ کو اپنے شرفاء سے مشورہ کرنا ہوتا، خاص طور پر جب بادشاہ کو رقم جمع کرنے کی ضرورت پڑتی، تو پارلیمان طلب کی جاتی.
- (وقت کے ساتھ) پارلیمنٹ میں شرکاء کی تعداد میں اضافہ ہوا اور دو الگ الگ حصے قائم کئے گئے جنہیں "ہاؤس" کہا جاتا تھا.
- شرفاء، بڑے جاگیر دار اور بشپ ہاؤس آف لارڈز میں بیٹھتے تھے.
- فوج کے عہدیدار، جو کہ عام طور پر شہروں اور قصبوں کے چھوٹے جاگیر دار اور امیر لوگ تھے، وہ ہاؤس آف کامنز میں بیٹھنے کے لئے منتخب کیے جاتے تھے.
- آبادی کا صرف ایک چھوٹا سا حصہ ہاؤس آف کامنز کے ارکان کے انتخاب میں شامل ہونے کے قابل تھا.
- سکاٹ لینڈ میں بھی اسی طرح کی پارلیمنٹ بنائی گئی. یہ تین "ہاؤسز" تھے جنہیں "اسٹیٹس" کہا جاتا ہے: امراء، عوام اور پادری.
- یہ قانونی نظام میں بھی ترقی کا وقت تھا. یہ اصول کہ جج حکومت سے آزاد ہونے چاہییں قایم ہونا شروع ھوا.
- انگلینڈ میں، ججوں نے تقدیم (یعنی گزشتہ فیصلوں کی بنیاد پر) اور روایت پر مبنی ایک 'عام قانون' وضع کیا.
- اسکاٹ لینڈ میں، قانونی نظام نے تھوڑی مختلف شکل میں ترقی کی اور وہاں قوانین 'کوڈیفائڈ' [لکھے ہوئے] تھے.

A distinct identity

- After the Norman Conquest, the King and his noblemen had spoken Norman French and the peasants had continued to speak Anglo-Saxon. Gradually these two languages combined to become one English language.

- By 1400, in England, official documents were being written in English, and English had become the preferred language of the royal court and the parliament.

- In the years leading up to 1400, Geoffrey Chaucer wrote a series of poems in English about a group of people going to Canterbury on a pilgrimage.

- The people decided to tell each other stories on the journey, and the poems describe the travellers and some of the stories they told. This collection of poems is called The Canterbury Tales. It was one of the first books to be printed by William Caxton, the first person in England to print books using a printing press.

- In Scotland, many people continued to speak Gaelic and the Scots language also developed.

- A number of poets began to write in the Scots language. One example is John Barbour, who wrote The Bruce about the Battle of Bannockburn.

- The Middle Ages also saw a change in the type of buildings in Britain. Castles were built in many places in Britain and Ireland, partly for defence.

ایک منفرد شناخت

- نارمن فتح کے بعد، بادشاہ اور اس کے شرفاء نارمن فرانسیسی میں بات کرتے تھے اور کسانوں نے اینگلو سکسن میں بات کرنا جاری رکھا. رفتہ رفتہ دونوں زبانیں مل کر انگریزی زبان کی شکل اختیار کر گئیں.

- 1400 میں انگلینڈ میں سرکاری دستاویزات انگریزی میں لکھی جا رہی تھیں اور انگریزی شاہی عدالت اور پارلیمنٹ کی ترجیحی زبان بن گئی تھی.

- 1400 تک کے سالوں میں، جیفری چوسر نے زیارات کے سفر پر کنٹربری جانے والے لوگوں کے ایک گروہ کے بارے میں انگریزی نظموں کا ایک سلسلہ لکھا.

- ان لوگوں نے دورانِ سفر ایک دوسرے کو کہانیاں سنانے کا فیصلہ کیا اور یہ نظمیں مسافروں اور ان کی کہانیوں کے بارے میں بتاتی ہیں. نظموں کا یہ مجموعہ کنٹربری ٹیلز کہلاتا ہے. یہ ان اولین کتابوں میں سے ایک تھی جنہیں ولیم کیکسٹن نے شائع کیا، جو انگلینڈ میں پرنٹنگ پریس کے استعمال سے کتابیں پرنٹ کرنے والا پہلا شخص تھا.

- اسکاٹ لینڈ میں، بہت سے لوگوں نے گیلک زبان میں بات کرنا جاری رکھا اور اسکاٹش زبان بھی بنی.

- شاعروں کی ایک بڑی تعداد نے سکاٹش زبان میں لکھنا شروع کر دیا. اس کی ایک مثال جان باربر ہے جس نے بینیک برن (Bannockburn) کی لڑائی کے بارے میں دی بروس (The Bruce) لکھی.

- مڈل ایجز نے برطانیہ میں عمارتوں کی قسم میں بھی تبدیلی دیکھی. برطانیہ اور آئرلینڈ میں کئی مقامات پر قلعے، جزوی طور پر دفاع کے لیے، تعمیر کیے گئے تھے.

- Today many are in ruins, although some, such as Windsor and Edinburgh are still in use. Great cathedrals – for example, Lincoln Cathedral – were also built, and many of these are still used for worship.

- Several of the cathedrals had windows of stained glass, telling stories about the bible and the Christian saints. The glass in York minster is a famous example.

- During this period, England was an important trading nation. English wool became a very important export.

- People came to England from abroad to trade and also to work. Many had special skills, such as weavers from France, engineers from Germany, glass manufacturers from Italy and canal builders from Holland.

The Wars of The Roses

- In 1455, a civil war was begun to decide who should be King of England. It was fought between the supporters of two families: the house of Lancaster and the house of York. This war was called War of the Roses, because the symbol of Lancaster was a red rose and the symbol of York was a white rose. The war ended with the Battle of Bosworth Field in 1485.

- King Richard III of the house of York was killed in the Battle and Henry Tudor, the leader of the house of Lancaster, became King Henry VII.

- اگرچہ آج بہت سے (قلعے) کھنڈرات میں تبدیل ہو گئے ہیں لیکن کچھ ونڈسر اور ایڈنبرا جیسے آج بھی استعمال میں ہیں. عظیم چرچ، مثال کے طور پر لنکن کیتھیڈرل، بھی تعمیر کیے گئے تھے، اور ان میں سے بہت سے اب بھی عبادت کے لئے استعمال کیے جاتے ہیں .
- بہت سے کیتھیڈرل رنگین شیشوں سے مزین تھے جو کہ بائبل اور عیسائی سینٹس کے بارے میں کہانیاں بتاتے تھے. یارک منسٹر میں 'گلاس' اس طرح کی ایک مشہور مثال ہے.
- اس مدت کے دوران، انگلینڈ ایک اہم تجارتی قوم تھی. انگریزی اون ایک بہت اہم بر آمد بن گئی.
- لوگ تجارت اور کام کرنے کے لئے بیرون ملک سے انگلینڈ آتے تھے. کئی لوگ خصوصی مہارت رکھتے تھے مثلاً فرانس سے بُنائی کا کام کرنے والے، جرمنی سے انجینئرز، اٹلی سے کانچ بنانے والے اور ہالینڈ سے نہریں تعمیر کرنے والے.

گلابوں کی جنگیں

- 1455 میں انگلینڈ میں بادشاہت کا فیصلہ کرنے کے لئے ایک خانہ جنگی شروع ہو گئی. یہ دو گروہوں کے حامیوں کے درمیان لڑی گئی: ایوانِ لنکاسٹر اور ایوانِ یارک. لنکاسٹر کی علامت ایک سرخ گلاب اور یارک کی علامت ایک سفید گلاب تھا اس کی وجہ سے یہ جنگ گلابوں کی جنگ کہلائی. جنگ 1485 میں باسورتھ (Bosworth) فیلڈ کی لڑائی کے ساتھ ختم ہوئی.
- ایوانِ یارک کا بادشاہ رچرڈ سوئم لڑائی میں ہلاک ہو گیا اور ہینری ٹیوڈر، ایوانِ لنکاسٹر کا رہنما بادشاہ ہنری ہفتم بن گیا.

- Henry then married King Richard's niece, Elizabeth of York, and united the two families.

- Henry was the first King of the house of Tudor. The symbol of the house of Tudor was a red rose with a white rose inside it as a sign that the houses of York and Lancaster were now allies.

THE TUDORS AND STUARTS

- After his victory in the war of roses, Henry VII wanted to make sure that England remained peaceful and that his position as King was secure. He deliberately strengthened the central administration of England and reduced power of the nobles. He was thrifty and built up the monarchy's financial reserves.

- When he died, his son Henry VIII continued the policy of centralising power.

- Henry VIII was most famous for breaking away from Church of Rome and marrying six times.

- ہنری نے پھر بادشاہ رچرڈ کی بھتیجی، یارک کی الزبتھ سے شادی کی اور دونوں خاندانوں کو متحد کر دیا۔

- ہنری ایوانِ ٹیوڈر کا پہلا بادشاہ تھا۔ ایوانِ ٹیوڈر کی علامت ایک سرخ گلاب کے اندر سفید گلاب تھی جو اس بات کی نشانی تھی کہ یارک اور لنکاسٹر کے ایوان اب اتحادی تھے۔

ٹیوڈر اور سٹورٹس (Tudors and Stuarts)

- گلابوں کی جنگ میں کامیابی کے بعد ہینری ہفتم اس بات کو یقینی بنانا چاہتا تھا کہ انگلینڈ پر امن رہے اور بادشاہ کے طور پر اس کی جگہ محفوظ رہے۔ اس نے جان بوجھ کر انگلینڈ کی مرکزی انتظامیہ کو مضبوط بنایا اور شرفاء کی طاقت کم کی۔ وہ محتاط تھا اور اس نے شہنشاہت کے مالیاتی ذخائر جمع کیے۔

- جب وہ مر گیا تو اس کے بیٹے ہنری ہشتم نے اقتدار کی مرکزیت کی پالیسی کو جاری رکھا۔

- ہنری ہشتم روم کے چرچ سے تعلق توڑنے اور چھ بار شادی کرنے کے لئے مشہور تھا۔

The six wives of Henry VIII

Catherine of Aragon: Catherine was a Spanish princess. She and Henry had a number of children, but only one, Mary, survived. When Catherine was too old to give him another child, Henry decided to divorce her, hoping that another wife would give him a son to be his heir.

Anne Boleyn: Anne Boleyn was English. She and Henry had one daughter Elizabeth. Anne was unpopular in the country and was accused of taking lovers. She was executed at the Tower of London.

Jane Seymour: Henry married Jane after Anne's execution. She gave Henry the son he wanted, Edward, but she died shortly after the birth.

Anne of Cleves: Anne was a German princess. Henry married her for political reasons but divorced her soon after.

Catherine Howard: Catherine was a cousin of Anne Boleyn. She was also accused of taking lovers and executed.

Catherine Parr: Catherine was a widow who married Henry late in his life. She survived him and married again but died soon after.

- To divorce his first wife, Henry needed the approval of the Pope. When the pope refused, Henry established the Church of England.

- In this new Church, the King, not the pope, would have the power to appoint bishops and order how people should worship.

- At the same time, the Reformation was happening across Europe. This was a movement against the authority of the pope and the ideas and practices of the Roman Catholic Church.

ہنری ہشتم کی چھ بیویاں

کیتھرین آف آراگون : کیتھرین ایک ہسپانوی شہزادی تھی. ہینری اور اس کے بہت سے بچے ہوئے لیکن صرف ایک میری بچی. جب کیتھرین مزید بچہ پیدا کرنے کے لیے قابل نہ رہی تو ہینری نے اسے طلاق دینے کا فیصلہ کیا، یہ امید کرتے ہوئے کہ شاید دوسری بیوی اسے اس کا وارث بننے کے لئے ایک بیٹا دے گی.

این بولین : این انگریز تھی. ہینری اور اس کی ایک بیٹی الزبتھ تھی. این ملک میں غیر مقبول تھی اور اس پر معاشقوں کا الزام تھا. اسے ٹاور آف لندن میں پھانسی دے دی گئی.

جین سیمور : ہنری نے این کی پھانسی کے بعد جین سے شادی کی. اس نے ہینری کی خواہش، ایک بیٹا ایڈورڈ اسے دیا، لیکن وہ پیدائش کے بعد جلد ہی انتقال کر گئی.

این آف کلیوز : این ایک جرمن شہزادی تھی. ہنری نے سیاسی وجوہات کی بناء پر اس سے شادی کی لیکن جلد ہی اسے طلاق دے دی.

کیتھرین ہاورڈ : کیتھرین این بولین کی ایک کزن تھی. اس پر بھی معاشقوں کا الزام تھا اور اسے بھی پھانسی دے دی گئی.

کیتھرین پار : کیتھرین ایک بیوہ تھی جس نے ہینری سے اس کی زندگی کے آخر میں شادی کی. ہینری کے بعد اس نے اور شادی کی لیکن پھر جلد ہی مر گئی.

- پہلی بیوی کو طلاق دینے کے لیے ہنری کو پوپ کی منظوری کی ضرورت تھی. پوپ نے انکار کر دیا تو ہنری نے انگلینڈ کا چرچ قائم کر دیا.
- اس نئے چرچ میں پوپ کی بجائے بادشاہ کو اختیار تھا کہ وہ بشپ مقرر کرے اور لوگوں کی عبادت کے طریقے کا حکم جاری کرے.
- اسی وقت یورپ بھر میں اصلاحات ہو رہی تھیں. یہ پوپ کی حاکمیت اور رومن کیتھولک چرچ کے نظریات اور طرز عمل کے خلاف ایک تحریک تھی.

- The Protestants formed their own Churches. They read the bible in their own languages instead of in Latin; they did not pray to saints or at shrines; and they believed that a person's own relationship with God was more important than submitting to the authority of the Church.

- Protestant ideas gradually gained strength in England, Wales and Scotland during the 16th century.

- In Ireland, however, attempts by the English to impose Protestantism (alongside efforts to introduce the English system of laws about the inheritance of land) led to rebellion from the Irish chieftains, and much brutal fighting followed.

- During the reign of Henry VIII, Wales became formally united with England by the Act for the Government of Wales. The Welsh sent representatives to the House of Commons and Welsh legal system was reformed.

- Henry VIII was succeeded by his son Edward VI, who was strongly protestant. During his reign, the Book of Common Prayer was written to be used in the Church of England.

- Edward died at the age of 15 after ruling for just over 6 years, and his half sister Mary became queen.

- Mary was a devout catholic and persecuted Protestants (for this reason, she became known as 'Bloody Mary').

- Mary also died after a short reign and the next monarch was her half sister, Elizabeth, the daughter of Henry VIII and Anne Boleyn.

- پروٹیسٹنٹس نے اپنے گر جا گھروں کی بنیاد رکھی. وہ لاطینی کی بجائے اپنی زبان میں بائبل پڑھتے، وہ سینٹ سے یا مزاروں پر عبادت نہ کرتے اور وہ چرچ کے اختیار کے سامنے سرِٹیکنے کی بجانے خدا کے ساتھ ایک فرد کے اپنے رشتہ کو زیادہ اہم گردانتے.

- پروٹیسٹنٹ نظریات نے بتدریج سولہویں صدی کے دوران انگلینڈ، ویلز اور سکاٹ لینڈ میں طاقت حاصل کی.

- تاہم آئرلینڈ میں، انگریزوں کی طرف سے پروٹیسٹنٹزم مسلط کرنے کی کوششوں (اور ساتھ ساتھ زمین کی وراثت کے بارے میں قوانین کے انگریزی کے نظام کو متعارف کرانے کی کوششوں) کی وجہ سے آئرش سر داروں نے بغاوت کی اور بعد میں بہت سفاکانہ لڑائی ہوئی.

- ہنری ہشتم کے دور حکومت میں، ویلز کی حکومت کے ایکٹ کی رُو سے، ویلز رسمی طور پر انگلینڈ کے ساتھ متحد ہو گیا. ویلش لوگوں نے نمائندوں کو ہاؤس آف کامنز میں بھیجا اور ویلش قانونی نظام کی اصلاح کی گئی.

- ہنری ہشتم کے بعد اس کا بیٹا ایڈورڈ ششم آیا جو کہ کٹر پروٹیسٹنٹ تھا. اس کے دورِ حکومت میں عام عبادت کی کتاب چرچ آف انگلینڈ میں استعمال کے لئے لکھی گئی.

- ایڈورڈ صرف 6 سال حکومت کرنے کے بعد 15 سال کی عمر میں انتقال کر گیا اور اس کی نصف بہن میری ملکہ بن گئی.

- میری ایک کٹر کیتھولک تھی جس نے پروٹیسٹنٹس پر ظلم و ستم کیے (اسی وجہ سے وہ 'خونی میری' کے طور پر جانی جاتی ہے).

- میری بھی ایک مختصر دور حکومت کے بعد مر گئی، اور اگلی ملکہ اس کی نصف بہن، الزبتھ تھی جو ہنری ہشتم اور این بولین کی بیٹی تھی.

Queen Elizabeth I

- Queen Elizabeth I was a protestant. She re-established the Church of England as the official Church in England.

- Everyone had to attend the local Church and there were type of religious services and prayers, which could be said, but Elizabeth did not ask about people's real beliefs.

- She succeeded in finding a balance between the views of Catholics and the more extreme Protestants. In this way, she avoided any serious religious conflict within England.

- Elizabeth became one of the most popular monarchs in English history, particularly after 1588, when the English defeated the Spanish Armada (a large fleet of ships), which had been sent by Spain to conquer England and restore Catholicism.

The reformation in Scotland and Mary, Queen of Scots

- In 1560, the predominantly Protestant Scottish Parliament abolished the authority of the Pope in Scotland and Roman Catholic religious services became illegal.

- A protestant Church of Scotland with an established leadership was established but, unlike in England, this was not a state Church.

- The queen of Scotland, Mary Stuart (often now called 'Mary, Queen of Scots') was a catholic. She was only a week old when her father died and she became the queen. Much of her childhood was spent in France.

ملکہ الزبتھ اول

- ملکہ الزبتھ اوّل ایک پروٹیسٹنٹ تھی. اس نے انگلینڈ میں سرکاری چرچ کے طور پر چرچ آف انگلینڈ کو دوبارہ قائم کیا.

- ہر کسی کو مقامی چرچ میں جانا پڑتا اور کرنے کے لیے مذہبی عبادات اور نماز کی قسمیں ہوتی تھیں، لیکن الزبتھ نے لوگوں کے اصل عقائد کے بارے میں نہیں پوچھا.

- وہ کیتھولک خیالات اور انتہائی پروٹیسٹنٹ کے درمیان ایک توازن تلاش کرنے میں کامیاب رہی. اس طرح وہ انگلینڈ کے اندر کسی بھی سنگین مذہبی تنازعے سے بچی رہی.

- الزبتھ انگریزی تاریخ میں سب سے زیادہ مقبول ملکہ بن گئی، خاص طور پر 1588 کے بعد جب انگلینڈ نے ہسپانوی آرماڈا (بحری جہازوں کے ایک بڑے بیڑے) کو شکست دی، جسے سپین کی طرف سے انگلینڈ فتح کرنے اور کیتھولسزم کی بحالی کے لیے بھیجا گیا تھا.

اسکاٹ لینڈ میں اصلاحات اور میری، اسکاٹس کی ملکہ

- 1560 میں، پروٹیسٹنٹ اکثریت والی سکاٹش پارلیمنٹ نے سکاٹ لینڈ میں پوپ کی حاکمیت کو ختم کر دیا اور رومن کیتھولک مذہبی عبادات کو غیر قانونی قرار دے دیا.

- ایک مستحکم قیادت کے ساتھ اسکاٹ لینڈ میں ایک پروٹیسٹنٹ چرچ قائم کیا گیا لیکن انگلینڈ کے برعکس یہ ایک ریاستی چرچ نہیں تھا.

- اسکاٹ لینڈ کی ملکہ، میری اسٹیورٹ (جسے اکثر اب 'میری، اسکاٹس کی ملکہ' کہا جاتا ہے) ایک کیتھولک تھی. جب وہ صرف ایک ہفتے کی تھی تو اس کے والد انتقال کر گئے اور وہ ملکہ بن گئی. اس کا زیادہ تر بچپن فرانس میں گزرا.

- When she returned to Scotland, she was the centre of a power struggle between different groups.

- When her husband was murdered, Mary was suspected of involvement and fled to England. She gave her throne to her protestant son, James VI of Scotland.

- Mary was Elizabeth I's cousin and hoped that Elizabeth might help her, but Elizabeth suspected Mary of wanting to take over the English throne, and kept her a prisoner for 20 years.

- Mary was eventually executed, accused of plotting against Elizabeth I.

Exploration, poetry and drama

- The Elizabethan period in England was a time of growing patriotism: a feeling of pride in being English. English explorers sought new trade routes and tried to expand British trade into the Spanish colonies in the Americas.

- Sir Francis Drake, one of the commanders in the defeat of the Spanish Armada, was one of the founders of England's naval tradition. His ship, the Golden Hind, was one of the first to sail right around ('circumnavigate') the world.

- In Elizabeth I's time, English settlers began to colonise the eastern coast of America.

- The Elizabethan period is also remembered for the richness of its poetry and drama, especially the plays and poems of William Shakespeare.

- جب وہ اسکاٹ لینڈ واپس آئی اس وقت وہ مختلف گروہوں کے درمیان اقتدار کی جدوجہد کا مرکز تھی.
- جب اس کے شوہر کو قتل کر دیا گیا تو میری پر ملوث ہونے کا شبہ کیا گیا اور وہ انگلینڈ فرار ہو گئی. اس نے اپنا تخت اپنے پروٹیسٹنٹ بیٹے اسکاٹ لینڈ کے جیمز ششم کے حوالے کر دیا.
- میری الزبتھ اوّل کی کزن تھی اور اس نے امید کی کہ الزبتھ اس کی مدد کر سکتی ہے، لیکن الزبتھ نے میری پر انگریزی تخت پر قبضہ کرنے کی خواہش کا شبہ کیا اور اسے 20 سال کے لئے قیدی رکھا.
- میری کو آخر میں الزبتھ اوّل کے خلاف سازش کرنے کے الزام میں پھانسی دے دی گئی.

تلاش، شاعری اور ڈرامہ

- الزبتھ کا دور انگلینڈ میں بڑھتی ہوئی حب الوطنی: انگریز ہونے میں فخر کے احساس کا وقت تھا. انگریز سیاحوں نے نئے تجارتی راستے ڈھونڈے اور امریکہ میں ہسپانوی کالونیوں میں برطانوی تجارت کو وسعت دینے کی کوشش کی.
- سر فرانسس ڈریک، ہسپانوی آرماڈا کو شکست دینے والے کمانڈروں میں سے ایک، انگلینڈ کی بحریہ کی روایت کے بانیوں میں ایک تھا -اس کا جہاز، گولڈن ہند، دنیا کے گرد سب سے پہلے چکر لگانے والوں میں سے ایک تھا.
- الزبتھ اوّل کے زمانے میں، انگریزی آبادکاروں نے امریکہ کے مشرقی ساحل پر بستیاں بسانی شروع کیں..
- الزبتھ کا دور شاعری اور ڈرامہ کے عروج کے لیے بھی یاد کیا جاتا ہے، خاص طور پر ولیم شیکسپیئر کے ڈرامے اور نظمیں-

William Shakespeare (1564-1616)

Shakespeare was born in Stratford-upon-Avon, England. He was a playwright and actor and wrote many poems and plays.

His most famous plays include *A Midsummer Night's Dream*, *Hamlet*, *Macbeth* and *Romeo and Juliet*.

He also dramatised significant names from the past, but he did not focus solely on Kings and queens. He was one of the first to portray ordinary Englishmen and women.

Shakespeare had a great influence on English language and invented many words that are still common today.

Lines from his plays and poems which are often still quoted include:

- Once more unto the breach (Henry V)
- To be or not to be (Hamlet)
- A rose by any other name (Romeo and Juliet)
- All the world's a stage (As You Like It)
- The darling buds of May (Sonnet 18 – Shall I compare Thee to a Summer's Day)

Many people regard Shakespeare as the greatest playwright of all time. His plays and poems are still performed and studied in Britain and other countries today.

The Globe Theatre in London is a modern copy of the theatres in which his plays were first performed.

ولیم شیکسپیئر (1564-1616)

شیکسپیئر سٹریٹفورڈ-اپون-ایون، انگلینڈ میں پیدا ہوا. وہ ایک ڈرامہ نگار اور اداکار تھا اور اس نے بہت سی نظمیں اور ڈرامے لکھے.

اس کے زیادہ مشہور ڈراموں میں اے مڈ سمر نائٹس ڈریم، ہیملیٹ، میکبیتھ اور رومیو اور جولیٹ شامل ہیں.

اس نے ماضی سے اہم نام بھی ڈراموں میں شامل کیے لیکن اس نے صرف اور صرف بادشاہوں اور ملکاؤں پر توجہ مرکوز نہیں رکھی. وہ پہلا آدمی تھا جس نے عام انگریز مردوں اور عورتوں کو بیان کیا.

شیکسپیئر کا انگریزی زبان پر ایک گہرا اثر تھا اس نے بہت سے الفاظ ایجاد کیے جو آج بھی عام ہیں.

اس کے ڈرامے اور نظموں سے کچھ سطریں جن کا اکثر آج بھی حوالہ دیا جاتا ہے، یہ ہیں:

- ونس مور انٹو دا بریچ (ہنری پنجم)
- ٹوبی اور ناٹ ٹوبی (ہیملیٹ)
- اے روز بائی اینی ادر نیم (رومیو اور جولیٹ)
- آل داور لڈز اے سٹیج (ایز یو لائیک اٹ)
- داڈارلنگ بڈز آف مے (سونیٹ 18۔ شیل آئی کمپیر دی ٹو اے سمرز ڈے)

بہت سے لوگ شیکسپیئر کو تاریخ کا سب سے بڑا ڈرامہ نگار سمجھتے ہیں. اس کے ڈرامے اور نظمیں آج بھی برطانیہ اور دیگر ممالک میں پیش کیے جاتے ہیں اور ان کی تعلیم دی جاتی ہے.

لندن میں گلوب تھیٹر اُن تھیٹرز کی ایک جدید نقل ہے جن میں پہلے پہل اس کے ڈرامے پیش کیے جاتے تھے.

James VI and I

- Elizabeth I never married and so had no children of her own to inherit her throne.

- When she died in 1603, her heir was her cousin James VI of Scotland. He became King James I of England, Wales and Ireland but Scotland remained a separate country.

The King James Bible

One achievement of King James' reign was a new translation of the bible into English. This translation is known as the 'King James version' or the 'Authorised Version'. It was not the first English bible but is a version which continues to be used in many protestant Churches today.

Ireland

- During this period, Ireland was an almost completely catholic country.
- Henry VII and Henry VIII had extended English control outside the Pale and had established English authority over the whole country.
- Henry VIII took the title 'King of Ireland'.

- English laws were introduced and local leaders were expected to follow the instructions of the Lord Lieutenants in Dublin.

جیمز ششم اور اول

- الزبتھ اوّل نے شادی نہیں کی تھی اسی لیے اس کے تخت کی وراثت کے لئے اس کی اپنی کوئی اولاد نہیں تھی.
- جب 1603 میں اس کا انتقال تو اس کا وارث اس کا کزن اسکاٹ لینڈ کا جیمز ششم تھا. وہ انگلینڈ، ویلز اور آئرلینڈ کا کنگ جیمز اوّل بن گیا، لیکن اسکاٹ لینڈ ایک علیحدہ ملک رہا.

کنگ جیمز بائبل

کنگ جیمز کی حکومت کی ایک کامیابی انگریزی میں بائبل کا ایک نیا ترجمہ تھا. یہ ترجمہ 'کنگ جیمز کا نسخہ' یا 'مجاز نسخہ' کہلاتا ہے. یہ پہلی انگریزی بائبل نہیں تھی لیکن آج تک کئی پروٹسٹنٹ گرجا گھروں میں یہی نسخہ استعمال کیا جارہا ہے.

آئرلینڈ

- اس مدت کے دوران آئرلینڈ تقریباً مکمل طور پر ایک کیتھولک ملک تھا.
- ہنری ہفتم اور ہنری ہشتم نے 'پیل' کے باہر تک انگریزی کنٹرول بڑھادیا تھا اور پورے ملک میں انگریزی حاکمیت قائم کی تھی.
- ہنری ہشتم کا لقب 'آئرلینڈ کا بادشاہ' تھا.
- انگریزی قوانین متعارف کرائے گئے اور مقامی رہنماؤں سے توقع کی جاتی تھی کہ وہ ڈبلن میں لارڈ لیفٹیننٹ کی ہدایات پر عمل کریں گے۔

- During the reigns of Elizabeth I and James I, many people in Ireland opposed rule by the protestant government in England. There were a number of rebellions.

- The English government encouraged Scottish and English Protestants to settle in Ulster, the northern province of Ireland, taking over the land from catholic landholders. These settlements are known as plantations.

- Many of the new settlers came from south-west Scotland and other land was given to companies in London.

- James later organised similar plantations in several other parts of Ireland. This had serious long-term consequences for the history of England, Scotland and Ireland.

The rise of parliament

- Elizabeth I was very skilled at managing parliament. During her reign, she was successful in balancing her wishes and views against those of the House of Lords and those of the House of Commons, which was increasingly protestant in its views.

- James I and his son Charles I were less skilled politically. Both believed in 'divine right of Kings': the idea that the King was directly appointed by God to rule.

- They thought that the King should be able to act without having to seek approval from parliament. When Charles I inherited the thrones to England, Wales, Ireland and Scotland, he tried to rule in line with this principle.

- الزبتھ اوّل اور جیمز اوّل کے ادوار میں آئر لینڈ میں بہت سے لوگوں نے (خود پر) انگلینڈ کی پروٹیسٹنٹ حکومت کے راج کی مخالفت کی. بہت سی بغاوتیں ہوئیں.

- انگریزی حکومت نے سکاٹش اور انگریزی پروٹیسٹنٹس کی حوصلہ افزائی کی کہ وہ آئر لینڈ کے شمالی صوبے، السٹر میں، کیتھولک زمینداروں سے زمین قبضے میں لے کر بس جایئں. ان بستیوں کو باغات لگانے سے تشبیہ دی گئی.

- نئے آبادکاروں میں بہت سے جنوب مغربی اسکاٹ لینڈ سے آئے اور دیگر زمین لندن میں کمپنیوں کو دی گئی.

- جیمز نے بعد میں آئر لینڈ کے کئی دیگر حصوں میں بھی اسی طرح کی آبادیاں بسایئں- اس کے انگلینڈ، اسکاٹ لینڈ اور آئر لینڈ کی تاریخ پر سنگین طویل مدّتی نتائج مرتب ہوئے.

پارلیمنٹ کا ارتقاء

- الزبتھ اوّل پارلیمنٹ کو منظم کرنے میں بہت ہنر مند تھی. اس کے دورِ حکومت میں وہ اپنے اور ہاؤس آف لارڈز اور ہاؤس آف کامنز کے خیالات اور خواہشات میں توازن رکھنے میں کامیاب تھی، جو کہ کٹر پروٹیسٹنٹ تھے.

- جیمز اوّل اور اس کا بیٹا چارلس اوّل سیاسی طور پر کم ہنر مند تھے. دونوں 'بادشاہ کے خداداد حق' پر: یعنی بادشاہ براہِ راست خدا کی طرف سے حکمرانی کے لیے مقرر کیا جاتا ہے، پر یقین رکھتے تھے.

- وہ سوچتے تھے کہ بادشاہ کو پارلیمنٹ سے منظوری حاصل کیے بغیر کام کرنے کے قابل ہونا چاہئے. جب چارلس اوّل انگلینڈ، ویلز، آئر لینڈ اور اسکاٹ لینڈ کے تخت پر بیٹھا تو اس نے اس اصول کے ساتھ حکومت کرنے کی کوشش کی.

- When he could not get parliament to agree with his religious and foreign policies, he tried to rule without parliament at all.

- For 11 years, he found ways in which to raise money without parliament's approval but eventually trouble in Scotland meant that he had to recall parliament.

The beginning of the English Civil War

- Charles I wanted the worship of the Church of England to include more ceremony and introduced a revised prayer book. He tried to impose this prayer book on the Presbyterian Church in Scotland and this led to serious unrest.

- A Scottish army was formed and Charles could not find money he needed for his army without the help of parliament. In 1640, he recalled the parliament to ask it for funds.

- Many in parliament were puritans, a group of Protestants who advocated strict and simple religious doctrine and worship. They did not agree with the Kings religious views and disliked his reforms of the Church of England.

- Parliament refused to give the King the money he asked for, even after the Scottish army invaded England.

- Another rebellion began in Ireland because the Roman Catholics in Ireland were afraid of the growing power of the Puritans.

- Parliament took this opportunity to demand control of the English army – a change that would have transferred substantial power from the King to parliament.

- جب اس کو پارلیمنٹ سے اس کی مذہبی اور غیر ملکی پالیسیوں کے ساتھ اتفاق نہیں مل سکا تو اس نے پارلیمنٹ کے بغیر حکومت کرنے کی کوشش کی.
- 11 سال تک وہ پارلیمنٹ کی منظوری کے بغیر رقم جمع کرنے کے طریقے ڈھونڈ تا رہا لیکن بالآخر اسکاٹ لینڈ میں پریشان کن صورتحال کا مطلب تھا کہ اسے پارلیمنٹ کو واپس بلانا پڑا.

انگریزی خانہ جنگی کا آغاز

- چارلس اوّل چاہتا تھا کہ چرچ آف انگلینڈ کی عبادت میں زیادہ تقریبات ہوں اس لیے ایک نظر ثانی شدہ عبادت کی کتاب متعارف کرائی. اس نے اسکاٹ لینڈ میں پریسباٹیرین چرچ پر اس نماز کی کتاب کو مسلط کرنے کی کوشش کی اور اس سے سنگین بے چینی پیدا ہو گئی.
- ایک سکاٹش فوج تشکیل دی گئی اور چارلس پارلیمنٹ کی مدد کے بغیر اپنی فوج کے لئے ضروری رقم نہ حاصل کر سکا. 1640 میں اس نے پارلیمنٹ کو واپس بلا لیا تا کہ وہ فنڈز کے لئے کہہ سکے.
- پارلیمنٹ میں کئی پیوریٹنس، پروٹیسٹنٹ کا ایک گروہ، تھے جو سخت اور سادہ مذہبی نظریے اور عبادت کے حق میں تھے. وہ بادشاہ کے مذہبی نظریات سے متفق نہیں تھے اور اس کی چرچ آف انگلینڈ کے متعلق اصلاحات کو ناپسند کرتے تھے.
- بادشاہ نے جس رقم کے لیے کہا تھا پارلیمنٹ نے وہ رقم دینے سے انکار کر دیا، حتیٰ کہ سکاٹش فوج کے انگلینڈ پر حملہ کے بعد بھی.
- ایک اور بغاوت آئرلینڈ میں شروع ہوئی کیونکہ آئرلینڈ میں رومن کیتھولک ، پیوریٹینٹ کی بڑھتی ہوئی طاقت سے ڈرتے تھے.
- پارلیمنٹ نے اس موقع کو انگریزی فوج کے کنٹرول کا مطالبہ کرنے کے لیے استعمال کیا- ایسی تبدیلی جس میں بادشاہ کی طرف سے کافی اقتدار پارلیمنٹ کو منتقل کر دیا جاتا.

- In response, Charles I entered the House of Commons and tried to arrest five parliamentary leaders but they had been warned and were not there. (No monarch has set foot in the Commons since).

- Civil war between the King and parliament could not now be avoided, and began in 1642. The country split into those who supported the King (the Cavaliers) and those who supported parliament (the Roundheads).

Oliver Cromwell and the English Republic

- The King's army was defeated at the Battles of Marston Moor and Naseby.

- By 1646, it was clear that parliament has won the war.

- Charles was held prisoner by the parliamentary army. He was still unwilling to reach any agreement with parliament and in 1649 he was executed.

- England declared itself a republic, called the Commonwealth. It no longer had a monarch.

- For a time it was not totally clear how the country would be governed. For now, the army was in control. One of its generals, Oliver Cromwell, was sent to Ireland, where the revolt, which had begun in 1641, still continued and where there was still a Royalist army.

- Cromwell was successful in establishing the authority of the English parliament but did this with such violence that even today Cromwell remains a controversial figure in Ireland.

- اس کے جواب میں، چارلس اوّل ہاؤس آف کامنز میں داخل ہوا اور پانچ پارلیمانی رہنماؤں کو گرفتار کرنے کی کوشش کی لیکن ان کو خبردار کر دیا گیا تھا اور وہ وہاں نہیں تھے۔ (اس وقت سے لے کر آج تک کسی بادشاہ نے کامنز میں کبھی قدم نہیں رکھا)۔

- بادشاہ اور پارلیمنٹ کے درمیان خانہ جنگی اب ناگزیر تھی اور 1642 میں شروع ہوگئی۔ ملک ان لوگوں جو بادشاہ کے حق میں تھے (Cavaliers) اور ان لوگوں جو پارلیمنٹ کے حق میں تھے (Roundheads) میں تقسیم ہوگیا۔

اولیور کروم ویل اور انگریزی جمہوریہ

- بادشاہ کی فوج کو مارسٹن مور اور نیسبی کی لڑائیوں میں شکست دے دی گئی۔

- 1646 میں یہ واضح تھا کہ پارلیمنٹ نے جنگ جیت لی ہے۔

- چارلس کو پارلیمانی فوج نے قید میں ڈال دیا۔ وہ اب بھی پارلیمنٹ کے ساتھ کوئی بھی معاہدہ کرنے کے لئے تیار نہیں تھا اور 1649 میں اس کو پھانسی دے دی گئی۔

- انگلینڈ نے اپنے ایک جمہوریہ، دولت مشترکہ ہونے کا اعلان کیا۔ یہاں اب کوئی بادشاہ نہ تھا۔

- ایک وقت کے لئے یہ مکمل طور پر واضح نہیں تھا کہ اس ملک کی حکومت کس طرح چلے گی۔ فی الوقت کنٹرول فوج کے ہاتھ میں تھا۔ اس کے جرنیلوں میں سے ایک اولیور کروم ویل تھا جسے 1641 میں آئرلینڈ بھیجا گیا تھا جہاں بغاوت اب بھی جاری تھی اور جہاں ایک شاہی فوج اب بھی موجود تھی۔

- کروم ویل انگریزی پارلیمنٹ کی حاکمیت قائم کرنے میں کامیاب رہا لیکن اس قدر تشدد کے ساتھ کہ آج بھی کروم ویل آئرلینڈ میں ایک متنازعہ شخصیت ہے۔

- The Scots had not agreed to the execution of Charles I and declared his son Charles II to be King. He was crowned King of Scotland and led a Scottish army into England. Cromwell defeated this army in the Battles of Dunbar and Worcester.

- Charles II escaped from Worcester, famously hiding on an oak tree on one occasion, and eventually fled to Europe. Parliament now controlled Scotland as well as England and Wales.

- After his campaign in Ireland and victory over Charles II at Worcester, Cromwell was recognised as the leader of the new republic. He was given the title of Lord Protector and ruled until his death in 1658.

- When Cromwell died, his son, Richard, became Lord Protector in his place but was not able to control the army or the government.

- Although Britain had been a republic for 11 years, without Oliver Cromwell there was no clear leader or system of government. People began to talk about the need for a King.

The Restoration

- In May 1660, parliament invited Charles II to come back from exile in the Netherlands. He was crowned King Charles II of England, Wales, Scotland and Ireland.

- Charles II made it clear that he had 'no wish to go on his travels again'. He understood that he could not always do as he wished but would sometimes need to reach agreement with parliament.

- اسکاٹس نے چارلس اوّل کی پھانسی سے اتفاق نہیں کیا تھا اور اس کے بیٹے چارلس دوئم کے بادشاہ ہونے کا اعلان کر دیا. اس نے سکاٹ لینڈ کے بادشاہ کا تاج پہنا اور انگلینڈ میں ایک سکاٹش فوج کی قیادت کی. کروم ویل نے ڈنبر اور وورسٹر کی لڑائیوں میں اس کی فوج کو شکست دی.

- چارلس دوئم ورسسٹر سے فرار ہو گیا اور مشہور ہے کہ وہ ایک موقع پر ایک اوک کے درخت پر چھپا، اور آخر میں یورپ چلا گیا. پارلیمنٹ اب اسکاٹ لینڈ کے ساتھ ساتھ انگلینڈ اور ویلز کو بھی کنٹرول کرتی تھی.

- آئرلینڈ اور ورسسٹر میں چارلس دوئم پر فتح اور اپنی مہم کے بعد کروم ویل نئی جمہوریہ کے رہنما کے طور پر تسلیم کیا گیا. اسے لارڈ پروٹیکٹر کا لقب دیا گیا اور وہ 1658 میں اپنی موت تک حکومت کرتا رہا.

- کروم ویل کی موت کے بعد اس کا بیٹا رچرڈ اس کی جگہ لارڈ پروٹیکٹر بنا لیکن وہ فوج یا حکومت کو کنٹرول کرنے کے قابل نہیں تھا.

- اگرچہ برطانیہ 11 سال کے لئے ایک جمہوریہ تھا اولیور کروم ویل کے بغیر حکومت کا کوئی واضح رہنما یا نظام نہ تھا. لوگوں نے بادشاہ کی ضرورت کے بارے میں بات کرنا شروع کر دی.

بحالی

- مئی 1660 میں، پارلیمنٹ نے نیدرلینڈ میں جلاوطنی سے واپس آنے کے لئے چارلس دوئم کو دعوت دی. اسے انگلینڈ، ویلز، سکاٹ لینڈ اور آئرلینڈ کے بادشاہ چارلس دوئم کا تاج پہنایا گیا تھا.

- چارلس دوئم نے یہ واضع کر دیا کہ اسے 'دوبارہ سفر پر جانے کی کوئی خواہش' نہیں ہے. وہ سمجھ چکا تھا کہ وہ ہمیشہ اپنی خواہش کے مطابق نہیں کر سکتا بلکہ اسے کبھی کبھی پارلیمنٹ کے ساتھ متفق ہونے کی ضرورت ہو گی.

- The Church of England again became the established official Church. Both Roman Catholics and Puritans were kept out of power.

- During Charles II's reign, in 1665, there was a major outbreak of plague in London. Thousands of people died, especially in poorer areas.

- The following year, a great fire destroyed much of the city, including many Churches and St Paul's cathedral.

- London was rebuilt with a new St Paul's, which was designed by a famous architect, Sir Christopher Wren.

- Samuel Pepys wrote about these events in a diary, which was later published and is still read today.

- The Habeas Corpus Act became law in 1679. This was a very important piece of legislation, which remains relevant today.

- Habeas Corpus is Latin for 'you must present the person in court'. The Act guaranteed that no one could be held prisoner unlawfully. Every prisoner has a right to a court hearing.

- Charles II was interested in science.

- During his reign, the Royal Society was formed to promote 'natural knowledge'. This is the oldest surviving scientific society in the world.

- Among its early members were Sir Edmund Halley, who successfully predicted the return of the comet now called Halley's Comet, and Sir Isaac Newton.

- انگلینڈ کا چرچ پھر سے مستحکم سرکاری چرچ بن گیا. رومن کیتھولک اور پیوریٹنٹ دونوں کو اقتدار سے باہر رکھا گیا تھا.

- چارلس دوئم کے دور حکومت میں 1665 میں لندن میں طاعون کی ایک بڑی وبا پھیلی. ہزاروں لوگ خاص طور پر غریب علاقوں میں مر گئے.

- اگلے سال ایک بڑی آگ نے کئی گرجاگھروں اور سینٹ پال کیتھیڈرل سمیت شہر کے زیادہ تر حصے کو تباہ کر دیا.

- لندن ایک نئے سینٹ پال کے ساتھ دوبارہ تعمیر کیا گیا، جسے ایک مشہور معمار، سر کرسٹوفر رن نے ڈیزائن کیا تھا.

- سیموئیل پیپیز نے بعد میں ان واقعات کے بارے میں ڈائری میں لکھا جسے بعد میں شائع کیا گیا اور آج بھی پڑھا جاتا ہے.

- ہیبیاس کارپس (Habeas Corpus) ایکٹ 1679 میں قانون بن گیا. یہ قانون سازی کا ایک بہت اہم حصہ تھا جو آج بھی متعلقہ ہے.

- ہیبیاس کارپس لاطینی ہے جس کا مطلب ہے کہ 'فرد کو عدالت میں پیش کرنا ضروری ہے'. قانون نے اس بات کی ضمانت دی کہ کسی کو غیر قانونی طور پر قیدی نہیں بنایا جاسکتا. ہر قیدی کو عدالت میں سماعت کے لئے حق ہے.

- چارلس دوئم سائنس میں دلچسپی رکھتا تھا.

Isaac Newton (1643-1727)

Born in Lincolnshire, eastern England, Isaac Newton first became interested in science when he studied at Cambridge University.

He became an important figure in the field. His most famous published work was *Philosophiae Naturalis Principia Mathematica* (Mathematical Principles of Natural Philosophy), which showed how gravity applied to the whole universe.

Newton also discovered that white light is made up of the colours of the rainbow. Many of his discoveries are still important for modern science.

A Catholic King

- Charles II had no legitimate children. He died in 1685 and his brother, James, who was a Roman Catholic, became King James II in England, Wales and Ireland and King James VII of Scotland.

- James favoured Roman Catholics and allowed them to be army officers, which an act of parliament had forbidden.

- He did not seek to reach agreements with parliament and arrested some of the bishops of the Church of England.

- People in England worried that James wanted to make England a catholic country once more. However, his heirs were his two daughters, who were both firmly protestant, and people thought that this meant there would soon be a protestant monarch again.

آئزک نیوٹن (1643-1727)

وہ لنکن شائر (Lincolnshire) مشرقی انگلینڈ میں پیدا ہوا، آئزک نیوٹن نے کیمبرج یونیورسٹی میں تعلیم کے دوران پہلی مرتبہ سائنس میں دلچسپی لی.

وہ اس میدان کی ایک اہم شخصیت بن گیا. اس کا سب سے زیادہ مشہور شائع شدہ کام "قدرتی فلسفہ کے ریاضیاتی اصول" Philosophiae Naturalis Principia Mathematica تھا جس میں اس نے دکھایا کہ کس طرح کشش ثقل پوری کائنات پر لاگو تھی.

نیوٹن نے ہی دریافت کیا کہ سفید روشنی دراصل قوس قزح کے رنگوں سے بنی ہوتی ہے. اس کی دریافتوں میں سے بہت سی آج بھی جدید سائنس کے لئے اہم ہیں.

ایک کیتھولک بادشاہ

- چارلس دوئم کے کوئی جائز بچے نہیں تھے. اس کا 1685 میں انتقال ہو گیا اور اس کا بھائی، جیمز، جو ایک رومن کیتھولک تھا، انگلینڈ، ویلز اور آئرلینڈ کا کنگ جیمز دوم اور اسکاٹ لینڈ کا کنگ جیمز ہفتم بن گیا.
- جیمز رومن کیتھولکس کے حق میں تھا اور اس نے ان کو فوجی افسران بننے کی اجازت دی، جو کہ پارلیمنٹ کے ایکٹ کی رو سے منع تھا.
- وہ پارلیمنٹ کی اتّفاق رائے حاصل کرنے کی کوشش نہیں کرتا تھا اور (اس نے) چرچ آف انگلینڈ کے کچھ بشپ بھی گرفتار کر لیے.
- انگلینڈ میں لوگ فکر مند ہوئے کہ جیمز انگلینڈ کو ایک بار پھر کیتھولک ملک بنانا چاہتا ہے. تاہم اس کے ورثاء اس کی دو بیٹیاں تھیں جو دونوں کٹر پروٹیسٹنٹ تھیں اور لوگوں نے سوچا کہ جلد ہی پھر ایک پروٹیسٹنٹ بادشاہ ہو گا.

- Then, James's wife had a son. Suddenly it seemed likely that the next monarch would not be a protestant after all.

The Glorious Revolution

- James II's elder daughter, Mary, was married to her cousin William of Orange, the protestant ruler of Netherlands.

- In 1688, important Protestants in England asked William to invade England and proclaim himself King.

- When William reached England, there was no resistance. James fled to France and William took over the throne, becoming William III in England, Wales and Ireland and William II of Scotland.

- William ruled jointly with Mary. This event was later called 'The Glorious Revolution' because there was no fighting in England and because it guaranteed the power of parliament, ending the threat of monarch ruling on his or her own as he or she wished.

- James II wanted to regain the throne and invaded Ireland with the help of French army.

- William defeated James II at the Battle of Boyne in Ireland in 1690, an event which is still celebrated by some in northern Ireland today. William re-conquered Ireland and James fled back to France.

- Many restrictions were placed on the Roman Catholic Church in Ireland and Irish Catholics were unable to take part in the government.

- اس کے بعد جیمز کی بیوی کے ہاں ایک بیٹا پیدا ہوا. اچانک ایسا لگنے لگا کہ اگلا بادشاہ ہرگز ایک پروٹیسٹنٹ نہیں ہو گا-

شاندار انقلاب

- جیمز دوئم کی بڑی بیٹی میری نے اپنے کزن 'ولیم آف اورنج ' سے شادی کی تھی،جو نیدرلینڈ کا پروٹیسٹنٹ حکمران تھا.
- 1688 میں انگلینڈ کے اہم پروٹیسٹنٹس نے ولیم کو انگلینڈ پر حملہ کرنے اور اپنے بادشاہ ہونے کا اعلان کرنے کے لیے کہا.
- ولیم انگلینڈ پہنچا تو کوئی مزاحمت نہیں تھی. جیمز فرار ہو کر فرانس چلا گیا اور ولیم نے تخت پر قبضہ کر لیا اور انگلینڈ، ویلز اور آئرلینڈ کا ولیم سوئم اور اسکاٹ لینڈ کا ولیم دوئم بن گیا.
- ولیم نے میری کے ساتھ مشترکہ حکومت کی. اسے بعد میں 'شاندار انقلاب' کہا جانے لگا کیونکہ اس کیلیے انگلینڈ میں کوئی لڑائی نہیں ہوئی تھی اور اس نے پارلیمنٹ کی طاقت کی ضمانت دی (اور یوں) کسی بھی بادشاہ کی اپنی مرضی اور خواہشات کے مطابق حکومت کا خطرہ ختم کر دیا.
- جیمز دوئم تخت دوبارہ حاصل کرنا چاہتا تھا اور اس نے فرانسیسی فوج کی مدد سے آئرلینڈ پر حملہ کر دیا.
- 1690 میں ولیم نے آئرلینڈ میں بوئن کی لڑائی میں جیمز دوئم کو ہرا دیا اس کی یاد آج بھی نادرن آئرلینڈ میں کچھ لوگ مناتے ہیں. ولیم نے دوبارہ آئرلینڈ فتح کیا اور جیمز فرانس کی طرف واپس بھاگ گیا.
- آئرلینڈ میں رومن کیتھولک چرچ پر بہت سی پابندیاں لگائی گئیں اور آئرش کیتھولک حکومت میں حصہ لینے کے قابل نہ رہے.

- There was also support for James in Scotland.

- An attempt at an armed rebellion in support of James was quickly defeated at Killiecrankie.

- All Scottish clans were required formally to accept William as King by taking an oath.

- The MacDonalds of Glencoe were late in taking the oath and were killed. The memory of this massacre meant some Scots distrusted the new government.

- Some continued to believe that James was the rightful King, particularly in Scotland. Some joined him in exile in France; others were secret supporters.

- James supporters became known as Jacobites.

A GLOBAL POWER

Constitutional Monarchy - the Bill of Rights

- At the coronation of William and Mary, a Declaration of Rights was read. This confirmed that the King would no longer be able to raise taxes or administer justice without agreement from parliament.

- The balance of power between monarch and parliament had now permanently changed.

- The Bill of Rights, 1689, confirmed the rights of parliament and the limits of the King's power.

- اسکاٹ لینڈ میں بھی جیمز کے لئے حمایت موجود تھی.
- جیمز کی حمایت میں ایک مسلح بغاوت کی کوشش کو فوری طور پر کلی کرنکی (Killiecrankie) میں شکست دے دی گئی.
- تمام سکاٹش قبائل کے لیے ولیم کو حلفاً بادشاہ کے طور پر قبول کرنا ضروری تھا.
- گلینکو کے میکڈونلڈز حلف اٹھانے میں تاخیر کی وجہ سے ہلاک کر دیے گئے. اس قتل عام کی وجہ سے کچھ اسکاٹس نئی حکومت پر اعتماد نہیں کرتے تھے.
- کچھ یہی خیال کرتے رہے کہ جیمز، خاص طور پر اسکاٹ لینڈ کا، اصلی اہل بادشاہ تھا. بعض فرانس میں جلاوطنی کے دوران اس سے مل گئے، دیگر اس کے خفیہ حامی تھے.
- جیمز کے حامیوں کو جیکوبائیٹس کہا جاتا تھا.

ایک عالمی طاقت

آئینی بادشاہت–حقوق کا بل

- ولیم اور میری کی تاجپوشی کے موقع پر حقوق کا ایک اعلامیہ پڑھا گیا تھا. جس میں اس بات کی تصدیق کی گئی تھی کہ بادشاہ اب پارلیمنٹ سے اتّفاق رایے کے بغیر نہ کوئی ٹیکس لگا سکتا ہے اور نہ ہی انصاف کا انتظام کر سکتا ہے.
- بادشاہ اور پارلیمنٹ کے درمیان طاقت کا توازن اب مستقل طور پر تبدیل کر دیا گیا تھا.
- حقوق کے بل، 1689، نے پارلیمنٹ کے حقوق اور بادشاہ کی طاقت کی حدود کا تعین کر دیا.

- Parliament took control of who could be monarch and declared that the King or queen must be a protestant.

- A new parliament had to be elected at least every three years (later this became seven years and now it is five years).

- Every year the monarch had to ask parliament to renew funding for the army and the navy.

- There were two main groups in the parliament, known as the Whigs and the Tories. (The modern Conservative Party is still sometimes referred to as Tories). This was the beginning of party politics.

- This was also an important time for the development of a free press (newspapers and other publications, which are not controlled by the government).

- From 1695, newspapers were allowed to operate without a government licence.

- The laws passed after the Glorious Revolution are the beginning of what is called 'constitutional monarchy'.

- The monarch remained very important but was no longer able to insist on particular policies or actions if parliament did not agree.

- After William III, the ministers gradually became more important than the monarch but this was not a democracy in the modern sense.

- پارلیمنٹ نے اس بات کا کنٹرول سنبھال لیا کہ کون بادشاہ ہو گا اور یہ اعلان کر دیا کہ بادشاہ یا ملکہ کا ایک پروٹیسٹنٹ ہونا ضروری ہے.
- کم از کم ہر تین سال بعد (بعد میں یہ سات سال بن گیا اور اب یہ پانچ سال ہے) ایک نئی پارلیمنٹ منتخب کرنا ہو گی.
- ہر سال بادشاہ کو فوج اور بحریہ کے لیے رقم کی تجدید کے لیے پارلیمنٹ سے پوچھنا تھا.
- پارلیمنٹ میں دو اہم گروہ تھے وِگز (Whigs) اور ٹوریز (Tories). (جدید کنزرویٹو پارٹی اب بھی کبھی کبھی ٹوریز کہلاتی ہے). یہ جماعتی سیاست کی شروعات تھی.
- یہ ایک آزاد پریس (جس میں اخبارات اور دیگر مطبوعات جنہیں حکومت کنٹرول نہیں کرتی) کی بھی ترقی کے لئے ایک اہم وقت تھا.
- 1695 سے، اخبارات کو سرکاری لائیسنس کے بغیر کام کرنے کی اجازت دی گئی.
- شاندار انقلاب کے بعد منظور شدہ قوانین 'آئینی شہنشاہیت' کہلاتے ہیں.
- بادشاہ بہت اہم رہا لیکن اب اگر پارلیمنٹ اتفاق نہیں کرتی تو وہ کوئی خاص پالیسیوں یا کارواءیوں پر اصرار کرنے کے قابل نہیں تھا.
- ولیم سوئم کے بعد، وزراء آہستہ آہستہ بادشاہ سے زیادہ اہم بن گئے لیکن (ابھی بھی) یہ جدید معنوں میں ایک جمہوری ملک نہیں تھا.

- The number of people who had the right to vote for members of parliament was still very small. Only men who owned property of certain value were able to vote. No women at all had the vote.

- Some constituencies were controlled by a single wealthy family. These were called 'pocket boroughs'. Other constituencies had hardly any voters, and were called 'rotten boroughs'.

A growing population

- This was a time when many people left Britain and Ireland to settle in new colonies in America and elsewhere, but others came to live in Britain.

- The first Jews to come to Britain since the Middle Ages settled in London in 1656.

- Between 1680 and 1720, many refugees called Huguenots came from France. They were Protestants and had been persecuted for their religion. Many were educated and skilled and worked as scientists, in banking, or in weaving or other crafts.

The Act or Treaty of Union in Scotland

- William and Mary's successor, Queen Anne, had no surviving children. This created uncertainty over the succession in England, Wales and Ireland and in Scotland.

- The Act of union, known as the Treaty of union in Scotland, was therefore agreed in 1707, creating the Kingdom of Great Britain.

- ارکان پارلیمنٹ کے لیے ووٹ دینے کا حق اب بھی لوگوں کی بہت تھوڑی تعداد کے پاس تھا. صرف ایسے حضرات ووٹ دینے کے قابل تھے جو کہ ایک مخصوص قیمت کی جائیداد کے مالک تھے. عورتوں کے پاس ووٹ کا حق بالکل نہیں تھا.
- بعض حلقے کسی ایک امیر خاندان کے زیر تسلط تھے. یہ پاکٹ بوروز (Pocket Boroughs) کہلاتے تھے. دیگر حلقوں میں بمشکل ہی کوئی ووٹر تھے اور یہ روٹن بوروز (Rotten Boroughs) کہلاتے تھے-

ایک بڑھتی ہوئی آبادی

- یہ وہ وقت تھا جب بہت سے لوگ برطانیہ اور آئرلینڈ چھوڑ کر نئی کالونیوں میں رہنے کے لئے امریکہ یا دوسری جگہوں پر چلے گئے مگر دوسرے لوگ برطانیہ میں رہنے کے لئے آئے.
- سب سے پہلے یہودی جو مڈل ایجز کے بعد لندن میں آباد ہونے کے لیے آئے وہ برطانیہ میں 1656 میں آئے.
- 1680 اور 1720 کے درمیان بہت سے مہاجرین جو کہ ہیوگوناٹس (Huguenots) کہلاتے تھے فرانس سے آئے تھے. وہ پروٹیسٹنٹ تھے اور ان کے مذہب کے لئے ان پر ظلم کیا گیا تھا. بہت سے تعلیم یافتہ اور ہنرمند تھے اور انہوں نے سائینسدانوں کے طور پر، بینکاری میں یا بُنائی اور دیگر دستکاری میں کام کیا.

اسکاٹ لینڈ میں یونین کا ایکٹ یا معاہدہ

- ولیم اور مریم کی جانشین، ملکہ این، کی کوئی اولاد زندہ نہ بچی. اس بات نے انگلینڈ، ویلز، آئرلینڈ اور اسکاٹ لینڈ میں زیادہ غیر یقینی صورتحال پیدا کر دی.
- یونین کے ایکٹ، جو کہ اسکاٹ لینڈ میں یونین کے معاہدے کے طور پر بھی جانا جاتا ہے، پر 1707 میں اتفاق کیا گیا جس سے کنگڈم آف برطانیہ وجود میں آیا-

- Although Scotland was no longer an independent country, it kept its own legal and education systems and Presbyterian Church.

The Prime Minister

- When Queen Anne died in 1714, parliament chose a German, George I to be the next King, because he was Anne's nearest Protestant relative.

- An attempt by Scottish Jacobites to put James II's son on the throne instead, was quickly defeated.

- George I did not speak very good English and this increased his need to rely on his ministers. The most important minister in Parliament became known as the Prime Minister.

- The first man to be called this was Sir Robert Walpole, who was prime minister from 1721 to 1742.

The Rebellion of the Clans

- In 1745 there was another attempt to put a Stuart King back on the throne in place of George I's son, George II.

- Charles Edward Stuart (Bonnie Prince Charlie), the grandson of James II, landed in Scotland. He was supported by clansmen from the Scottish highlands and raised an army.

- Charles initially had some successes but was defeated by George II's army at the Battle of Culloden in 1746. Charles escaped back to Europe.

- گرچہ اسکاٹ لینڈ اب ایک خود مختار ملک نہیں تھا لیکن اس نے اپنا قانونی اور تعلیمی نظام اور پرسبائی ٹیرین چرچ (Presbyterian Church) رکھا.

وزیر اعظم

- جب ملکہ این 1714 میں مر گئی تو پارلیمنٹ نے اگلے بادشاہ کے لئے ایک جرمن، جارج اوّل کا انتخاب کیا کیونکہ وہ این کا قریب ترین پروٹیسٹنٹ رشتہ دار تھا.
- سکاٹش جیکو بائیٹس کی طرف سے جیمز دوم کے بیٹے کو (جارج اوّل کی جگہ) تخت پر بٹھانے کی ایک کوشش کو فوری طور پر شکست دے دی گئی.
- جارج اوّل بہت اچھی انگلش نہیں بولتا تھا جس کی وجہ سے اس کی وزراء پر انحصار کرنے کی ضرورت میں اضافہ ہوا. پارلیمنٹ کے سب سے اہم وزیر کو وزیر اعظم کے طور پر جانا جانے لگا.
- سب سے پہلا آدمی جسے ایسا کہا گیا سر رابرٹ وال پول تھا جو کہ 1721 سے 1742 تک وزیر اعظم تھا.

قبیلوں کی بغاوت

- 1745 میں جارج کے بیٹے جارج دوئم کی جگہ ایک اسٹیورٹ بادشاہ تخت پر واپس لانے کے لیے ایک اور کوشش ہوئی.
- چارلس ایڈورڈ اسٹیورٹ (بونی پرنس چارلی)، جیمز دوئم کا پوتا اسکاٹ لینڈ آیا. اس نے سکاٹش ہائی لینڈز سے قبائلیوں کی حمایت سے ایک فوج تیار کی.
- چارلس کو ابتدائی طور پر کچھ کامیابی ملی لیکن 1746 میں کلوڈن(Culloden) کی لڑائی میں جارج دوئم کی فوج سے مات کھا گیا. اس کے بعد چارلس یورپ کی طرف واپس بھاگ گیا.

- The clans lost a lot of their power and influence after Culloden.

- Chieftains became landlords if they had the favour of the English King, and clansmen became tenants who had to pay for the land they used.

- A process began which became known as 'Highland Clearances'. Many Scottish landlords destroyed individual small farms (known as 'crofts') to make space for large flocks of sheep and cattle.

- Evictions became very common in the early 19th century. Many Scottish people left for North America at this time.

Robert Burns (1759 - 96)

Known in Scotland as 'The Bard', Robert Burns was a Scottish poet.

He wrote in the Scots language, English with some Scottish words, and Standard English.

He also revised a lot of traditional folk songs by changing or adding lyrics.

Burns' best-known work is probably the song *Auld Lang Syne,* which is sung by people in the UK and other countries when they are celebrating the New Year (or Hogmanay as it is called in Scotland)

- کلوڈن کے واقعے کے بعد قبیلوں نے بہت زیادہ طاقت اور اثر ورسوخ کھو دیا.
- جن سرداروں کو انگریزی بادشاہ کی حمایت حاصل تھی، وہ زمیندار بن گئے اور قبائلی ان کے کرائے دار بن گئے، جو زمین وہ استعمال کرتے اس کے لیے انہیں ادائیگی کرنا پڑتی.
- ایک کاروائی کا آغاز ہوا جو کہ 'ہائلینڈ کلیر نسز' کہلاتی تھی. بہت سے سکاٹش زمینداروں نے بھیڑوں اور مویشیوں کے بڑے ریوڑوں کے لئے جگہ بنانے کے لئے انفرادی چھوٹے کھیت (جن کو کروفٹس کہا جاتا تھا) تباہ کر دیے.
- انیسویں صدی کے آغاز میں بہت سے لوگوں کو بے دخل کر دیا گیا. بہت سے سکاٹش لوگ اس وقت شمالی امریکہ چلے گئے.

رابرٹ برنز (1759-96)

اسکاٹ لینڈ میں بارڈ (Bard) کے طور پر جانا جانے والا رابرٹ برنز ایک سکاٹش شاعر تھا.

اس نے اسکاٹس زبان، اسکاٹش الفاظ والی انگریزی اور معیاری انگریزی میں لکھا.

اس نے بہت سے روایتی لوک گانوں کی شاعری کو بدلا یا اضافہ کیا.

برنز کا شاید سب سے زیادہ معروف کام "Auld Lang Syne" کا گیت ہے جسے برطانیہ اور دیگر ممالک میں لوگوں کی طرف سے نئے سال [یا اسکاٹ لینڈ میں ہاگ منے (Hogmanay)] کے موقع پر گایا جاتا ہے.

The Enlightenment

- During the 18th century, new ideas about politics, philosophy and science were developed. This is often called 'the Enlightenment'.

- Many of the great thinkers of the Enlightenment were Scottish.

- Adam Smith developed ideas about economics, which are still referred to today.

- David Hume's ideas about human nature continue to influence philosophers.

- Scientific discoveries, such as James Watt's work on steam power, helped the progress of the Industrial Revolution.

- One of the most important principle of the Enlightenment was that everyone should have the right to their own political and religious beliefs and that the state should not try to dictate to them. This continues to be an important principle in the UK today.

The Industrial Revolution

- Before the 18th century, agriculture was the biggest source of employment in Britain. There were many cottage industries, where people worked from home to produce goods such as cloth and lace.

- The industrial revolution was the rapid development of industry in Britain in the 18th and 19th centuries.

- Britain was the first country to industrialize on a large scale.

روشن خیالی

- اٹھارھویں صدی کے دوران سیاست، فلسفہ اور سائینس کے بارے میں نئے خیالات پیدا کیے گئے. اسے اکثر 'روشن خیالی' کہا جاتا ہے.
- روشن خیالی کے عظیم مفکرین میں سے بہت سے سکاٹش تھے.
- ایڈم سمتھ نے معاشیات کے بارے میں خیالات ظاہر کیے جن کا حوالہ آج بھی دیا جاتا ہے.
- انسانی فطرت کے بارے میں ڈیوڈ ہیوم کے خیالات فلسفیوں کو آج بھی متاثر کرتے ہیں.
- سائینسی دریافتوں، جیسا کہ بھاپ کی طاقت پر جیمز واٹ کا کام، سے صنعتی انقلاب میں مدد ملی.
- روشن خیالی کے سب سے اہم اصولوں میں سے ایک یہ تھا کہ ہر کوئی اپنے سیاسی اور مذہبی عقائد کا حق رکھتا ہے اور ریاست کو ان کے بارے میں حکم چلانے کی کوشش نہیں کرنی چاہئے. یہ آج بھی برطانیہ میں ایک اہم اصول ہے.

صنعتی انقلاب

- اٹھارھویں صدی سے پہلے زراعت برطانیہ میں روزگار کا سب سے بڑا ذریعہ تھی. بہت سی گھریلو صنعتیں تھیں جہاں لوگ کپڑے اور لیس کی طرح کا سامان بنانے کے لئے گھر سے کام کیا کرتے تھے.
- صنعتی انقلاب اٹھارھویں اور انیسویں صدی میں برطانیہ میں صنعت کی تیز رفتار ترقی تھی.
- برطانیہ ایک بڑے پیمانے پر صنعتیں لگانے والا پہلا ملک تھا.

- It happened because of the development of machinery and the use of steam power. Agriculture and the manufacturing of goods became mechanised. This made things more efficient and increased production.

- Many people moved from the countryside and started working in the mining and manufacturing industries.

- The development of Bessemer process for the mass production of steel led to the development of the shipbuilding industry and the railways.

- Manufacturing jobs became the main source of employment in Britain.

Richard Arkwright (1732 - 92)

Born in 1732, Arkwright originally trained and worked as a barber. He was able to dye hair and make wigs.

When wigs became less popular, he started to work in textiles. He improved the original carding machine.

Carding is the process of preparing fibres for spinning into yarn and fabric. He also developed horse driven spinning mills that used only one machine. This increased the efficiency of production.

Later, he used the steam engine to power machinery.

Arkwright is particularly remembered for the efficient and profitable way that he ran his factories.

- یہ مشینری اور بھاپ کی طاقت کے استعمال کے فروغ کی وجہ سے ہوا. زراعت اور اشیا کی ساختکاری مشینی بن گئی. اس نے چیزوں کو زیادہ باکفایت کیا اور پیداوار میں اضافہ کر دیا.

- بہت سے لوگ دیہی علاقوں سے منتقل ہو کر کان کنی اور صنعتوں میں کام کرنے لگے.

- سٹیل کی بڑے پیمانے پر پیداوار کے لئے بیسیمر عمل (Bessemer Process) کے ارتقاء نے بحری جہاز سازی کی صنعت اور ریلوے کی ترقی کا راستہ کھولا.

- پیداوار کے شعبے میں ملازمتیں برطانیہ میں روزگار کا اہم ذریعہ بن گئیں.

رچرڈ آرک رائٹ (1732 - 92)

1732 میں پیدا ہونے والے آرک رائٹ نے اصل میں ایک حجام کے طور پر تربیت حاصل کی اور کام کیا. وہ بال رنگنے اور وگیں بنانے میں ماہر تھا.

جب وگیں کم مقبول ہو گئیں تو اس نے ٹیکسٹائل میں کام کرنا شروع کر دیا. اس نے کاتنے کی اصل مشین کو بہتر بنایا.

کاتنا، سوت اور تانے بانے میں استعمال کے لئے ریشوں کی تیاری کا عمل ہے. اس نے گھوڑوں سے چلنے والی سپننگ ملیں بنائیں جن میں صرف ایک مشین کا استعمال ہوتا تھا. اس سے پیداوار کی کارکردگی میں اضافہ ہوا.

بعد میں اس نے بھاپ کے انجن کو مشینیں چلانے کے لیے استعمال کیا.

آرک رائٹ کو خاص طور پر اپنی فیکٹریوں کو موثر اور منافع بخش طریقہ سے چلانے کے لئے یاد کیا جاتا ہے.

- Better transport links were needed to transport raw materials and manufactured goods. Canals were built to link the factories to towns and cities and to the ports, particularly in the new industrial areas in the middle and north of England.

- Working conditions during the industrial revolution were very poor. There were no laws to protect employees, who were often forced to work long hours in dangerous situations.

- Children also worked, and were treated in the same way as adults. Sometimes they were treated even more harshly.

- This was also a time of increasing colonisation overseas.

- Captain James Cook mapped the coast of Australia and a few colonies were established there.

- Britain gained control over Canada, and the East India Company, originally set up to trade, gained control of large parts of India. Colonies began to be established in Southern Africa.

- Britain traded all over the world and began to import more goods.

- Sugar and tobacco came from North America and the West Indies; textiles, tea and spices came from India and the area that is today called Indonesia.

- Trading and settlements overseas sometimes brought Britain into conflict with other countries, particularly France, which was expanding and trading in a similar way in many of the same areas of the world.

- خام مال اور تیار مال کی نقل و حمل کے لیے بہتر ٹرانسپورٹ کی ضرورت پڑی. خاص طور پر انگلینڈ کے درمیان اور شمال کے نئے صنعتی علاقوں میں فیکٹریوں کو قصبوں، شہروں اور بندرگاہوں سے منسلک کرنے کے لیے نہریں تعمیر کی گئیں.

- صنعتی انقلاب کے دوران کام کے حالات بہت مخدوش تھے. ملازمین کی حفاظت کے لئے کوئی قوانین نہیں تھے اور انہیں اکثر خطرناک حالات میں طویل وقت تک کام کرنے پر مجبور کیا جاتا تھا.

- بچوں سے بھی کام لیا جاتا تھا اور ان سے بالغوں جیسا ہی سلوک کیا جاتا تھا. بعض اوقات ان سے اس سے بھی زیادہ سخت برتاؤ کیا جاتا.

- یہ بیرون ملک آبادکاری میں اضافہ کا بھی وقت تھا.

- کیپٹن جیمز کک نے آسٹریلیا کے ساحل کی نقشہ کشی کی اور وہاں چند کالونیاں قائم ہوئیں.

- برطانیہ نے کینیڈا پر کنٹرول حاصل کیا اور ایسٹ انڈیا کمپنی، جو آغاز میں تجارت کرنے کے لئے بنائی گئی، نے بھارت کے بڑے حصے کا کنٹرول حاصل کرلیا. جنوبی افریقہ میں بھی کالونیاں قائم کرنا شروع کیا گیا.

- برطانیہ نے دنیا بھر میں تجارت کرنا شروع کی اور زیادہ سامان درآمد کرنا شروع کر دیا.

- شکر اور تمباکو شمالی امریکہ اور ویسٹ انڈیز سے آتا؛ ٹیکسٹائل، چائے اور مصالحے بھارت اور آج کے انڈونیشیا سے آتے.

- تجارت اور بیرون ملک بستیوں کے قیام نے بعض اوقات برطانیہ کو دوسرے ممالک کے ساتھ تنازعات میں لا کھڑا کیا جن میں خاص طور پر فرانس تھا جو کہ دنیا کے ایسے ہی علاقوں میں توسیع اور تجارت کر رہا تھا.

Sake Dean Mahomet (1759 - 1851)

Mahomet was born in 1759 and grew up in Bengal region of India.

He served in the Bengal army and came to Britain in 1782.

He then moved to Ireland and eloped with an Irish girl called Jane Daly in 1786, returning to England at the turn of the century.

In 1810, he opened the Hindoostane Coffee House in George Street, London. It was the first Curry House to open in Britain.

Mahomet and his wife also introduced 'shampooing', the Indian art of head massage, to Britain.

The Slave Trade

- The commercial expansion and prosperity was sustained in part by the booming slave trade.

- While slavery was illegal within Britain itself, by the 18th century it was a fully established overseas industry, dominated by Britain and American colonies.

- Slaves came primarily from West Africa. Travelling on British ships in horrible conditions, they were taken to America and the Caribbean, where they were made to work on tobacco and sugar plantations.

- The living and working conditions for slaves were very bad. Many slaves tried to escape and others revolted against their owners in protest at their terrible treatment.

شیخ دین محمد (1759 - 1851)

دین محمد 1759 میں پیدا ہوا اور بھارت میں بنگال کے علاقے میں پلا بڑھا.

اس نے بنگال کی فوج میں خدمات سر انجام دیں اور 1782 میں برطانیہ آ گیا.
اس کے بعد وہ آئر لینڈ آ گیا اور 1786 میں جین ڈیلی نامی ایک آئرش لڑکی کے ساتھ بھاگ گیا اور پھر وہ نئ صدی کے آغاز میں انگلینڈ واپس آ گیا.

1810 میں اس نے لندن، جارج سٹریٹ میں ہندوستانی کافی ہاؤس کھول لیا. یہ برطانیہ میں کھلنے والا پہلا کری ہاؤس تھا.

دین محمد اور اس کی بیوی نے برطانیہ میں سر کے مساج کے لیے ہندوستانی شیمپو (چمپی) کرنے کا طریقہ بھی

غلاموں کی تجارت

- تجارتی توسیع اور خوشحالی کو کسی حد تک غلاموں کی تجارت میں عروج کے بل بوتے پر برقرار رکھا گیا تھا.

- برطانیہ کے اندر غلامی غیر قانونی ہونے کے باوجود، یہ اٹھارھویں صدی میں برطانیہ اور امریکہ کی کالونیوں کے زیر تسلّط بیرون ملک میں ایک مکمل طور پر قائم صنعت تھی.

- غلام بنیادی طور پر مغربی افریقہ سے آئے تھے. خوفناک حالات میں برطانیہ کے بحری جہاز پر سفر کرتے ہوئے وہ امریکہ اور بحیرۂ کیریبیئن لے جائے جاتے جہاں ان کو تمباکو اور چینی کے باغات پر کام کرنے کے لیے مجبور کیا جاتا.

- غلاموں کے رہنے اور کام کرنے کے لئے حالات بہت خراب تھے. بہت سے غلاموں نے فرار ہونے کی کوشش کی اور باقیوں نے اپنے ساتھ بھیانک برتاؤ کے لیے احتجاج میں اپنے مالکان کے خلاف بغاوت کر دی.

- There were, however people in Britain who opposed the slave trade. The first formal anti-slavery groups were set up by the Quakers in the late 1700s, and they petitioned parliament to ban the practice.

- William Wilberforce, an evangelical Christian and a member of parliament, also played an important part in changing the law.

- Along with other abolitionists (people who supported the abolition of slavery), he succeeded in turning the public opinion against the slave trade.

- In 1807, it became illegal to trade slaves in British ships or from British ports, and in 1833, the Emancipation Act abolished slavery throughout the British Empire. The Royal Navy stopped slave ships from other countries, freed the slaves and punished the slave traders.

- After 1833, 2 million Indian and Chinese workers were employed to replace the freed slaves. They worked on sugar plantations in the Caribbean, in mines in South Africa, on railways in East Africa and in army in Kenya.

The American War of Independence

- By the 1760s, there were substantial colonies in North America.

- Many of the colonist families had originally gone to North America in order to have religious freedom. They were well educated and interested in ideas of liberty.

- تاہم برطانیہ میں ایسے لوگ بھی تھے جنہوں نے غلاموں کی تجارت کی مخالفت کی. پہلے باضابطہ غلامی مخالف گروپ 1700 کی دہائی کے آخر میں کوئیکرز کی طرف سے قائم کیے گئے اور انہوں نے پارلیمنٹ میں اس عمل پر پابندی عائد کرنے کی درخواست کی.

- ولیم ولبر فورس، ایک ایونجلیکل عیسائی اور پارلیمنٹ کے رکن، نے بھی قانون کو تبدیل کرنے میں ایک اہم کردار ادا کیا.

- دیگر انسداد غلامی کے حامیوں (وہ لوگ جو غلامی کے خلاف تھے) کے ساتھ وہ رائے عامہ کا رخ غلاموں کی تجارت کے خلاف کرنے میں کامیاب ہو گئے.

- 1807 میں برطانوی بحری جہازوں یا برطانوی بندرگاہوں سے غلاموں کی تجارت غیر قانونی بن گئی اور 1833 میں ایمینسیپیشن (نجات) ایکٹ نے برطانوی سلطنت میں غلامی کو ختم کر دیا. شاہی بحریہ دیگر ممالک سے غلام بھرے بحری جہازوں کو روکتے، غلاموں کو آزاد کرتے اور غلاموں کے تاجروں کو سزا دیتے.

- 1833 کے بعد، 2 ملین ہندوستانی اور چینی کارکنوں کو غلاموں کے متبادل کے طور پر ملازمتیں دی گئیں. انہوں نے کیریبیئن میں چینی کے باغات پر، جنوبی افریقہ میں بارودی سرنگوں میں، مشرقی افریقہ میں ریلوے اور کینیا میں فوج میں کام کیا-

امریکی جنگ آزادی

- 1760 کی دہائی تک شمالی امریکہ میں ایک بڑی تعداد میں کالونیاں تھیں.

- نو آباد کار خاندانوں میں سے بہت سے بنیادی طور پر مذہبی آزادی حاصل کرنے کے لیے شمالی امریکہ جا چکے تھے. وہ اچھے تعلیم یافتہ اور آزادی کے خیالات میں دلچسپی رکھتے تھے.

- The British government wanted to tax the colonies. The colonists saw this as an attack on their freedom and said there should be 'no taxation without representation' in the British parliament.

- Parliament tried to compromise by repealing some of the taxes, but relationships between the British government and the colonies continued to worsen.

- Fighting broke out between the colonists and the British forces.

- In 1776, 13 American colonies declared their independence, stating that people had a right to establish their own governments.

- The colonists eventually defeated the British army and Britain recognised the colonies' independence in 1783.

War with France

- During the 18th century, Britain fought a number of wars with France.

- 1n 1789, there was a revolution in France and the new French government soon declared war on Britain.

- Napoleon, who became the emperor of France, continued the war.

- Britain's navy fought against combined French and Spanish fleets, winning the Battle of Trafalgar in 1805.

- Admiral Nelson was in charge of the British fleet at Trafalgar and was killed in the Battle.

- برطانوی حکومت کالونیوں پر ٹیکس لگانا چاہتی تھی. نوآبادکاروں نے اسے اپنی آزادی پر حملے کے طور پر دیکھا اور انہوں نے برطانوی پارلیمنٹ میں 'نمائندگی کے بغیر کوئی ٹیکس نہیں' ہونا چاہیے کہا.

- پارلیمنٹ نے کچھ ٹیکسوں کو منسوخ کرکے سمجھوتہ کرنے کی کوشش کی، لیکن برطانوی حکومت اور کالونیوں کے درمیان تعلقات خراب ہوتے چلے گئے.

- کالونیوں اور برطانوی افواج کے درمیان لڑائی چھڑ گئی.

- 1776 میں 13 امریکی کالونیوں نے، یہ کہتے ہوئے کہ لوگوں کو ان کی اپنی حکومتیں قائم کرنے کا حق ہے، اپنی آزادی کا اعلان کر دیا-

- آخر کار کالونیوں نے برطانوی فوج کو شکست دی اور برطانیہ نے 1783 میں کالونیوں کی آزادی کو تسلیم کر لیا.

فرانس کے ساتھ جنگ

- اٹھارھویں صدی کے دوران برطانیہ نے فرانس کے ساتھ جنگوں کی ایک بڑی تعداد لڑی.

- 1789 میں فرانس میں انقلاب آیا اور نئی فرانسیسی حکومت نے جلد ہی برطانیہ کے خلاف جنگ کا اعلان کر دیا.

- نپولین، جو فرانس کا بادشاہ بنا، نے جنگ جاری رکھی.

- برطانوی بحریہ مشترکہ فرانسیسی اور ہسپانوی افواج کے خلاف لڑی اور 1805 میں ٹریفالگر کی جنگ جیتی.

- ایڈمرل نیلسن ٹریفالگر میں برطانوی بیڑے کا انچارج تھا اور جنگ میں مارا گیا.

- Nelson's column in Trafalgar Square, London, is a monument to him. His ship, *HMS Victory,* can be visited in Portsmouth.

- The British army also fought against the French.

- In 1815, the French wars ended with the defeat of the emperor Napoleon by the Duke of Wellington at the Battle of Waterloo.

- Wellington was known as the Iron Duke, and later became Prime Minister.

The Union Flag

Although Ireland had had the same monarch as England and Wales since Henry VIII, it had remained a separate country.

In 1801, Ireland became unified with England, Scotland and Wales after the act of Union of 1800. This created the United Kingdom of Great Britain and Ireland.

One symbol of this union between England, Scotland, Wales and Ireland was a new version of the official flag, the Union Flag. This is often called the Union Jack. The flag combined crosses associated with England, Scotland and Ireland. It is still used today as the official flag of the UK.

The Union flag consists of three crosses:

- The cross of St George, patron saint of England, is a red cross on a white ground.

- The cross of St Andrew, patron saint of Scotland, is a diagonal white cross on a blue ground.

- The cross of St Patrick, patron saint of Ireland, is a diagonal red cross on a white ground.

- ٹریفالگر اسکوائر لندن میں نیلسن کالم اس کے لئے ایک یادگار ہے. اس کے جہاز ایچ ایم ایس وکٹری کا پورٹسمتھ میں دورہ کیا جاسکتا ہے.
- برطانوی فوج فرانس کے خلاف بھی لڑی.
- 1815 میں فرانسیسی جنگیں واٹرلو کی جنگ میں بادشاہ نپولین کی ویلنگٹن کے ڈیوک کے ہاتھوں شکست کے ساتھ ختم ہوئیں.
- ویلنگٹن کو آئرن ڈیوک کہا جاتا تھا اور بعد میں وزیر اعظم بنا.

یونین فلیگ

اگرچہ ہنری ہشتم کے وقت سے آئرلینڈ، انگلینڈ اور ویلز کا ایک ہی بادشاہ تھا، لیکن یہ (آئرلینڈ) ایک علیحدہ ملک رہا.

1800 میں یونین کے ایکٹ کے بعد، 1801 میں آئرلینڈ انگلینڈ، اسکاٹ لینڈ اور ویلز کے ساتھ مل گیا. اس سے یونائیٹڈ کنگڈم آف گریٹ بریٹن اینڈ آئرلینڈ وجود میں آئی.

انگلینڈ، اسکاٹ لینڈ، ویلز اور آئرلینڈ کے درمیان اس یونین کی ایک علامت نیا سرکاری پرچم تھا جسے یونین کا پرچم کہا گیا. اسے اکثر یونین جیک بھی کہا جاتا ہے. اس پرچم میں انگلینڈ، اسکاٹ لینڈ اور آئرلینڈ کی نمائندگی کرنے والی صلیبوں کے نشانات ہیں. یہ آج بھی برطانیہ کے سرکاری پرچم کے طور پر استعمال کیا جاتا ہے.

یونین کا پرچم تین کراسس پر مشتمل ہے:

- سینٹ جارج، انگلینڈ کے سرپرست سینٹ، سفید زمین پر سرخ صلیب ہے.
- سینٹ اینڈریو، اسکاٹ لینڈ کے سرپرست سینٹ، نیلے رنگ کی زمین پر ایک سفید صلیب ہے.
- سینٹ پیٹرک، آئرلینڈ کے سرپرست سینٹ، سفید زمین پر ایک سرخ صلیب ہے.

There is also an official Welsh flag, which shows a Welsh dragon.

The Welsh dragon does not appear on the Union flag, because, when the first Union flag was created in 1606 from the flags of Scotland and England, the Principality of Wales was already united with England.

The Victorian Age

- In 1837, Queen Victoria became queen of the UK at the age of 18. She reigned until 1901, almost 64 years.

- At the date of writing (2013), this is the longest reign of any British monarch. Her reign is known as the Victorian age.

- It was a time when Britain increased in power and influence abroad.

- Within the UK, the middle classes became increasingly significant and a number of reformers led moves to improve conditions of life for the poor.

The British Empire

- During the Victorian period, the British Empire grew to cover all of India, Australia and large parts of Africa. It became the largest empire the world has ever seen, with an estimated population of more than 400 million people.

ایک سرکاری ویلش پرچم بھی ہے جس پر ایک ویلش ڈریگن بنا ہے.

ویلش ڈریگن یونین کے پرچم پر نہیں ہے کیونکہ 1606 میں جب پہلا یونین کا پرچم اسکاٹ لینڈ اور انگلینڈ کے پرچموں سے بنایا گیا تھا، اس وقت ویلز پہلے ہی انگلینڈ کے ساتھ متحد تھا.

وکٹورین دور

- 1837 میں ملکہ وکٹوریہ 18 سال کی عمر میں برطانیہ کی ملکہ بنی. اس نے 1901 تک، تقریبا 64 سال، حکومت کی.
- تادمِ تحریر (2013)، یہ کسی بھی برطانوی بادشاہ کا سب سے طویل دور ہے. ان کا دور حکومت وکٹورین دور کہلاتا ہے.
- یہ وقت تھا کہ جب برطانیہ کی طاقت اور بیرون ملک اثر و رسوخ میں اضافہ ہوا.

- برطانیہ کے اندر مڈل کلاس تیزی سے اہم بن گئی اور اصلاح پسندوں کی ایک بڑی تعداد نے غریبوں کی زندگی کے حالات کو بہتر بنانے کے لیے تحاریک کی قیادت کی۔

برطانوی سلطنت

- وکٹورین دور میں برطانوی سلطنت نے پھیل کر بھارت، آسٹریلیا اور افریقہ کے بڑے حصے کا احاطہ کر لیا. ایک اندازے کے مطابق تقریباً 400 ملین لوگوں کی آبادی کے ساتھ یہ ایسی سلطنت بن گیا کہ دنیا نے اس سے بڑی سلطنت آج تک نہیں دیکھی.

- Many people were encouraged to leave the UK to settle overseas.

- Between 1853 and 1913, as many as 13 million British citizens left the country.

- People continued to come to Britain from other parts of the world.

- For example between 1870 and 1914, around 120,000 Russian and Polish Jews came to Britain to escape persecution. Many settled in London's East End and in Manchester and Leeds.

- People from the empire, including India and Africa, also came to live, work and study.

Trade and Industry

- Britain continued to be a great trading nation. The government began to promote policies of free trade, abolishing a number of taxes on imported goods.

- One example of this was the repealing of the Corn Laws in 1846. These had prevented the import of cheap grain.

- The reforms helped the development of British industry, because raw materials could now be imported more cheaply.

- Working conditions in factories gradually became better.

- In 1847, the number of hours that women and children could work was limited by law to 10 hours per day.

- Better housing began to be built for workers.

- بہت سے لوگوں کی حوصلہ افزائی کی گئی کہ وہ برطانیہ چھوڑ کر بیرون ملک مقیم ہو جائیں.
- 1853 سے 1913 کے درمیان تقریباً 13 ملین برطانوی شہریوں نے ملک چھوڑ دیا.
- دنیا کے دیگر حصوں سے لوگوں نے برطانیہ آنا جاری رکھا.
- مثال کے طور پر 1870 سے 1914 کے درمیان تقریباً 120,000 روسی اور پولش یہودی ظلم و ستم سے بچنے کے لئے برطانیہ آئے. بہت سے لندن کے ایسٹ اینڈ میں ,مانچسٹر اور لیڈز میں آباد ہو گئے.
- سلطنت کے حصوں سے بھی، جس میں بھارت اور افریقہ شامل تھے، لوگ رہنے، کام کرنے اور تعلیم حاصل کرنے کے لئے آئے.

صنعت و تجارت

- برطانیہ نے ایک عظیم تجارتی قوم بننا جاری رکھا. درآمدی اشیا پر ٹیکس کی ایک بڑی تعداد کو ختم کر کے حکومت نے آزاد تجارت کی پالیسیوں کو فروغ دینا شروع کیا.
- اس کی ایک مثال 1846 میں کارن لاز کی منسوخی تھا. یہ سستے اناج کی درآمد کو روکتے تھے.
- ان اصلاحات سے برطانوی صنعت کی ترقی میں مدد ملی کیونکہ خام مال اب سستے داموں درآمد کیا جا سکتا تھا.
- فیکٹریوں میں کام کے حالات آہستہ آہستہ بہتر ہو گئے.
- 1847 میں قانوناً عورتوں اور بچوں کے لیے کام کے اوقات کو 10 گھنٹے فی دن محدود کر دیا گیا.
- کارکنوں کے لئے بہتر رہائش کی تعمیر شروع کی گئی.

- Transport links also improved, enabling goods and people to move more easily around the country.

- Just before Victoria came to the throne, the father and son George and Robert Stephenson pioneered the railway engine and a major expansion of the railways took place in the Victorian period. Railways were built throughout the empire.

- There were also great advances in other areas, such as the building of bridges by engineers such as Isambard Kingdom Brunel.

Isambard Kingdom Brunel

Brunel was originally from Portsmouth, England.

He was an engineer who built tunnels, bridges, railway lines and ships.

He was responsible for constructing the Great Western Railway, which was the first major railway built in Britain. It runs from Paddington station in London to the south west of England, the West Midlands and Wales.

Many of the Brunel's bridges are still in use today.

- British industry led the world in the 19th century.

- The UK produced more than half of the world's iron, coal and cotton cloth.

- The UK also became a centre for financial services, including insurance and banking.

- اشیا اور لوگوں کو ملک بھر میں زیادہ آسانی سے منتقل کرنے کے لئے ذرائع نقل و حمل بھی بہتر ہوئے.

- وکٹوریہ کے تخت پر بیٹھنے سے کچھ ہی عرصہ قبل جارج اور اس کے بیٹے رابرٹ سٹیونسن نے سب سے پہلا ریلوے انجن بنایا اور وکٹورین دور میں ریلوے میں بہت زیادہ توسیع ہوئی. سلطنت بھر میں ریلوے کی تعمیرات کی گئیں.

- دیگر شعبوں میں بھی عظیم پیش رفت ہوئی مثال کے طور پر اسامبرڈ کنگڈم برونل جیسے انجینئروں کی پلوں کی تعمیر.

اسمبرڈ کنگڈم برونل :

بنیادی طور پر برونل پورٹسمتھ ، انگلینڈ سے تھا.

وہ سرنگیں، پل، ریلوے لائینوں اور بحری جہازوں کی تعمیر کرنے والا ایک انجنیئر تھا.

وہ گریٹ ویسٹرن ریلوے کی تعمیر کا ذمہ دار تھا جو کہ برطانیہ کی پہلی بڑی ریلوے تھی. یہ ریلوے لندن میں پیڈنگٹن اسٹیشن سے انگلینڈ کے جنوب مغرب، ویسٹ مڈلینڈز اور ویلز تک چلتی ہے.

برونل کے پلوں میں سے بہت سے آج بھی استعمال میں ہیں.

- برطانوی صنعت نے انیسویں صدی میں دنیا کی قیادت کی.

- برطانیہ نے دنیا کے آدھے سے زیادہ لوہے، کوئلہ اور سوتی کپڑے کی پیداوار کی.

- انشورنس اور بینکنگ سمیت مالیاتی خدمات کے لئے بھی برطانیہ ایک مرکز بن گیا.

- In 1851, the Great Exhibition opened in Hyde Park in the Crystal Palace, a huge building made of steel and glass.

- Countries from all over the world showed their goods but most of the objects were made in Britain.

The Crimean War

- From 1853 to 1856, Britain fought with Turkey and France against Russia in the Crimean war. It was the first war to be extensively covered by media through news stories and photographs.

- The conditions were very poor and many soldiers died from illnesses they caught in the hospitals, rather than from war wounds.
- Queen Victoria introduced the Victoria Cross medal during this war. It honours act of valour by soldiers.

Florence Nightingale

Florence Nightingale was born in Italy to English parents.

At the age of 31, she trained as a nurse in Germany.

In 1854, she went to turkey and worked in military hospitals, treating soldiers who were fighting in the Crimean war. She and her fellow nurses improved the conditions in the hospital and reduced the mortality rate.

In 1860, she established the Nightingale Training School for nurses at St Thomas' Hospital in London.

She is often regarded as the founder of modern nursing.

- 1851 میں ہائڈ پارک میں کرسٹل پیلس، فولاد اور شیشے کی بنی ہوئی ایک بہت بڑی عمارت، میں ایک عظیم نمائش لگی.
- دنیا بھر سے ممالک نے اپنے سامان کا مظاہرہ کیا لیکن سب سے زیادہ اشیاء برطانیہ میں بنائی گئی تھیں.

کریمین جنگ

- 1853 سے 1856 تک، برطانیہ نے ترکی اور فرانس کے ساتھ روس کے خلاف کریمین جنگ (Crimean war) لڑی. یہ سب سے پہلی جنگ تھی جس کو بڑے پیمانے پر میڈیا نے خبروں اور تصاویر کے ذریعے دکھایا-
- حالات بہت مخدوش تھے اور بہت سے فوجی جنگ میں زخموں سے مرنے کی بجائے ہسپتالوں میں لگنے والی بیماریوں سے مر گئے.
- ملکہ وکٹوریا نے اس جنگ کے دوران وکٹوریہ کراس میڈل متعارف کرایا. یہ اعزاز فوجیوں کی جوانمردی کو سراہتا ہے.

فلورنس نائیٹنگیل

فلورنس نائیٹنگیل انگریزی والدین کے گھر اٹلی میں پیدا ہوئی.

31 سال کی عمر میں، اس نے جرمنی میں ایک نرس کے طور پر تربیت حاصل کی.
1854 میں، وہ ترکی چلی گئی اور فوجی ہسپتالوں میں کام کیا اور اور ان فوجیوں کا علاج کیا جو کریمین جنگ لڑ رہے تھے. اس نے اور اس کی ساتھی نرسوں نے ہسپتال کے حالات میں بہتری کی اور شرح اموات میں کمی کا باعث بنیں.

1860 میں اس نے لندن میں سینٹ تھامس ہسپتال میں نرسوں کے لئے نائیٹنگیل ٹریننگ سکول قائم کیا.

اسے اکثر جدید نرسنگ کی بانی سمجھا جاتا ہے.

Ireland in the 19th century

- Conditions in Ireland were not as good as in the rest of the UK. Two thirds of the population still depended on farming to make their living, often on very small plots of land. Many depended on potatoes as a large part of their diet.

- In the middle of the century, the potato crop failed, and Ireland suffered a famine.

- A million people died from diseases and starvation. Another million and a half left Ireland. Some emigrated to the United States and others came to England.

- By 1861, there were large populations of Irish people in cities such as Liverpool, London, Manchester and Glasgow.

- The Irish nationalist movement had grown strongly through the 19th century. Some such as Fenians, favoured complete independence. Others such as Charles Stuart Parnell, advocated 'Home Rule', in which Ireland would remain in the UK but have its own parliament.

The Right to Vote

- As the middle classes in the wealthy industrial towns and cities grew in influence, they began to demand more political power.

- The Reform Act of 1832 had greatly increased the number of people with the right to vote. The act also abolished the old pocket and rotten boroughs and more parliamentary seats were given to the towns and cities.

انیسویں صدی میں آئرلینڈ

- آئرلینڈ میں حالات برطانیہ کے باقی حصوں کی نسبت اچھے نہیں تھے. آبادی کے دو تہائی کے روزگار کا انحصار ابھی بھی بہت چھوٹے چھوٹے قطعات زمین پر زراعت پر تھا. بہت سے لوگوں کی غذا کے ایک بڑے حصے کا انحصار آلووں پر تھا.

- صدی کے وسط میں آلووں کی فصل خراب ہو گئی اور آئرلینڈ کو ایک قحط کا سامنا کرنا پڑا.

- ایک ملین افراد بیماریوں اور بھوک سے مر گئے. مزید ڈیڑھ ملین نے آئرلینڈ چھوڑ دیا. بعض امریکہ ہجرت کر گئے اور کچھ انگلینڈ آ گئے.

- 1861 میں لیورپول، لندن، مانچسٹر اور گلاسگو جیسے شہروں میں آئرش عوام کی بڑی آبادی تھی.

- آئرش قوم پرست تحریک انیسویں صدی کے دوران مضبوط ہوئی. فینیانز کی طرح کچھ نے آزادی کی مکمل حمایت کی. دیگر جیسا کہ چارلس اسٹیورٹ پارنل نے 'ہوم رول' کی وکالت کی جس کے مطابق آئرلینڈ برطانیہ میں رہے گا لیکن اس کی اپنی پارلیمنٹ ہو گی.

ووٹ دینے کا حق

- جونہی امیر صنعتی قصبوں اور شہروں میں درمیانے طبقے کے اثر و رسوخ میں اضافہ ہوا انہوں نے زیادہ سیاسی طاقت کا مطالبہ کرنا شروع کر دیا.

- 1832 کے ریفارم ایکٹ نے ووٹ دینے کا حق رکھنے والے لوگوں کی تعداد میں بہت اضافہ کر دیا. ایکٹ میں پرانے پاکٹ اور روٹن بوروز کو بھی ختم کر دیا اور قصبوں اور شہروں کو زیادہ پارلیمانی نشستیں دی گئیں.

- There was a permanent shift of political power from countryside to the towns but voting was still based on ownership of property. This meant that members of the working class were still unable to vote.

- A movement began to demand the vote for the working classes and other people without property. Campaigners, called the Chartists, presented petition to the parliament. At first, they seemed to be unsuccessful, but in 1867, there was another Reform Act.

- This created many more urban seats in parliament and reduced the amount of property that people needed to have before they could vote. However, the majority of men still did not have the right to vote and no women could vote.

- The politicians realised that the increased number of voters meant that they needed to persuade people to vote for them if they were to be sure of being elected to the parliament.

- The political parties began to create organisations to reach out to ordinary voters.

- Universal suffrage (the right of every adult, male or female, to vote) followed in the next century. In common with the rest of Europe, women in 19th century Britain had fewer rights than men.

- Until 1870, when a woman got married, her earnings, property and money automatically belonged to her husband.

- Acts of parliament in 1870 and 1882 gave wives the right to keep their own earnings and property.

- سیاسی طاقت مستقل طور پر دیہی علاقوں سے شہروں کی طرف تبدیل ہو گئی تھی لیکن ووٹنگ اب بھی جائیداد کی ملکیت پر مبنی تھی. اس کا مطلب ہے کہ محنت کش طبقے کے ارکان اب بھی ووٹ دینے کے قابل نہیں تھے.
- جائیداد کے بغیر محنت کش طبقات اور دیگر لوگوں کے لئے ایک تحریک نے ووٹ کا مطالبہ کرنا شروع کر دیا. ان کو چارٹسٹ کہا جاتا تھا، انہوں نے پارلیمنٹ میں درخواست پیش کی. آغاز میں لگ رہا تھا کہ وہ ناکام ہو جائیں گے، لیکن 1867 میں ایک اور ریفارم ایکٹ آیا.
- اس نے پارلیمنٹ میں کئی شہری نشستیں پیدا کیں اور لوگوں کے ووٹ ڈالنے کے لیے درکار جائیداد کی مالیت بھی کم کر دی. تاہم مردوں کی اکثریت اب بھی ووٹ دینے کا حق نہیں رکھتی تھی اور کوئی عورت بھی ووٹ نہیں دے سکتی تھی.
- سیاستدانوں کو اس بات کا احساس ہوا کہ ووٹروں کی تعداد میں اضافے کا مطلب ہے کہ اس بات کا یقین کرنے کے لئے کہ وہ پارلیمنٹ کے لئے منتخب ہوں، انہیں لوگوں کو ووٹ ڈالنے کے لئے قائل کرنے کی ضرورت ہو گی .
- سیاسی جماعتوں نے عام ووٹروں تک پہنچنے کے لئے تنظیمیں بنانا شروع کر دیا.
- یونیورسل حقِ رائے دہی (ووٹ ڈالنے کا حق ہر بالغ مرد یا عورت کے لئے) اس کے بعد کی صدی میں آیا. بقیہ یورپ کے ساتھ انیسویں صدی کے برطانیہ میں خواتین مردوں کے مقابلے میں کم حقوق کی حامل تھیں.
- 1870 تک اگر ایک عورت شادی کر لیتی تو اس کی کمائی، جائیداد اور رقم خود بخود اس کے شوہر کی ملکیت ہو جاتی.
- 1870 اور 1882 میں پارلیمنٹ کے قوانین نے بیویوں کو ان کی اپنی آمدنی اور جائیداد رکھنے کا حق دیا.

- In the late 19th and early 20th centuries, an increasing number of women campaigned and demonstrated for greater rights and, in particular, the right to vote. They formed the women's suffrage movement and became known as 'suffragettes'.

Emmeline Pankhurst (1858 - 1928)

Emmeline Pankhurst was born in Manchester in 1858.

She set up The Women's Franchise League in 1889, which fought to get the vote in local elections for married women.

In 1903, she helped found the Women's Social & Political Union (WSPU). This was the first group whose members were called 'suffragettes'.

The group used civil disobedience as part of their protest to gain vote for women. They chained themselves to railings, smashed windows and committed arson. Many of the women, including Emmeline, went on hunger strike.

In 1918, women over the age of 30 were given voting rights and the right to stand for parliament, partly in recognition of the contribution women made to the war effort during the First World War.

Shortly before Emmeline's death in 1928, women were given the right to vote at the age of 21, the same as men.

- انیسویں صدی کے آخر اور بیسویں صدی کے ابتدائی دور میں عورتوں کی ایک بڑی تعداد نے مہم چلائی اور زیادہ حقوق، خاص طور پر ووٹ کے حق، کے لئے مظاہرے کیے. انہوں نے خواتین کے حق رائے دہی کے لیے تحریک چلائی اور سفر اگیٹس (suffragettes) کے نام سے مشہور ہوئیں.

ایملین پینک ہرسٹ(1928 - 1858) :

ایملین پینک ہرسٹ 1858 میں مانچسٹر میں پیدا ہوئی.

اس نے 1889 میں خواتین کی فرنچائز لیگ قائم کی جس نے شادی شدہ خواتین کے لئے مقامی انتخابات میں ووٹ کا حق حاصل کرنے کے لئے جدوجہد کی.

1903 میں اس نے خواتین کی سماجی اور سیاسی یونین (WSPU) کی داغ بیل ڈالنے میں مدد کی. یہ پہلا گروپ تھا جس کے ارکان کو سفر اگیٹس 'suffragettes' کہا جاتا تھا.

گروپ نے خواتین کے لئے ووٹ کا حق حاصل کرنے کے لئے احتجاج کے طور پر سول نافرمانی کا استعمال کیا. انہوں نے پٹڑیوں کے ساتھ خود کو زنجیروں سے جکڑا، کھڑکیاں توڑیں اور آتش زنی کی . ایمیلین سمیت خواتین نے بھوک ہڑتال کی.

1918 میں 30 سال کی عمر سے زائد خواتین کو ووٹ دینے اور پارلیمنٹ کے لئے کھڑا ہونے کا حق، جزوی طور پر پہلی جنگ عظیم کے دوران جنگ میں خواتین کی شرکت کے اعتراف میں، دیا گیا.

1928 میں ایمیلین کی موت سے کچھ پہلے خواتین کو مردوں کے برابر 21 سال کی عمر میں ووٹ ڈالنے کا حق دیا گیا.

The future of the Empire

- Although the British Empire continued to grow until 1920s, there was already discussion in the late 19th century about its future direction.

- Supporters of expansion believed that the Empire benefited Britain through increased trade and commerce. Others thought the Empire had become over-expanded and that the frequent conflicts in many parts of the empire, such as India's North West frontier or southern Africa, were a drain on resources. Yet the great majority of British people believed in the empire, as a force for good in the world.

- The Boer war of 1899 to 1902 made the discussions about the future of the empire more urgent.

- The British went to war in South Africa with settlers from Netherlands called the Boers. The Boers fought fiercely and the war went on for three years. Many died in the fighting and many more from disease.

- There was some public sympathy for the Boers and people began to question whether the empire could continue.

- As different parts of the empire developed, they won greater freedom and autonomy from Britain. Eventually, by the second half of the 20th century, there was, for the most part, an orderly transition from empire to commonwealth, with countries being granted their freedom.

سلطنت کا مستقبل

- اگرچہ برطانوی سلطنت نے 1920 کی دہائی تک پھیلنے کا سلسلہ جاری رکھا لیکن انیسویں صدی کے آخر میں اس کے مستقبل کی سمت کے بارے میں ایک بحث شروع ہو چکی تھی.

- توسیع کے حامیوں کا خیال تھا کہ سلطنت نے تجارت اور معیشت میں اضافے کے ذریعے برطانیہ کو فائدہ پہنچایا. جبکہ دیگر کا خیال تھا کہ سلطنت ضرورت سے زیادہ وسیع ہو گئی ہے اور سلطنت کے بہت سے حصوں میں، جیسا کہ بھارت کی شمال مغربی سرحد یا جنوبی افریقہ کی طرح کے اکثر تنازعات محض وسائل کا ضیاع ہیں. اس کے باوجود برطانوی عوام کی بڑی اکثریت دنیا میں اچھائی کی قوت کے طور پر سلطنت میں یقین رکھتے تھے.

- 1899 سے 1902 تک کی بوئر جنگ (Boer War) نے سلطنت کے مستقبل کے بارے میں بات چیت زیادہ ضروری بنادی.

- برطانیہ نے جنوبی افریقہ میں نیدرلینڈ کے آبادکاروں جنہیں بوئرز کہا جاتا تھا، کے ساتھ جنگ کی. بوئرز انتہائی خونخواری سے لڑے اور جنگ تین سال جاری رہی. بہت سے لڑائی میں مارے گئے اور بہت سے بیماری کی وجہ سے مرگئے -

- بوئرز کے لئے کچھ عوامی ہمدردی تھی اور لوگوں نے سوال شروع کر دیے کہ آیا سلطنت جاری رہ سکتی ہے.

- جوں جوں سلطنت کے مختلف حصوں نے ترقی کی انہوں نے برطانیہ سے زیادہ آزادی اور خودمختاری حاصل کرلی. آخرکار بیسویں صدی کے دوسرے نصف میں سلطنت سے دولت مشترکہ تک باترتیب تبدیلی نظر آئی اور زیادہ ممالک کو انکی آزادی دے دی گئی-

Rudyard Kipling (1865 - 1936)

Rudyard Kipling was born in India in 1865 and later lived in India, the UK and the USA.

He wrote books and poems set in both India and the UK. His poems and novels reflected the idea that the British Empire was a force for good.

Kipling was awarded the Nobel Prize in literature in 1907. His books include the *Just So Stories* and *The Jungle Book*, which continue to be popular today.

His poem *If* has often been voted among the UK's favourite poems. It begins with these words:

'If you can keep your head when all about you

Are losing theirs and blaming it on you;

If you can trust yourself when all men doubt you,

But make allowance for their doubting too;

If you can wait and not be tired by waiting,

Or being lied about, don't deal in lies,

Or being hated, don't give way to hating,

And yet don't look too good, nor talk too wise'

(*If*, Rudyard Kipling)

رُڈیارڈ کپلنگ(1865-1936)

رُڈیارڈ کپلنگ 1865 میں بھارت میں پیدا ہوا اور بعد میں بھارت، برطانیہ اور امریکہ میں رہا.

اس نے بھارت اور برطانیہ دونوں پر کتابیں اور نظمیں لکھیں. اس کی نظمیں اور ناول اس خیال کی عکاسی کرتے ہیں کہ برطانوی سلطنت اچھائی کے لیے ایک قوت تھی.

کپلنگ کو 1907 میں ادب کے نوبل پرائز سے نوازا گیا. اس کی تصانیف میں "جسٹ سو سٹوریز" اور "دا جنگل بک" شامل ہیں جو آج بھی مقبول ہیں.

اس کی نظم "اف" کو برطانیہ کی پسندیدہ ترین نظموں میں منتخب کیا گیا ہے. یہ ان الفاظ کے ساتھ شروع ہوتی ہے:

'اگر آپ خود کو پر سکون رکھیں
جب کہ سب لوگ، خود بے سکوں ہو رہے ہوں اور الزام آپ کے سر ہو؛
جب سب آپ پر شک کریں، لیکن آپ خود پر یقین کریں
اور اُن کے شک کی بھی گنجائش پیدا کریں؛
اگر آپ انتظار کریں اور انتظار سے نہ تھکیں،
یا آپ کے بارے میں جھوٹ بولا جائے لیکن آپ جھوٹ نہ بولیں؛
یا آپ سے نفرت کی جائے، لیکن آپ نفرت کو دل میں جگہ نہ دیں؛
تو پھر بھی اگر آپ کسی کو اچھے نہ لگ رہے ہوں، تو وہ عقل مند ہرگز نہیں ہے'
(اف، رُڈیارڈ کپلنگ)

THE 20TH CENTURY

The First World War

- The early 20th century was a time of optimism in Britain. The nation, with its expansive Empire, well admired navy, thriving industry and strong political institutions, was what is now known as a global 'superpower'.

- It was also a time of social progress. Financial help for the unemployed, old age pensions and free school meals were just a few of the important measures introduced.

- Local government became more democratic and a salary for members of the parliament was introduced for the first time, making it easier for more people to take part in public life.

- This era of optimism and progress was cut short when war broke out between several European nations.

- On 28 June 1914, Archduke Franz Ferdinand of Austria was assassinated.

- This set off a chain of events leading to the First World War (1914 -18).

- But while the assassination provided the trigger for war, other factors such as a growing sense of nationalism in many European states; increasing militarism; imperialism; and the division of the major European powers into two camps - all set the conditions for war.

بیسویں صدی

پہلی جنگ عظیم

- بیسویں صدی کے اوائل میں برطانیہ میں امید کا ایک وقت تھا. قوم اس وقت اپنی وسیع و عریض سلطنت، قابلِ تعریف بحریہ، فروغ پزیر صنعت اور مضبوط سیاسی اداروں کے ساتھ بلاشبہ اب ایک عالمی 'سپر پاور' کے طور پر جانی جاتی تھی.

- یہ وقت سماجی ترقی کا بھی تھا. بے روزگاروں کے لیے مالی امداد، بڑھاپے کی پنشن اور مفت سکول کے کھانے، متعارف کرائے جانے والے اہم اقدامات میں سے محض چند ایک تھے.

- زیادہ لوگوں کے عوامی زندگی میں حصہ لینے کو آسان بنانے کے لئے مقامی حکومت کو زیادہ جمہوری بنایا گیا اور پارلیمنٹ کے ارکان کے لئے پہلی بار ایک تنخواہ شروع کی گئی.

- امید اور ترقی کا یہ دور کئی یورپی ممالک کے درمیان جنگ پھوٹ پڑنے سے مختصر ہو گیا.

- 28 جون 1914 کو آسٹریا کے آرچ ڈیوک فرانز فرڈیننڈ کو قتل کر دیا گیا.

- اس کے نتیجے میں واقعات کا ایک سلسلہ شروع ہو گیا جو پہلی جنگ عظیم (18-1914) کا باعث بنا.

- گو کہ قتل نے جنگ کے لئے محرک فراہم کیا، دیگر عوامل؛ کئی یورپی ریاستوں میں قوم پرستی کا بڑھتا ہوا احساس؛ بڑھتی ہوئی عسکریت؛ سامراج؛ اور بڑی یورپی طاقتوں کی دو کیمپوں میں تقسیم - تمام نے جنگ کی راہ ہموار کی.

- The conflict was centred in Europe, but it was a global war involving nations from around the world. Britain was part of the Allied Powers, which included (amongst others) France, Russia, Japan, Belgium, Serbia – and later, Greece, Italy, Romania and United States.

- The whole of the British Empire was involved in the conflict – for example, more than a million Indians fought on behalf of Britain in lots of different countries, and around 40,000 were killed.

- Men from West Indies, Africa, Australia, New Zealand and Canada also fought with the British. The Allies fought against the Central Powers – mainly Germany, the Austro-Hungarian Empire, the Ottoman Empire and later Bulgaria.

- One Battle, the British attack on the Somme in July 1916, resulted in about 60,000 British casualties on the first day alone.

- The First World War ended at 11.00 am on 11th November 1918 with victory for Britain and its allies.

The partition of Ireland

- In 1913, the British government promised 'Home Rule' for Ireland. The proposal was to have a self-governing Ireland with its own parliament but still part of the UK.

- A Home Rule bill was introduced in parliament. It was opposed by the Protestants in the north of Ireland, who threatened to resist Home Rule by force.

- تنازعے کا مرکز یورپ تھا، لیکن یہ ایک عالمی جنگ تھی جس میں دنیا بھر سے ممالک شامل ہو گئے. برطانیہ متحدہ ممالک کے ساتھ تھا، جن میں (دیگر ممالک کے ساتھ) فرانس، روس، جاپان، بیلجیم، سربیا- اور بعد میں، یونان، اٹلی، رومانیہ اور ریاست ہائے متحدہ امریکہ شامل تھے.

- پوری برطانوی سلطنت تنازعہ میں ملوث تھی- مثال کے طور پر، دس لاکھ سے زیادہ بھارتی بہت سے مختلف ممالک میں برطانیہ کی جانب سے لڑے، اور تقریباً 40,000 ہلاک ہو گئے.

- ویسٹ انڈیز، افریقہ، آسٹریلیا، نیوزی لینڈ اور کینیڈا سے بھی لوگوں نے انگریزوں کے ہمراہ لڑائی کی. اتحادیوں نے مرکزی طاقتوں، خاص طور پر جرمنی، آسٹریا ہنگری کی سلطنت، سلطنت عثمانیہ اور بعد میں بلغاریہ، کے خلاف لڑائی کی.

- ایک جنگ، جولائی 1916 میں سوم (Somme) پر برطانوی حملہ، میں فقط پہلے ہی روز 60,000 برطانوی جانوں کا ضیاع ہوا.

- پہلی جنگ عظیم برطانیہ اور اس کے اتحادیوں کے لئے فتح کے ساتھ 11 نومبر 1918 کو صبح 11 بجے ختم ہوئی.

آئرلینڈ کی تقسیم

- 1913 میں برطانوی حکومت نے آئرلینڈ کے لیے 'ہوم رول' کا وعدہ کیا. تجویز تھی کہ آئرلینڈ کی اپنی پارلیمنٹ کے ساتھ اپنی حکومت ہو گی تاہم وہ برطانیہ کا حصہ ہو گا.

- 'ہوم رول' بل پارلیمنٹ میں پیش کیا گیا، جس کی نادرن آئرلینڈ کے پروٹیسٹنٹ عیسائیوں نے مخالفت کی اور طاقت کے ذریعے ہوم رول کے خلاف مزاحمت کرنے کی دھمکی دی.

- The outbreak of the First World War led the British government to postpone any changes in Ireland. Irish nationalists were not willing to wait and in 1916, there was an uprising (the Easter Rising) against the British in Dublin.

- The leaders of the uprising were executed under military law. A guerrilla war against the British army and the police in Ireland followed.

- In 1921, a peace treaty was signed and in 1922, Ireland became two countries. The six counties in the north, which were mainly protestant remained part of the UK under the name Northern Ireland. The rest of the Ireland became the Irish Free State. It had its own government and became a republic in 1949.

- There were people in both parts of Ireland who disagreed with the split between the North and the South.

- Years of disagreement led to a terror campaign in Northern Ireland and elsewhere. The conflict between those wishing for full Irish independence and those wishing to remain loyal to the British government is often referred to as 'the Troubles'.

The inter-war period

- In the 1920's, many people's living conditions got better. There were improvements in public housing and new homes were built in many towns and cities.

- However, in 1929, the world entered the 'Great Depression' and some parts of the UK suffered mass unemployment.

- پہلی جنگ عظیم شروع ہونے پر برطانوی حکومت نے آئرلینڈ میں کسی قسم کی تبدیلی کو ملتوی کر دیا. آئرش قوم پرست انتظار کرنے کے لئے تیار نہیں تھے اور 1916 میں، ڈبلن میں برطانیہ کے خلاف ایک بغاوت (ایسٹر رائزنگ) شروع ہوئی.
- بغاوت کے رہنماؤں کو فوجی قانون کے تحت قتل کر دیا گیا. اس کے بعد آئرلینڈ میں برطانوی فوج اور پولیس کے خلاف گوریلا جنگ شروع ہو گئی.
- 1921 میں ایک امن معاہدے پر دستخط کیے گئے اور 1922 میں آئرلینڈ دو ممالک میں تقسیم ہو گیا. بنیادی طور پر شمال میں چھ کائونٹیز جو کہ پروٹیسٹنٹ تھیں، نادرن آئرلینڈ کے نام سے برطانیہ کا حصہ رہیں. باقی آئرلینڈ ایک آزاد آئرش ریاست بن گیا. یہ اس کی اپنی حکومت تھی جو کہ 1949 میں ایک جمہوریہ بنی.
- آئرلینڈ کے دونوں حصوں میں ایسے بھی لوگ تھے جو شمال اور جنوب کے درمیان تقسیم سے اختلاف رکھتے تھے.
- اختلاف کے سالوں نے نادرن آئرلینڈ اور دوسری جگہوں میں دہشت گردی کی مہم کو جنم دیا. مکمل آئرش آزادی کے حامیوں اور برطانوی حکومت کے وفادار رہنے کی خواہش والے لوگوں کے درمیان تنازعات کو اکثر 'ٹربلز' کہا جاتا ہے.

جنگوں کا درمیانی دور

- 1920 کی دہائی میں بہت سے لوگوں کا معیار زندگی بہتر ہو گیا. پبلک ہاؤسنگ میں بہتری آئی اور کئی شہروں اور قصبوں میں نئے گھر تعمیر کئے گئے.
- تاہم 1929 میں دنیا کو بڑے ڈپریشن کا سامنا کرنا پڑا اور برطانیہ کے کچھ حصوں کو بڑے پیمانے پر بے روزگاری برداشت کرنا پڑی.

- The effects of the depression of the 1930s were felt differently in different parts of the UK.

- The traditional heavy industries such as shipbuilding were badly affected, but new industries, including automobile and aviation industries, developed.

- As prices generally fell, those in work had more money to spend.

- Car ownership doubled from 1 million to 2 million between 1930 and 1939.

- In addition, many new houses were built.

- It was also a time of cultural blossoming, with writers such as Graham Greene and Evelyn Waugh prominent.

- The economist John Maynard Keynes published influential new theories of economics.

- The BBC started radio broadcasts in 1922 and began the world's first regular television service in 1936.

The Second World War

- Adolf Hitler came to power in Germany in 1933.

- He believed that the conditions imposed on Germany by the Allies after the First World War were unfair; he also wanted to conquer more land for German people.

- He set about negotiating treaties, building up arms, and testing Germany's military strength in nearby countries.

- 1930 کی دہائی کے ڈپریشن کے اثرات برطانیہ کے مختلف حصوں میں مختلف طریقے سے محسوس کیے گئے.
- اس طرح بحری جہاز سازی جیسی روایتی بھاری صنعتیں بری طرح متاثر ہوئیں، لیکن نئی صنعتوں، جن میں گاڑیوں اور فضایہ کی صنعتیں شامل ہیں، نے ترقی کی-
- قیمتوں میں عام کمی سے بر سر روزگار لوگوں کے پاس خرچ کرنے کے لئے زیادہ پیسہ تھا.
- 1930 سے 1939 کے درمیان کاروں کے مالک 1 ملین سے بڑھ کر 2 ملین ہو گئے.
- اس کے علاوہ بہت سے نئے مکانات تعمیر کیے گئے تھے.
- ممتاز لکھنے والوں جیسے گراہم گرین اور ایولن واکے ساتھ یہ ایک ثقافتی ترقی کا دور بھی تھا.
- ماہر اقتصادیات جان مینارڈ کینز نے معاشیات کے بااثر نئے نظریات شائع کیے.
- بی بی سی نے 1922 میں ریڈیو نشریات کا آغاز کیا اور 1936 میں دنیا کی پہلی باقاعدہ ٹی وی سروس شروع کی .

دوسری جنگ عظیم

- ایڈولف ہٹلر 1933 میں جرمنی میں اقتدار میں آیا.
- اس کا خیال تھا کہ پہلی جنگ عظیم کے بعد اتحادیوں نے جرمنی پر جو پابندیاں عائد کی ہیں وہ غیر منصفانہ ہیں، وہ جرمن لوگوں کے لئے زیادہ زمین کو بھی فتح کرنا چاہتا تھا.
- اس نے معاہدوں پر گفت وشنید، ہتھیار کی پیداوار، اور نزدیکی ممالک میں جرمنی کی فوجی طاقت کی جانچ کرنا شروع کر دی.

- The British government tried to avoid another war. However, when Hitler invaded Poland in 1939, Britain and France declared war in order to stop his aggression.

- The war was initially fought between the Axis powers (fascist Germany and Italy and the empire of Japan) and the Allies.

- The main countries on the allied side were the UK, France, Poland, Australia, New Zealand, Canada, and the Union of South Africa.

- Having occupied Austria and invaded Czechoslovakia, Hitler followed his invasion of Poland by taking control of Belgium and the Netherlands. Then, in 1940, German forces defeated allied troops and advanced through France.

- At this time of national crisis, Winston Churchill became Prime Minister and Britain's war leader.

Winston Churchill (1874 - 1965)

Churchill was the son of a politician and, before becoming a Conservative MP in 1900, was a soldier and journalist.

In May 1940, he became prime minister. He refused to surrender to the Nazis and was an inspirational leader to the British people in a time of great hardship.

He lost the general election in 1945 but returned as prime minister in 1951.

He was an MP until he stood down at the 1964 general election.

- برطانوی حکومت نے ایک اور جنگ سے بچنے کے لئے کوشش کی. تاہم ہٹلر نے 1939 میں پولینڈ پر حملہ کیا تو برطانیہ اور فرانس نے اس کی جارحیت روکنے کے لئے جنگ کا اعلان کر دیا.
- جنگ ابتدائی طور پر حلیف طاقتوں (فاشسٹ جرمنی، اٹلی اور جاپان کی سلطنت) اور اتحادی افواج کے درمیان لڑی گئی.
- اتحادی ممالک میں برطانیہ، فرانس، پولینڈ، آسٹریلیا، نیوزی لینڈ، کینیڈا اور جنوبی افریقہ شامل تھے.
- آسٹریا پر قبضہ اور چیکوسلواکیا پر حملہ کرنے کے بعد ہٹلر نے بیلجیم اور نیدرلینڈ کا کنٹرول لیکر پولینڈ پر حملہ کر دیا. اس کے بعد، 1940 میں، جرمن فوجوں نے اتحادی فوجوں کو شکست دی اور فرانس کے راستے پیش قدمی کی.
- قومی بحران کے اس وقت ونسٹن چرچل وزیر اعظم اور برطانیہ کی جنگ کے رہنما بنے.

ونسٹن چرچل (1874-1965)

چرچل ایک سیاستدان کے صاحبزادے تھے اور 1900 میں ایک کنسرویٹو رکن پارلیمنٹ بننے سے پہلے ایک فوجی اور صحافی تھے.

مئی 1940 میں وہ وزیر اعظم بنے. انہوں نے نازیوں کے آگے ہتھیار ڈالنے سے انکار کر دیا اور بڑی مصیبتوں کے دور میں بھی برطانوی لوگوں کے لئے ایک متاثر کن رہنما تھے.

وہ 1945 میں عام انتخابات میں ہار گئے لیکن 1951 میں وزیر اعظم کے طور پر واپس آئے.

وہ 1964 کے عام انتخابات میں ہارنے تک ایک رکن پارلیمنٹ تھے.

Following his death in 1965, he was given a state funeral.

He remains a much admired figure to this day, and in 2002 was voted the greatest Briton of all time by the public.

During the war, he made many famous speeches including lines, which you may still hear:

'I have nothing to offer but blood, toil, tears and sweat' - Churchill's first speech to the House of Commons after he became prime minister. 1940.

'We shall fight on the beaches,

We shall fight on the landing grounds,

We shall fight in the fields and in the streets,

We shall fight in the hills,

We shall never surrender' speech to the House of Commons after Dunkirk, 1940.

'Never in the field of human conflict was so much owed by so many to so few' Speech to the House of Commons during the Battle of Britain, 1940

- As France fell, the British decided to evacuate British and French soldiers from France in a huge naval operation.

- Many civilian volunteers in small pleasure and fishing boats from Britain helped the navy to rescue more than 300,000 men from the beaches around Dunkirk.

1965 میں ان کی وفات کے بعد، انہیں ایک ریاستی جنازہ دیا گیا تھا.

وہ آج تک ایک معروف شخصیت ہیں اور 2002 میں عوام کی طرف سے تاریخ کے سب سے عظیم انگریز کے طور پر منتخب کیے گئے تھے.

جنگ کے دوران انہوں نے کئی مشہور تقاریر کیں جن کی کچھ سطریں آپ آج بھی سن سکتے ہیں:

'میرے پاس پیش کرنے کے لئے خون، مشقت، آنسو اور پسینے کے سوا کچھ بھی نہیں ہے' -وزیر اعظم بنے کے بعد ہاؤس آف کامنز میں چرچل کی پہلی تقریر. 1940.

'ہم ساحلوں پر لڑیں گے،

ہم ہموار میدانوں پر لڑیں گے،

ہم کھیتوں میں لڑیں گے اور گلیوں،

پہاڑوں میں لڑیں گے

لیکن ہم ہتھیار کبھی نہیں ڈالیں گے.' ڈنکرک 1940 کے بعد ہاؤس آف کامنز میں تقریر-

' انسانی تنازعہ کے میدان میں کبھی ایسا نہ تھا کہ بہت کم کی خاطر بہت سوں کے لیے بہت کچھ واجب الادا تھا'، 1940 میں برطانیہ کی جنگ کے دوران ہاؤس آف کامنز میں خطاب-

- فرانس کے گرنے کے بعد برطانیہ نے ایک بہت بڑے بحری آپریشن میں فرانس سے برطانوی اور فرانسیسی فوجیوں کو نکالنے کا فیصلہ کیا.

- بہت سے سویلین رضاکاروں نے برطانیہ سے تفریحی اور ماہی گیر کشتیوں میں ڈنکرک کے گرد ساحل سے 300,000 سے زیادہ مردوں کو بچانے کے لئے بحریہ کی مدد کی.

- Although many lives and a lot of equipment were lost, the evacuation was a success and meant that Britain was better able to continue the fight against the Germans. The evacuation gave rise to the phrase 'the Dunkirk spirit'.

- From the end of June 1940 until the German invasion of the Soviet Union in June 1941, Britain and the empire stood almost alone against Nazi Germany. Hitler wanted to invade Britain, but before sending in troops, Germany needed to control the air.

- The Germans waged an air campaign against Britain, but the British resisted with their fighter planes and eventually won the crucial aerial Battle against the Germans, called 'the Battle of Britain', in summer of 1940.

- The most important planes used by the Royal Air Force in the Battle of Britain were the Spitfire and the Hurricane, which were designed and built in Britain.

- Despite this crucial victory, the German air force was able to continue bombing London and other British cities at nighttimes. This was called the Blitz.

- Coventry was almost totally destroyed and a great deal of damage was done in other cities, especially in the East End of London. Despite the destruction, there was a strong national spirit of resistance in the UK.

- The phrase 'the Blitz Spirit' is still used today to describe Britons pulling together in the face of adversity.

- اگرچہ بہت سی زندگیاں اور ہتھیار کھو گئے لیکن انخلاء کامیاب رہااور اس کا مطلب تھاکہ برطانیہ جرمنوں کے خلاف جنگ کو جاری رکھنے کے بہتر قابل تھا. انخلاء نے جملے 'ڈنکرک سپرٹ' کو جنم دیا.

- جون1940 کے آخر سے جون 1941 میں سوویت یونین پر جرمن حملے تک، برطانیہ اور سلطنت، نازی جرمنی کے خلاف تقریبا اکیلے کھڑے تھے. ہٹلر برطانیہ پر حملہ کرنا چاہتا تھا، لیکن فوجوں کو بھیجنے سے پہلے، جرمنی کو فضاپر کنٹرول کرنے کی ضرورت تھی.

- جرمنوں نے برطانیہ کے خلاف ایک فضائی مہم شروع کی، لیکن برطانیہ نے اپنے لڑاکا طیاروں کے ساتھ مزاحمت کی اور آخر کار1940 کے موسم گرما میں جرمنوں کے خلاف اہم فضائی جنگ، جسے 'برطانیہ کی جنگ' کہاجاتاہے، جیتی.

- برطانیہ کی جنگ میں شاہی ایئر فورس کی طرف سے استعمال کیے گیے سب سے اہم سپٹ فائر اور ہریکین طیارے تھے جن کو برطانیہ میں ڈیزائن کیااور بنایا گیا تھا.

- اس اہم کامیابی کے باوجود جرمن فضائیہ رات میں لندن اور دیگر برطانوی شہروں پر بمباری جاری رکھنے کے قابل تھی. اسے بلٹز(Blitz) کہاجاتا تھا.

- کوونٹری تقریبا مکمل طور پر تباہ ہو گیا تھا اور دوسرے شہروں خاص طور پر لندن کے ایسٹ اینڈ میں بہت زیادہ نقصان کیا گیا تھا. تباہی کے باوجود برطانیہ میں مزاحمت کا ایک مضبوط قومی جذبہ تھا.

- جملہ 'بلٹز سپرٹ' (Blitz Spirit) آج بھی برطانوی لوگوں کے لیے مصیبت کے وقت مل کر کوشش کرنے کی وضاحت کرنے کے لیے استعمال کیا جاتاہے.

- At the same time as defending Britain, the British military was fighting the Axis in many other fronts. In Singapore, the Japanese defeated the British and then occupied Burma, threatening India.

- The United States entered the war when the Japanese bombed its naval base at Pearl Harbour in December 1941.

- The same year Hitler attempted the largest invasion in history by attacking the Soviet Union. It was a fierce conflict, with huge losses on both sides.

- The allied forces gradually gained the upper hand, winning significant victories in North Africa and Italy.

- German losses in the Soviet Union, combined with the support of the Americans, meant that the allies were eventually strong enough to attack Hitler's forces in Western Europe.

- On 6 June 1944, allied forces landed in Normandy (this event is often referred to as 'D-Day').

- The allies comprehensively defeated Germany in May 1945.

- The war against Japan ended in august 1945 when the United States dropped its newly developed atom bombs on the Japanese cities of Hiroshima and Nagasaki.

- Scientists led by Ernest Rutherford, working at Manchester and then Cambridge University, were the first to 'split the atom' and took part in Manhattan Project in the United States, which developed the atomic bomb. The war was finally over.

- ایک ہی وقت میں برطانیہ کا دفاع کرنے کے ساتھ ساتھ، برطانوی فوجی کئی دوسرے محاذوں میں حلیف طاقتوں سے لڑرہے تھے. سنگاپور میں جاپانیوں نے برطانیہ کو شکست دی اور برما پر قبضہ کیا اور بھارت کو دھمکایا.
- دسمبر 1941 میں جب جاپانیوں نے پرل ہاربر، امریکی بحری اڈے، پر بمباری کی تو امریکہ بھی جنگ میں کود پڑا.
- اسی سال ہٹلر نے سوویت یونین پر تاریخ کے سب سے بڑے حملے کی کوشش کی. یہ ایک شدید تنازعہ تھا جس میں دونوں اطراف کو بھاری نقصانات اٹھانا پڑے.
- اتحادی افواج نے آہستہ آہستہ شمالی افریقہ اور اٹلی میں اہم کامیابیاں حاصل کرکے برتری حاصل کی.
- سوویت یونین میں جرمن نقصانات اور امریکیوں کی حمایت کا مطلب تھا کہ آخرکار اتحادی مغربی یورپ میں ہٹلر کی افواج پر حملہ کرنے کے لئے کافی مضبوط تھے.
- 6 جون 1944 کو اتحادی فوجیں نورمینڈی میں اتریں (اس واقعہ کو اکثر 'ڈی ڈے' (D-Day) کہا جاتا ہے)-
- اتحادیوں نے مئی 1945 میں جرمنی کو ایک جامع شکست دی.
- جاپان کے خلاف جنگ اگست 1945 میں ختم ہوئی جب ریاست ہائے متحدہ امریکہ نے جاپانی شہروں ہیروشیما اور ناگاساکی پر اپنے نئے تیار شدہ ایٹم بم گرائے.
- ارنسٹ ردرفورڈ کی قیادت میں سائینسدانوں نے، جو کہ مانچسٹر اور اس کے بعد کیمبرج یونیورسٹی میں کام کر رہے تھے، سب سے پہلے 'ایٹم تقسیم' کیا اور امریکہ میں مین ہیٹن پروجیکٹ میں حصہ لیا جہاں پر ایٹم بم تیار کیا گیا. آخرکار جنگ ختم ہوگئی-

Alexander Fleming (1881 - 1955)

Born in Scotland, Fleming moved to London as a teenager and later qualified as a doctor.

He was researching influenza (the 'flu') in 1928 when he discovered penicillin.

This was then further developed into a usable drug by the scientists Howard Florey and Ernest Chain.

By the 1940s, it was in mass production.

Fleming won the Nobel Prize in Medicine in 1945.

Penicillin is still used to treat bacterial infections today.

Britain Since 1945

The welfare state

- Although the UK had won the war, the country was exhausted economically and people wanted change.

- In 1945, the British people elected a labour government. The new prime minister was Clement Attlee, who promised to introduce the welfare state outlined in the Beveridge Report.

- In 1948, Aneurin (Nye) Bevan, the minister for health, led the establishment of National Health Service (NHS), which guaranteed a minimum standard of health care for all, free at the point of use.

الیگزینڈر فلیمنگ(1955-1881)

فلیمنگ اسکاٹ لینڈ میں پیدا ہوا، نوجوانی میں لندن منتقل ہوا اور بعد میں ایک ڈاکٹر کے طور پر سند یافتہ ہو گیا.

وہ 1928 میں انفلوئنزا ('فلو') پر تحقیق کر رہا تھا جب اس نے پنسلین دریافت کی.

اس کے بعد اس کو سائینسدانوں ہاورڈ فلورے اور ارنسٹ چین نے ایک قابل استعمال دوا بنایا.

1940 کی دہائی میں اس کی بڑے پیمانے پر پیداوار شروع کر دی گئی.

فلیمنگ نے 1945 میں طب کا نوبل انعام جیتا.

پینسلین آج بھی بیکٹیریا سے لگنے والی بیماریوں کے علاج کے لئے استعمال کی جاتی ہے.

برطانیہ 1945 کے بعد سے

فلاحی ریاست

- اگرچہ برطانیہ نے جنگ جیت لی تھی لیکن ملک اقتصادی لحاظ سے ختم ہو گیا اور لوگ تبدیلی چاہتے تھے.
- 1945 میں برطانوی لوگوں نے لیبر حکومت منتخب کی. نیا وزیر اعظم کلیمنٹ ایٹلی تھا جس نے بیورج رپورٹ میں بیان کردہ فلاحی ریاست کو متعارف کرانے کا وعدہ کیا.
- 1948 میں اینورن (نیئی) بیون، وزیر صحت، نے نیشنل ہیلتھ سروس (این ایچ ایس) کے قیام کی قیادت کی، جس نے سب کے لئے صحت کی دیکھ بھال کے کم از کم معیار کی ضمانت دی، جو موقع پر مفت فراہم کی جا سکے .

- A national system of benefits was also introduced to provide 'social security', so that the population would be protected from the 'cradle to the grave'.

- The government took into public ownership (nationalised) the railways, coalmines and gas, water and electricity supplies.

- Another aspect of change was self-government for former colonies.

- In 1947, independence was granted to nine countries including India, Pakistan, Ceylon (now Sri Lanka).

- Other colonies in Africa, the Caribbean and the Pacific achieved independence over the next 20 years.

- The UK developed its own atomic bomb and joined the new North Atlantic Treaty Organisation (NATO), an alliance of nations set up to resist the perceived threat of invasion by the Soviet Union and its allies.

- Britain had a Conservative government from 1951 to 1964.

- The 1950s were a period of economic recovery after the war and increasing prosperity for working people.

- The prime minister of the day, Harold Macmillan, was famous for his 'wind of change' speech about decolonisation and independence for the countries of the empire.

- بینیفٹس (بخششوں) کا ایک قومی نظام بھی 'سوشل سیکورٹی' فراہم کرنے کے لئے پیش کیا گیا تا کہ آبادی کو 'گود سے گور تک' محفوظ کیا جا سکے.
- حکومت نے ریلوے، کوئلے کی کانیں اور گیس، پانی اور بجلی کی فراہمی کو عوامی ملکیت میں لے لیا (قومیالیا).
- تبدیلی کا ایک اور پہلو سابق کالونیوں کے لئے ان کی اپنی حکومت تھی.
- 1947 میں بھارت، پاکستان، سیلون (اب سری لنکا) سمیت نو ممالک کو آزادی دی گئی.
- افریقہ، کیریبین اور پیسیفک میں دیگر کالونیوں نے اگلے 20 سالوں میں آزادی حاصل کی.
- برطانیہ نے اپنا جوہری بم تیار کیا اور نئی نارتھ اٹلانٹک ٹریٹی آرگنایزیشن (نیٹو)، سوویت یونین اور اس کے اتحادیوں کی طرف سے حملے کے مبینہ خطرے کے خلاف مزاحمت کے لئے قائم اقوام کے اتحاد، میں شمولیت اختیار کی.
- برطانیہ میں 1951 سے 1964 کے لئے ایک کنزرویٹو حکومت تھی.
- 1950 کی دہائی، جنگ کے بعد اقتصادی بحالی اور کام کرنے والے لوگوں کے لئے بڑھتی ہوئی خوشحالی کا دور تھا.
- اس وقت کا وزیر اعظم ہیرالڈ میکملن، کالونیاں ختم کرنے اور سلطنت کے ممالک کے لئے آزادی کے بارے میں اپنی تقریر 'تبدیلی کی ہوا' کے لئے مشہور تھا.

Clement Attlee (1883 - 1967)

Clement Attlee was born in London in 1883.

His father was a solicitor and, after studying at Oxford University, Attlee became a barrister.

He gave this up to do social work in east London and eventually became a labour MP.

He was Winston Churchill's Deputy Prime Minister in the wartime coalition government and became prime minister after the labour party won the 1945 election.

He was prime minister from 1945 to 1951 and led the labour party for 20 years.

Attlee's government undertook the nationalisation of major industries (like coal and steel), created the National Health Service and implemented many of Beveridge's plans for a stronger welfare state. Attlee also introduced measures to improve the conditions of workers.

کلیمنٹ ایٹلی (1883 - 1967)

کلیمنٹ ایٹلی 1883 میں لندن میں پیدا ہوا.

اس کے والد ایک وکیل تھے، اور آکسفورڈ یونیورسٹی سے تعلیم حاصل کرنے کے بعد، ایٹلی ایک بیرسٹر بن گیا.

اس نے ایسٹ لندن میں سماجی کام کرنے کے لیے یہ پیشہ چھوڑ دیا اور آخر میں پارلیمنٹ کا ایک لیبر ایم پی بن گیا.

وہ جنگ کے زمانے میں بننے والی مخلوط حکومت میں ونسٹن چرچل کا نائب وزیر اعظم تھا اور جب لیبر پارٹی نے 1945 کے انتخابات جیتے تو وہ وزیر اعظم بن گیا.

وہ 1945 سے 1951 تک وزیر اعظم تھا اور اس نے 20 سال تک لیبر پارٹی کی قیادت کی-

ایٹلی کی حکومت نے بڑی صنعتوں (کوئلہ اور سٹیل جیسی) کو قومیا لیا، نیشنل ہیلتھ سروس بنائی اور ایک مضبوط فلاحی ریاست کے لئے بیورتج کے بہت سے منصوبوں پر عملدرآمد کیا. ایٹلی نے کارکنوں کے حالات کو بھی بہتر بنانے کے لئے اقدامات متعارف کرائے-

William Beveridge (1879 - 1963)

William Beveridge (later Lord Beveridge) was a British economist and social reformer.

He served briefly as a Liberal MP and was subsequently the leader of the Liberals in the House of Lords but is best known for the 1942 report Social Insurance and Allied Services (known as Beveridge Report).

The report was commissioned by the wartime government in 1941.

It recommended that the government should find ways of fighting the five 'Giant Evils' of Want, Disease, Ignorance, Squalor and Idleness and provided the basis of the modern welfare state.

RA Butler (1902 - 82)

Richard Austen Butler (later lord Butler) was born in 1902.

He became a Conservative MP in 1923 and held several positions before becoming responsible for education in 1941.

In this role, he oversaw the introduction of Education Act 1944 (often called 'The Butler act'), which introduced free secondary education in England and Wales.

The education system has changed significantly since the Act was introduced, but the division between primary and secondary schools that it enforced still remains in most areas of Britain.

ولیم بیوریج (1879 - 1963)

ولیم بیوریج،(جنکو بعد میں لارڈ بیوریج کہا گیا) ، ایک برطانوی ماہر اقتصادیات اور سماجی مصلح تھے.

انہوں نے کچھ عرصہ لبرل رہنما کے طور پر خدمات سرانجام دیں اور اس کے بعد ہاؤس آف لارڈز میں لبرل رہنماؤں کے لیڈر رہے تھے لیکن ان کا سب سے بہترین تعارف 1942 کی رپورٹ "سوشل انشورنس اور الائیڈ سروسز"(جو بیوریج رپورٹ کے نام سے جانی جاتی ہے) ہے.

رپورٹ 1941 میں جنگ کے زمانے کی حکومت کی طرف سے سندیافتہ تھی.

اس نے جدید فلاحی ریاست کی بنیاد فراہم کی اور کہا کہ حکومت کو چاہیے کہ پانچ "بڑی برائیوں" قلّت ، بیماری، جہالت، بدکرداری اور بیکاری کے خلاف جنگ کے طریقے تلاش کرے.

آر۔ اے بٹلر (1902-82)

رچرڈ آسٹن بٹلر (بعد میں لارڈ بٹلر کہلائے) 1902 میں پیدا ہوئے.

وہ1923 میں ایک کنزرویٹیو رکن پارلیمنٹ بنے اور 1941 میں (محکمہ) تعلیم کے لئے ذمہ دار بننے سے پہلے کئی عہدوں پر تعینات رہے.

اس کردار میں انہوں نے تعلیم ایکٹ 1944 (جسے اکثر 'بٹلر ایکٹ' کہا جاتا ہے) کو متعارف کرانے کی نگرانی کی، جس نے انگلینڈ اور ویلز میں مفت ثانوی تعلیم متعارف کرائی.

ایکٹ کے پیش ہونے کے بعد سے تعلیمی نظام نمایاں طور پر تبدیل ہو چکا ہے، لیکن اس نے بنیادی اور ثانوی اسکولوں کے درمیان جو تقسیم نافذ کی وہ آج بھی برطانیہ کے بہت سے علاقوں میں موجود ہے.

Dylan Thomas (1914-53)

Dylan Thomas was a Welsh poet and writer.

He often read and performed his work in public, including for the BBC.

His most well known works include the radio play *Under Milk Wood*, first performed after his death in 1954, and the poem *Do Not Go Gentle into That Good Night*, which he wrote for his dying father in 1952.

He died at the age of 39 in New York. There are several memorials to him in his birthplace, Swansea, including a statue and the Dylan Thomas Centre.

Migration in post-war Britain

- Rebuilding Britain after the Second World War was a huge task. There were labour shortages and the British government encouraged workers from Ireland and other parts of Europe to come to the UK and help with the reconstruction.

- In 1948, people from West Indies were also invited to come and work.

- During the 1950s, there was still a shortage of labour in the UK. Further immigration was therefore encouraged for economic reasons, and many industries advertised for workers from overseas.

ڈائلن تھامس (1914-53)

ڈائلن تھامس ایک ویلش شاعر اور مصنف تھا.

وہ اکثر اپنی تحریریں عوام میں پڑھتا اور ان پر (اپنی تحریروں پر) اداکاری کرتا، اور بی بی سی کیلیے بھی (پڑھتا اور اداکاری کرتا) .

اس کے سب سے مشہور کاموں میں اس کا ریڈیو ڈرامہ "انڈر ملک وُڈ "جو سب سے پہلے 1954 میں اس کی موت کے بعد پیش کیا گیا، اور نظم " ڈونٹ گو جنٹل انٹو دیٹ گڈ نائٹ " جو اس نے 1952 میں اپنے مرتے ہوئے والد کے لئے لکھی، شامل ہیں.

اس کا نیویارک میں 39 سال کی عمر میں انتقال ہو گیا. اس کے لیے کئی یادگاریں اس کی جائے پیدائش

جنگ کے بعد برطانیہ میں نقل مکانی

- دوسری عالمی جنگ کے بعد برطانیہ کی تعمیر نو ایک بہت بڑا کام تھا. مزدوروں کی قلت تھی اور برطانوی حکومت نے آئرلینڈ اور یورپ کے دوسرے حصوں سے برطانیہ آنے اور تعمیر نو میں مدد کرنے کے لیے کارکنان کی حوصلہ افزائی کی.

- 1948 میں ویسٹ انڈیز سے بھی لوگوں کو آنے اور کام کرنے کے لئے مدعو کیا گیا.

- 1950 کی دہائی میں بھی برطانیہ میں مزدوروں کی کمی تھی. چناچہ اقتصادی وجوہات کی بنا پر مزید امیگریشن کی حوصلہ افزائی کی گئی اور کئی صنعتوں نے بیرون ملک سے کارکنوں کے لئے اشتہار دیے.

- For example, centres were set up in West Indies to recruit people to drive buses. Textile and engineering firms from the north of England and the midlands sent agents to India and Pakistan to find workers.

- For about 25 years, people from West Indies, India, Pakistan and (later) Bangladesh travelled to work and settle in Britain.

Social change in the 1960s

- The decade of the 1960s was a period of significant social change. It was known as 'the swinging sixties'.

- There was growth in British fashion, cinema and popular music. Two well-known pop music groups at that time were The Beatles and The Rolling stones. It was also a time when social laws were liberalised, for example in relation to divorce and to abortion in England, Wales and Scotland.

- The position of women in the workplace also improved. It was quite common at the time for employers to ask women to leave their jobs when they got married, but parliament passed new laws giving women the right to equal pay and made it illegal for employers to discriminate against women because of their gender.

- The 1960s was also a time of technological progress. Britain and France developed the world's only supersonic commercial airliner, Concorde.

- New styles of architecture, including high-rise buildings and the use of concrete and steel, became common.

- مثال کے طور پر، بسیں چلانے کے لیے لوگوں کو بھرتی کرنے کے لیے ویسٹ انڈیز میں مراکز قائم کیے گئے. انگلینڈ کے شمال اور مڈلینڈز سے ٹیکسٹائل اور انجینئرنگ فرموں نے کارکن تلاش کرنے کے لئے ایجنٹوں کو بھارت اور پاکستان بھیجا.

- تقریباً 25 سال لوگ ویسٹ انڈیز، بھارت، پاکستان اور (بعد میں) بنگلہ دیش سے برطانیہ میں رہنے اور کام کرنے کے لئے آتے رہے.

1960 کی دہائی میں سماجی تبدیلی

- 1960 کی دہائی اہم سماجی تبدیلی کا دور تھا. یہ دور' داسوئنگنگ سکسٹیز' کے طور پر جانا جاتا تھا.

- برطانیہ نے فیشن، سنیما اور پاپ موسیقی میں ترقی کی تھی. اس وقت دو معروف پاپ موسیقی کے گروپوں بیٹلز اور رولنگ سٹون تھے. یہ وہ وقت تھا جب سماجی قوانین کو مزید آزاد خیال بنایا گیا، مثال کے طور پر انگلینڈ، ویلز اور سکاٹ لینڈ میں طلاق اور اسقاط حمل کے قوانین.

- کام کی جگہ پر خواتین کی پوزیشن بھی بہتر ہوئی. اس وقت بہت عام تھا کہ جب خواتین شادی کرتیں تو مالکین خواتین سے ملازمت چھوڑنے کے لئے کہتے، لیکن پارلیمنٹ میں خواتین کو برابر تنخواہ کا حق دینے کے لیے نیا قانون منظور کیا گیا اور اسے غیر قانونی قرار دیا گیا کہ مالکین خواتین سے ان کی جنس کے حوالے سے امتیازی سلوک روا رکھیں.

- 1960 کی دہائی تکنیکی پیش رفت کا بھی ایک دور تھا. برطانیہ اور فرانس نے دنیا کے واحد، آواز سے زیادہ تیز چلنے والے کاروباری (مسافر) طیارے، کونکارڈ تیار کیے.

- فن تعمیر کے نئے سٹائل عام بن گئے جن میں بلند و بالا عمارتوں کی تعمیر اور کنکریٹ اور سٹیل کا استعمال شامل ہے.

- The number of people migrating from West Indies, India, Pakistan and what is now Bangladesh, fell in the late 1960s because the government passed new laws to restrict immigration to Britain.

- Immigrants were required to have a strong connection to Britain through birth or ancestry.

- Even so, during the early 1970s, Britain admitted 28,000 people of Indian origin who had been forced to leave Uganda.

Some great British inventions of the 20th century

Britain has given the world some wonderful inventions. Examples from the 20th century include:

The television was developed by Scotsman John Logie Baird (1888 - 1946) in the 1920s. In 1932 he made the first television broadcast between London and Glasgow.

Radar was developed by Scotsman Sir Robert Watson-Watt (1892 - 1973), who proposed that enemy aircraft could be detected by radio waves. The first successful radar test took place in 1935.

Working with radar led Sir Bernard Lovell (1913 - 2012) to make new discoveries in astronomy. The Radio telescope he built at **Jodrell Bank** in Cheshire was for many years the biggest in the world and continues to operate today.

A Turing Machine is a theoretical mathematical device invented by Alan Turing (1912 - 1954), a British mathematician, in the 1930s. The theory was influential in the development of computer science and modern day computer.

- ویسٹ انڈیز، بھارت، پاکستان اور آج کے بنگلہ دیش سے منتقل ہونے والے افراد کی تعداد 1960 کے آخر میں کم ہو گئی کیونکہ حکومت برطانیہ نے امیگریشن کو محدود کرنے کے لئے نئے قوانین منظور کیے۔

- مہاجرین کے لیے اب برطانیہ سے اپنی پیدائش یا نسب کے ذریعے ایک مضبوط تعلق ثابت کرنا لازمی ہو گیا۔

- اس کے باوجود 1970 کی دہائی کے اوائل میں برطانیہ نے بھارتی نسب کے 28000 لوگوں کو داخلے کی اجازت دی جنھیں یوگنڈا چھوڑنے پر مجبور کیا گیا تھا۔

بیسویں صدی کی کچھ عظیم برطانوی ایجادات

برطانیہ نے دنیا کو کچھ حیرت انگیز ایجادات دی ہیں۔ مندرجہ ذیل بیسویں صدی کی مثالوں میں شامل ہیں:

ٹیلی ویژن 1920 کی دہائی میں سکاٹس باشندے جان لوگی بیرڈ (1946-1888) نے بنایا تھا۔ 1932 میں اس نے لندن اور گلاسگو کے درمیان پہلی ٹی وی نشریات کیں۔

ریڈار سکاٹش باشندے، سر رابرٹ واٹسن واٹ (1973-1892) نے بنایا تھا، جس نے تجویز پیش کی کہ دشمن جہاز کا ریڈیو لہروں کی مدد سے پتہ لگایا جاسکتا ہے۔ پہلا کامیاب ریڈار ٹیسٹ 1935 میں کیا گیا۔

ریڈار پر کیے گئے کام نے سر برنارڈ لاول (2012-1913) کو علم فلکیات میں نئے انکشافات کرنے کے لیے رہنمائی کی۔ اس نے چیشائر کے **جودرل بینک** میں جو ریڈیو دوربین بنائی وہ کئی سالوں تک دنیا کی سب سے بڑی دوربین تھی اور آج بھی کام کر رہی ہے۔

ٹیورنگ مشین ایک نظریاتی حساب کا آلہ ہے جسے 1930 میں ایک برطانوی ریاضی دان، ایلن ٹیورنگ (1954-1912) نے ایجاد کیا۔ اس کا نظریہ کمپیوٹر سائنس اور جدید کمپیوٹر کی ترقی میں بااثر تھا۔

The Scottish physician and researcher John Macleod (1876 – 1935) was the co-discoverer of **Insulin,** used to treat diabetes.

The **Jet Engine** was developed in Britain in the 1930s by Sir Frank Whittle (1907 -96), a British Royal air force engineer officer.

Sir Christopher Cockerell (1910 -99), a British inventor, invented **hovercraft** in the 1950s.

Britain and France developed **Concorde,** the world's only supersonic passenger aircraft. It first flew in 1969 and began carrying passengers in 1976. Concorde was retired from service in 2003.

The **Harrier** Jump Jet, an aircraft capable of taking off vertically, was also designed and developed in the UK.

In the 1960s, James Goodfellow (1937 -) invented the cash dispensing ATM (automatic teller machine) or 'cashpoint'. The first of these was put into use by Barclays Bank in Enfield, north London in 1967.

IVF (In-vitro fertilisation) therapy for the treatment of infertility was pioneered in Britain by physiologist Sir Robert Edwards (1925 -) and gynaecologist Patrick Steptoe (1913 – 88). The world's first 'test tube baby' was born in Oldham, Lancashire in 1978.

In 1996, two British scientists, Sir Ian Wilmot (1944-) and Keith Campbell (1954-2012), led a team, which was the first to succeed in **cloning** a mammal, Dolly the sheep. This has led to further research into possible use of cloning to preserve endangered species and for medical purposes.

اسکاٹش معالج اور محقق جان میکلوڈ (1876-1935) ذیابیطس کے علاج کے لیے استعمال ہونے والی انسولین کی دریافت میں شریک تھا.

جیٹ انجن برطانیہ میں سر فرینک ویٹل (96- 1907) ،ایک برطانوی شاہی فضائیہ کے انجینئر افسر، نے 1930 کی دہائی میں تیار کیا.

سر کرسٹوفر کاکرل (99-1910) ،ایک برطانوی موجد، نے 1950 کی دہائی میں **ہوور کرافٹ** ایجاد کیا.

برطانیہ اور فرانس نے کنکارڈ بنایے، جو کہ دنیا کے واحد آواز کی رفتار سے تیز مسافر طیارے تھے. یہ سب سے پہلے 1969 میں اڑے اور 1976 میں مسافروں کو لے جانا شروع کر دیا .2003 میں کنکارڈ طیاروں کو خدمات سے سبکدوش کر دیا گیا.

ہیریر جمپ جیٹ، عمودی طور پر جانے کے قابل ایک طیارے کی بھی ڈیزائن اور تیاری برطانیہ میں کی گئی.

1960 کی دہائی میں، جیمز گڈ فیلو (- 1937) نے نقد رقم دینے والی مشین، **اے ٹی ایم** (خودکار طریقے سے بتانے والی مشین) یا کیش پوائنٹ ایجاد کی. ان میں سے پہلی مشین 1967 میں اینفیلڈ، شمالی لندن میں بارکلیز بینک میں لگائی گئی.

بانجھ پن کے علاج کے لئے **آئی وی ایف (ان وٹرو فرٹی لائزیشن) تھیراپی** کے لیے سب سے پہلے معالج سر رابرٹ ایڈورڈز (-1925) اور نسوانی امراض کی ماہر پیٹرک سٹپٹو (88 - 1913) نے برطانیہ میں شروعات کی. دنیا کا پہلا 'ٹیسٹ ٹیوب' بچہ 1978 میں اولڈ ھیم، لنکاشائر میں پیدا ہوا.

1996 میں دو برطانوی سائینسدانوں، سر ایان ولموٹ (- 1944) اور کیتھ کیمبل (1954-2012) ، نے ایک ٹیم کی قیادت کی جو کہ ایک بھیڑ کی کلوننگ میں کامیاب ہوئی. اس کی وجہ سے خطرے سے دوچار نسلوں کے تحفظ اور طبی مقاصد کے لئے **کلوننگ** کے ممکنہ استعمال اور مزید تحقیق کی راہیں کھل گئیں .

Sir Peter Mansfield (1933-), a British scientist, is the co-inventor of the **MRI (Magnetic resonance imaging)** scanner. This enables doctors and researchers to obtain exact and non-invasive images of human internal organs and has revolutionised diagnostic medicine.

The inventor of the **World Wide Web,** Sir Tim Berners-Lee (1955-), is British. Information was successfully transferred via the web for the first time on 25 December 1990.

Problems in the economy in the 1970s

- In the late 1970s, the post-war economic boom came to an end. Prices of goods and raw materials began to rise sharply and the exchange rate between the pound and other currencies was unstable. This caused problems with the 'balance of payments': imports of goods were valued at more than the price paid for exports.

- Many industries and services were affected by strikes and this caused problems between the trade unions and the government.

- People began to argue that the unions were too powerful and that their activities were harming the UK.

- The 1970s were also a time of serious unrest in Northern Ireland.

- In 1972, the Northern Ireland parliament was suspended and Northern Ireland was directly ruled by the UK government.

- Some 3000 people lost their lives in the decades after 1969 in the violence in Northern Ireland.

سر پیٹر مینز فیلڈ (- 1933) ، ایک برطانوی سائینسدان، ایم آر آئی سکینر کے شریک موجد ہیں. یہ ڈاکٹروں اور محققین کو اس قابل بناتا ہے کہ انسان کے اندرونی اعضا کے عین مطابق تصاویر حاصل کر سکیں اور اس نے تشخیصی ادویات میں ایک انقلاب برپا کر دیا ہے .

ورلڈ وائڈ ویب (انٹرنیٹ) کے موجد سر ٹم برنرز لی (-1955) ، برطانوی ہیں. 25 دسمبر 1990 کو پہلی بار معلومات کامیابی کے ساتھ ویب کے ذریعے منتقل کی گئیں.

1970 کی دہائی میں معیشت کے مسائل

- 1970 کی دہائی کے آخر میں جنگ کے بعد کا اقتصادی خوشحالی کا دور ختم ہوا. اشیاء اور خام مال کی قیمتوں میں تیزی سے اضافہ شروع ہوا، اس وقت پاؤنڈ اور دیگر کرنسیوں کے درمیان تبادلے کی شرح غیر مستحکم تھی. 'ادائیگیوں کے توازن' میں اس کی وجہ سے مسائل پیدا ہو گئے: اشیا کی برآمد سے حاصل قیمت سے زیادہ رقم درآمدات پر خرچ کرنا پڑتی.

- بہت سی انڈسٹریز اور سروسز ہڑتالوں سے متاثر ہوئیں اور اس کی وجہ سے ٹریڈ یونینوں اور حکومت کے درمیان مسائل پیدا ہو گئے.
- لوگوں نے بحث شروع کر دی کہ انجمنیں بہت طاقتور ہیں اور ان کی سرگرمیاں برطانیہ کو نقصان پہنچا رہی ہیں.
- 1970 نادرن آئرلینڈ میں بھی شدید بے چینی کا دور تھا.
- 1972 میں نادرن آئرلینڈ کی پارلیمنٹ کو معطل کیا گیا اور نادرن آئرلینڈ براہ راست برطانیہ کے زیرِ تسلط آ گیا.
- نادرن آئرلینڈ میں تقریباً3000لوگ1969 کے بعد کی دہائیوں میں تشدد کے واقعات کی نظر ہو گئے.

Mary Peters (1939 -)

Born in Manchester, Mary Peters moved to Northern Ireland as a child.

She was a talented athlete who won an Olympic gold medal in the pentathlon in 1972.

After this, she raised money for local athletics and became the team manager for the women's British Olympic team.

She continues to promote sport and tourism in Northern Ireland, and was made a Dame of the British Empire in 2000 in recognition of her work.

Europe and the Common Market

- West Germany, France, Belgium, Italy, Luxembourg and the Netherlands formed the European Economic Community (EEC) in 1957.

- At first, the UK did not wish to join the EEC but it eventually did so in 1973.

- The UK is a full member of the European Union but does not use the Euro currency.

Conservative government from 1979 to 1997

- Margaret Thatcher, Britain's first woman prime minister, led the Conservative government from 1979 to 1990.

میری پیٹرز (-1939)

میری پیٹرز مانچسٹر میں پیدا ہوئی اور بچپن ہی میں نادرن آئرلینڈ میں منتقل ہو گئی.

وہ ایک باصلاحیت کھلاڑی تھی جس نے 1972 میں پنٹاتھلون میں ایک اولمپک طلائی تمغہ جیتا.

اس کے بعد اس نے مقامی ایتھلیٹکس کے لئے رقم جمع کی اور خواتین کی برطانوی اولمپک ٹیم کے لیے ٹیم مینیجر بن گئی.

اس نے نادرن آئرلینڈ میں کھیل اور سیاحت کو فروغ دینا جاری رکھا اور اس کے کام کے اعتراف میں 2000 میں اسے سلطنت برطانیہ کی ڈیم بنایا گیا- (بانو- ایک اعزاز جو ملکہ کی طرف سے خصوصی پرفارمنس پر چیدہ چیدہ لوگوں کو دیا جاتا ہے).

یورپ اور مشترکہ مارکیٹ

- مغربی جرمنی، فرانس، بیلجیم، اٹلی، لکسمبرگ اور نیدرلینڈ نے 1957 میں یورپی اکنامک کمیونٹی (ای ای سی) کی بنیاد رکھی.
- پہلے پہل برطانیہ ای ای سی میں شامل نہیں ہونا چاہتا تھا لیکن بالآخر 1973 میں نے اس نے ایسا کیا.
- برطانیہ یورپی یونین کا مکمل رکن ہے لیکن یورو کرنسی استعمال نہیں کرتا-

1979 سے 1997 تک کنزرویٹو حکومت

- مارگریٹ تھیچر برطانیہ کی پہلی خاتون وزیراعظم نے 1979 سے 1990 تک کنزرویٹو حکومت کی قیادت کی.

- The government made structural changes to the economy through privatisation of nationalised industries and imposed legal controls on trade union powers.

- Deregulation saw a great increase in the role of the city of London as an international centre for investments, insurance and other financial services. Traditional industries, such as shipbuilding and coal mining declined.

- In 1982, Argentina invaded the Falkland Islands, a British overseas territory in South Atlantic. A naval taskforce was sent from the UK and military action led to the recovery of islands.

- John Major was prime minister after Mrs Thatcher, and helped establish the Northern Ireland peace process.

Margaret Thatcher (1925-)

Margaret Thatcher was the daughter of a grocer from Grantham in Lincolnshire.

She trained as a chemist and lawyer.

She was elected as a Conservative MP in 1959 and became a cabinet minister in 1970 as the secretary of state for education and science.

In 1975, she was elected as the leader of the Conservative party and so became the leader of the opposition.

Following the Conservative victory in the general election in 1979, Margaret Thatcher became the first woman prime minister of the UK. She was the longest serving prime minister of the 20th century, remaining in office until 1990.

- حکومت نے قومی صنعتوں کی نجکاری اور ٹریڈ یونینز کی قوتوں پر قانونی کنٹرول عائد کر کے معیشت میں ساختی تبدیلیاں کیں.
- نجکاری کی وجہ سے سرمایہ کاری، انشورنس اور دیگر مالیاتی خدمات کے لئے ایک بین الاقوامی مرکز کے طور پر لندن شہر کے کردار میں ایک عظیم اضافہ دیکھا گیا. روایتی صنعتوں جیسا کہ بحری جہاز سازی اور کوئلے کی کان کنی میں کمی آگئی.
- 1982 میں ارجنٹائن نے جزائر فاک لینڈ، جنوبی بحر اوقیانوس میں ایک برطانوی سمندر پار علاقے، پر حملہ کر دیا. برطانیہ سے ایک بحری فوج کو بھیجا گیا اور فوجی کارروائی سے جزائر کو دوبارہ حاصل کر لیا گیا.
- مسز تھیچر کے بعد جان میجر وزیر اعظم بنے اور نادرن آئر لینڈ میں امن قائم کرنے میں مدد دی-

مارگریٹ تھیچر (-1925)

مارگریٹ تھیچر لنکن شائر میں گرانتھم کے ایک پنساری کی بیٹی تھی.

انہوں نے ایک کیمسٹ اور وکیل کے طور پر تربیت حاصل کی.

وہ 1959 میں ایک کنزرویٹیو رکن پارلیمنٹ کے طور پر منتخب ہوئیں اور تعلیم اور سائنس کے لئے ریاست کے سیکرٹری کے طور پر 1970 میں وزیرِ کابینہ بن گئیں.

1975 میں وہ کنزرویٹو پارٹی کے رہنما کے طور پر منتخب ہوئیں اور یوں اپوزیشن لیڈر بن گئیں.

1970 میں عام انتخابات میں کنزرویٹوز کی فتح کے بعد مارگریٹ تھیچر برطانیہ کی پہلی خاتون وزیر اعظم بن گئیں. 1990 تک عہدہ میں رہ کر وہ موجود بیسویں صدی کی سب سے طویل مدت کی وزیر اعظم تھیں.

During her premiership, there were a number of important economic reforms within the UK.

She worked closely with the United States President, Ronald Reagan, and was one of the first western leaders to recognise and welcome changes in the leadership of Soviet Union, which eventually led to the end of the Cold war.

Roald Dahl (1916 - 90)

Roald Dahl was born in Wales to Norwegian parents.

He served in the Royal Air force during the Second World War.

It was during the 1940s that he began to publish books and short stories.

He is most well known for his children's books, although he also wrote for adults.

His best-known works include *Charlie and the Chocolate Factory* and *George's Marvellous Medicine*.

Several of his books have been made into films.

Labour government from 1997 to 2010

- In 1997, the Labour party led by Tony Blair was elected.

- The Blair government introduced a Scottish parliament and a Welsh Assembly.

ان کی وزارت عظمی کے دوران، برطانیہ میں ایک بڑی تعداد میں اہم اقتصادی اصلاحات کی گئیں.

انہوں نے ریاست ہائے متحدہ امریکہ کے صدر رونالڈ ریگن کے ساتھ مل کر کام کیا اور ان پہلے مغربی رہنماؤں میں سے ایک تھی جنہوں نے سوویت یونین کی قیادت میں تبدیلی کو تسلیم اور استقبال کیا جس کی وجہ سے سرد جنگ کا بھی خاتمہ ہوا.

روالڈ ڈاہل (90 - 1916)

روالڈ ڈاہل نارویجین والدین کے گھر ویلز میں پیدا ہوا.

اس نے دوسری جنگ عظیم کے دوران شاہی ہوائی فوج میں خدمات سرانجام دیں.

1940 کی دہائی کے دوران اس نے کتابیں اور مختصر کہانیاں شائع کرنا شروع کر دیں.

اگرچہ اس نے بالغوں کے لیے بھی لکھا ہے، لیکن وہ زیادہ تر اپنی بچوں کی کتابوں کے لئے جانا جاتا ہے.

اس کے سب سے مشہور کاموں میں "چارلی اور چاکلیٹ فیکٹری" اور "جارجز مارولس میڈسن (جارج کی انوکھی دوائی)" شامل ہیں.

اس کی کئی کتابوں پر فلمیں بنائی گئی ہیں.

1997 سے 2010 تک لیبر حکومت

- 1997 میں ٹونی بلیئر کی قیادت میں لیبر پارٹی منتخب ہوئی.
- بلیئر حکومت نے ایک سکاٹش پارلیمنٹ اور ویلش اسمبلی متعارف کرائی.

- The Scottish parliament has substantial powers to legislate.

- The Welsh assembly was given fewer legislative powers but considerable control over public services.

- In Northern Ireland, the Blair government was able to build on the peace process, resulting in the Good Friday Agreement signed in 1998.

- The Northern Ireland assembly was elected in 1999 but suspended in 2002. It was not reinstated until 2007.

- Gordon brown took over as prime minister in 2007.

Conflicts in Afghanistan and Iraq

- Throughout the 1990s, Britain played a leading role in coalition forces involved in the liberation of Kuwait, following the Iraqi invasion in 1990, and the conflict in the Former Republic of Yugoslavia.

- Since 2000, British armed forces have been engaged in the global fight against international terrorism and against the proliferation of weapons of mass destruction, including operations in Afghanistan and Iraq.

- British combat troops left Iraq in 2009.

- The UK now operates in Afghanistan as part of the United Nations (UN) mandated 50-nation International Security Assistance Force (ISAF) coalition and at the invitation of the Afghan government.

- سکاٹش پارلیمنٹ قانون سازی کے لئے کافی طاقتور ہے.
- ویلش اسمبلی کو قانون سازی کے کم اختیارات دیے گیے لیکن عوامی خدمات کا کافی زیادہ کنٹرول دیا گیا.
- نادرن آئرلینڈ میں بلیئر حکومت امن کی کوششیں زیادہ کرنے میں کامیاب ہوئی جس کے نتیجے میں 1998 میں گڈ فرائڈے اگریمنٹ پر دستخط کیے گئے.
- نادرن آئرلینڈ اسمبلی1999 میں منتخب ہوئی لیکن2002 میں معطل کر دی گئی. اسے 2007 تک بحال نہیں کیا گیا تھا.
- گورڈن براؤن2007 میں وزیر اعظم بنے-

افغانستان اور عراق میں تنازعات

- 1990 میں عراقی حملے کے بعد کویت کی آزادی کے لیے، 1990 کے پورے عشرے میں اور بعد میں سابق جمہوریہ یوگوسلاویہ کے تنازعہ میں، برطانیہ نے اتحادی افواج میں ایک اہم کردار ادا کیا-
- 2000 سے برطانوی مسلح افواج افغانستان اور عراق میں آپریشن سمیت بین الاقوامی دہشت گردی کے خلاف عالمی جنگ اور وسیع تباہی کے ہتھیاروں کے پھیلاؤ کے خلاف برسرپیکار ہیں.
- برطانوی افواج نے2009 میں عراق چھوڑ دیا.
- برطانیہ اب اقوام متحدہ(یواین) کے 50 مختار قومی انٹرنیشنل سیکورٹی اسسٹینس فورس (ایساف) اتحاد میں اور افغان حکومت کی دعوت پر افغانستان میں کام کر رہا ہے.

- ISAF is working to ensure that Afghan territory can never again be used as a safe haven for international terrorism, where groups such as Al Qaida could plan attacks on the international community.

- As part of this, ISAF is building up Afghan National Security Forces and is helping to create a secure environment in which governance and development can be extended.

- International forces are gradually handing over responsibility for security to the Afghans, who will have full security responsibility in all provinces by the end of 2014.

Coalition government 2010 onwards

- In May 2010, and for the first time in the UK since February 1974, no political party won an overall majority in the general election.

- The Conservative and Liberal Democrat parties formed a coalition and the leader of the Conservative party, David Cameron, became Prime minister.

- ایساف اس بات کو یقینی بنانے کے لئے کام کر رہا ہے کہ افغان سر زمین کو دوبارہ بین الاقوامی دہشت گردی کے لئے ایک محفوظ پناہ گاہ کے طور پر استعمال نہ کیا جا سکے جہاں القاعدہ کی طرح کے گروہ بین الاقوامی برادری پر حملوں کی منصوبہ بندی کر سکتے ہیں.

- اس کے ایک جزو کے طور پر ایساف، افغان نیشنل سیکورٹی فورسز بنا رہا ہے اور ایک محفوظ ماحول پیدا کرنے کے لئے مدد کر رہا ہے جس میں نظم وضبط اور ترقی میں توسیع کی جا سکے.

- بین الاقوامی فورسز آہستہ آہستہ سیکورٹی کی ذمہ داری افغانیوں کے حوالے کر رہے ہیں جو کہ 2014 کے آخر تک تمام صوبوں میں سیکورٹی کی مکمل ذمہ داری حاصل کر لیں گے.

اتحادی حکومت 2010 کے بعد

- مئی 2010 میں، اور فروری 1974 کے بعد برطانیہ میں پہلی بار، کوئی سیاسی جماعت عام انتخابات میں مجموعی اکثریت سے نہیں جیت سکی.

- کنزرویٹو اور لبرل ڈیموکریٹ جماعتوں نے ایک اتحاد بنایا اور کنزرویٹو پارٹی کے ڈیوڈ کیمرون وزیر اعظم بنے.

Chapter 3:

Practice Questions

1.   **What were the first people to live in Britain?**

        A   Merchants
        B   Farmers
        C   Industrialists
        D   Hunter-gatherers

2.   **Britain became permanently separated from the Continent, by the Channel, how long ago?**

        A   100 years ago
        B   1000 years ago
        C   10,000 years ago
        D   Million years ago

3.   **Where did the ancestors of the first ever farmers in Britain come from?**

        A   Scotland
        B   Ireland
        C   Europe
        D   Asia

4.   **What is Stonehenge?**

        A   A process of cutting big stones
        B   A famous British actor
        C   An old monument in Wiltshire
        D   A cook book

5.   **Which period was called Stone Age?**

        A   1000 years ago
        B   6000 years ago
        C   10,000 years ago
        D   Million years ago

6.   When did Romans leave Britain?

      A   210 AD
      B   410 AD
      C   1000 AD
      D   2000 AD

7.   Which tribes invaded Britain after Romans? Mark TWO correct answers.

      A   Jutes
      B   Arabs
      C   Angles & Saxons
      D   Americans

8.   When were the Anglo-Saxon kingdoms established in Britain?

      A   210 AD
      B   410 AD
      C   600 AD
      D   55 BC

9.   Who was the patron saint of Ireland?

      A   St Patrick
      B   St Columbia
      C   St Augustine
      D   St George

10.   Where did St Columbia found his monastery?

      A   Columbia
      B   Scotland
      C   England
      D   Ireland

11.   What is the period from Norman conquest to 1485 called?

       A   Iron Age
       B   Bronze Age
       C   Middle Ages
       D   War Age

****

12.   When did Scottish, led by Robert the Bruce, defeat English?

       A   1284
       B   1314
       C   1450
       D   1200

****

13.   When was Scotland conquered by English?

       A   1285
       B   1914
       C   1889
       D   Never

****

14.   In which year did Scots join England in an Act of Union?

       A   1828
       B   1707
       C   1642
       D   1727

****

15.   Which English King defeated French at the end of the Hundred Years' War in 1415?

       A   King Charles I
       B   King Edward I
       C   King James II
       D   King Henry V

16. In which year was there Black Death in England?

       A   1428
       B   1524
       C   1345
       D   1348

17. Which areas of Britain were affected by Black death?

       A   England, Scotland & Wales
       B   England & Wales Only
       C   England & Scotland
       D   Scotland & Wales

18. Which king was forced to sign Magna Carta or the Greater Charter?

       A   William the Conqueror
       B   King Edward I
       C   King James II
       D   King John

19. What did Magna Carta establish?

       A   That king was a Godly Figure
       B   That even the king was subject to law
       C   That slavery should be abolished
       D   That poor have equal rights

20. In the Middle Ages, who sat in House of Lords? Mark TWO answers.

       A   Nobility
       B   Soldiers
       C   Bishops
       D   Traders

21. Henry VIII's daughter Queen Mary, was a devout catholic and persecuted protestants and was called which of these?

   A   Catholic Mary
   B   Virgin Mary
   C   Bloody Mary
   D   Rosy Mary

22. After Queen Mary, who re-established the Church of England as official Church in England?

   A   Queen Elizabeth I
   B   Queen Victoria
   C   Queen Elizabeth II
   D   Charles I

23. In 1588, under Elizabeth I's rule, English got defeated by Spanish armada. Is this statement true or false?

   A   True
   B   False

24. Where was Mary, the queen of Scots executed?

   A   Edinburgh
   B   Glasgow
   C   England
   D   France

25. Who was the founder of England's naval tradition?

   A   Winston Churchill
   B   Margaret Thatcher
   C   Sir Francis Drake
   D   Graham Bell

26. Which of these kings was interested in science?

    A   King Charles I
    B   King Edward I
    C   King James II
    D   King Charles II

27. Sir Edmund Halley successfully predicted the return of the comet, now called which of these?

    A   Edmund's Comet
    B   Return of the Comet
    C   Halley's Comet
    D   Periodic Comet

28. What were the supporters of the Catholic King James II called?

    A   Jamnites
    B   Jacobites
    C   Protestants
    D   Puritans

29. When was the press freed and news papers allowed to operate without a government licence?

    A   1998
    B   1695
    C   1914
    D   55BC

30. When did the first Jews arrive in Britain?

    A   55BC
    B   210AD
    C   1914
    D   1656

31.   Queen Victoria, became queen in 1837 and ruled UK for
       how many years?
       A   14
       B   20
       C   64
       D   100

32.   The Crimean War was fought against which of these
       countries?

       A   Turkey
       B   France
       C   Russia
       D   America

33.   In late 19th century, women demonstrated for their
       rights to vote. What were these women called?

       A   Suffragettes
       B   Rebellions
       C   Puritan
       D   Enthusiasts

34.   British Empire continued to grow until which year?

       A   2001
       B   1850
       C   1902
       D   1920

35.   When did the First World War start?

       A   1914
       B   1980
       C   1947
       D   1800

36.   When did the First World War end?

        A   1914
        B   1918
        C   1947
        D   1980

****

37.   In which year did British government promise Home Rule for Ireland?

        A   1913
        B   1916
        C   1921
        D   1922

****

38.   When did Ireland become two countries?

        A   1922
        B   1850
        C   1947
        D   2002

****

39.   When did BBC start its radio broadcasts?

        A   1922
        B   1850
        C   1947
        D   2002

****

40.   Who was the British Prime Minister during the 2nd World War?

        A   William of Orange
        B   Tony Blair
        C   Margaret Thatcher
        D   Winston Churchill

41.   When did the United States drop its atom bombs on the Japanese cities of Hiroshima and Nagasaki?

       A   1980
       B   2003
       C   1945
       D   1947

42.   What does NHS stand for?

       A   National Health Security
       B   National Health Server
       C   National Health Service
       D   National Health Scheme

43.   Nine countries including Pakistan & India were granted independence from Britain in which year?

       A   1850
       B   1875
       C   1945
       D   1947

44.   When did European Economic Community come into being?

       A   1914
       B   1945
       C   1957
       D   1970

45.   When did British Armed Forces leave Iraq?

       A   2012
       B   2011
       C   2009
       D   2004

46.   Who was Emmeline Pankhurst?

A   A women's right activist
B   A poetess
C   A Scientist
D   Writer of Harry Potter

****

47.   Who were Suffragettes?

A   Women who took part in First World War
B   Women campaigning for rights of women
C   Women workers in factories
D   Women members of parliament

****

48.   Who developed the Jet Engine?

A   Sir Tim Berners-Lee
B   Sir Robert Walpole
C   Sir Robert Edwards
D   Sir Frank Whittle

****

49.   Which of these athletes won an Olympic gold medal in the pentathlon in 1972?

A   Mo Farah
B   Bradley Wiggins
C   Mary Peters
D   Jessica Ennis

****

50.   In which year was Margaret Thatcher elected as the leader of the Conservative party?

      A   1925

      B   1959

      C   1970

      D   1975

****

51.   Who was the longest serving prime minister of the 20th century?

      A   Tony Blair

      B   Margaret Thatcher

      C   Winston Churchill

      D   Clement Attlee

****

Q.#	Answer	Reference	
		Chapter	Page #
1	D	A long & illustrious history	p. 15
2	C	A long & illustrious history	p. 15
3	C	A long & illustrious history	p. 15
4	C	A long & illustrious history	p. 15
5	C	A long & illustrious history	p. 15
6	B	A long & illustrious history	p. 17
7	A & C	A long & illustrious history	p. 17
8	C	A long & illustrious history	p. 17
9	A	A long & illustrious history	p. 18
10	B	A long & illustrious history	p. 19
11	C	A long & illustrious history	p. 21
12	B	A long & illustrious history	p. 21
13	D	A long & illustrious history	p. 21
14	B	A long & illustrious history	p. 21
15	D	A long & illustrious history	p. 21
16	D	A long & illustrious history	p. 22
17	A	A long & illustrious history	p. 22
18	D	A long & illustrious history	p. 22
19	B	A long & illustrious history	p. 22
20	A & C	A long & illustrious history	p. 23
21	C	A long & illustrious history	p. 28
22	A	A long & illustrious history	p. 29
23	B	A long & illustrious history	p. 29
24	C	A long & illustrious history	p. 29
25	C	A long & illustrious history	p. 29
26	D	A long & illustrious history	p. 35
27	C	A long & illustrious history	p. 35

Q.#	Answer	Reference	
		Chapter	Page #
28	B	A long & illustrious history	p. 36
29	B	A long & illustrious history	p. 38
30	D	A long & illustrious history	p. 38
31	C	A long & illustrious history	p. 47
32	C	A long & illustrious history	p. 49
33	A	A long & illustrious history	p. 50-51
34	D	A long & illustrious history	p. 51
35	A	A long & illustrious history	p. 54
36	B	A long & illustrious history	p. 55
37	A	A long & illustrious history	p. 55
38	A	A long & illustrious history	p. 55
39	A	A long & illustrious history	p. 56
40	D	A long & illustrious history	p. 56
41	C	A long & illustrious history	p. 59
42	C	A long & illustrious history	p. 60
43	D	A long & illustrious history	p. 61
44	C	A long & illustrious history	p. 66
45	C	A long & illustrious history	p. 68
46	A	A long & illustrious history	p. 51-Box
47	B	A long & illustrious history	p. 51-Box
48	D	A long & illustrious history	p. 65-Box
49	C	A long & illustrious history	p. 66-Box
50	D	A long & illustrious history	p. 67-Box
51	B	A long & illustrious history	p. 67-Box

Please note that the page numbers in last column are from Official book and are written here fc your peace of mind that all information and question answers are from official book. Thanks.

Chapter 4:

A Modern Thriving Society

THE UK TODAY

- The UK today is a more diverse society than it was 100 years ago, in both ethnic and religious terms.

- Post-war immigration means that nearly 10% of the population has a parent or grandparent born outside the UK.

- The UK continues to be a multinational and multiracial society with a rich and varied culture.

The nations of the UK

- The UK is located in the north west of Europe.

- The longest distance on the mainland is from John O'Groats on the north coast of Scotland to Land's End in the south-west corner of England. It is about 870 miles (approximately 1,400 kilometres).

- Most people live in towns and cities but much of Britain is still countryside.

- Many people continue to visit the countryside for holidays and for leisure activities such as walking, camping and fishing.

UK Currency

- The currency in the UK is pound sterling (symbol £). There are 100 pence in a pound. The Denominations (values) of Currency are:

    - coins: 1p, 2p, 5p, 10p, 20p, 50p, £1 and £2

    - notes: £5, £10, £20, £50.

آج کا برطانیہ

- برطانیہ آج نسلی اور مذہبی اصطلاحات دونوں میں،100 سال پہلے کے مقابلے میں ایک زیادہ متنوع معاشرہ ہے.
- جنگ کے بعد کی امیگریشن کا مطلب ہے کہ آبادی کے تقریبا10 فیصد کے والدین یا دادادادی میں سے ایک برطانیہ سے باہر پیدا ہوا.
- برطانیہ نے ایک امیر اور متنوع ثقافت کے ساتھ ایک کثیر القومی اور کثیر النسلی معاشرہ ہونا جاری رکھا.

برطانیہ کی قومیں

- برطانیہ یورپ کے شمال مغرب میں واقع ہے.
- یوکے مینلینڈ (یعنی علاقہ جو انگلینڈ، اسکاٹ لینڈ اور ویلز پر مشتمل ہے) پر سب سے طویل فاصلہ اسکاٹ لینڈ کے شمالی ساحل پر جان اوگروٹس سے انگلینڈ کے جنوب مغربی کونے میں لینڈز اینڈ تک ہے. یہ تقریباً870 میل (تقریباً1400 کلو میٹر) ہے.
- زیادہ تر لوگ شہروں اور قصبوں میں رہتے ہیں لیکن برطانیہ کی بیشتر آبادی اب بھی دیہی علاقوں میں ہے.
- بہت سے لوگ چھٹیوں اور تفریحی سرگرمیوں مثلاً گھومنا، کیمپنگ اور ماہی گیری کے لئے دیہی علاقوں کا دورہ کرتے ہیں.

برطانوی کرنسی

- برطانیہ میں کرنسی پاؤنڈ سٹرلنگ (علامت £) ہے. ایک پونڈ میں 100 پینس ہیں. کرنسی کی اقدار یہ ہیں:

سکے : 1 پی ، 2 پی ، 10 پی ، 20 پی ، 50 پی ، 1 £، 2 £

نوٹ : 5 £، 10 £، 20 £، 50 £

- Northern Ireland and Scotland have their own banknotes, which are valid everywhere in the UK. However, shops and businesses do not have to accept them.

Languages and dialects

- There are many variations in language in the different parts of the UK.

- The English language has many accents and dialects.

- In Wales, many people speak Welsh - a completely different language from English - and it is taught in schools and universities.

- In Scotland, Gaelic (again, a different language) is spoken in some parts of the Highlands and Islands, and in Northern Ireland some people speak Irish Gaelic.

- نادرن آئرلینڈ اور اسکاٹ لینڈ کے اپنے بینک کے نوٹ ہیں جو بر طانیہ میں ہر جگہ چلتے ہیں. تاہم، دکانوں اور کاروباری اداروں پر ان کو قبول کرنے کی پابندی نہیں ہے.

زبانیں اور لہجے

- بر طانیہ کے مختلف حصوں میں زبان کی بہت سی مختلف حالتیں (یا اقسام) ہیں.

- انگریزی زبان کے بہت سے تلفظ اور لہجے ہیں.

- ویلز میں بہت سے لوگ ویلش بولتے ہیں جو کہ انگریزی سے ایک مکمل طور پر مختلف قسم کی زبان ہے اور اسکولوں اور یونیورسٹیوں میں پڑھائی جاتی ہے.

- اسکاٹ لینڈ میں گیلک (ایک اور مختلف زبان) ہائی لینڈز اور آئی لینڈز کے کچھ حصوں میں بولی جاتی ہے، اور نادرن آئرلینڈ میں کچھ لوگ آئرش گیلک بولتے ہیں.

Population

- The table below shows how the population of the UK has changed over time.

Population growth in the UK	
Year	Population
1600	Just over 4 million
1700	5 million
1801	8 million
1851	20 million
1901	40 million
1951	50 million
1998	57 million
2005	Just under 60 million
2010	Just over 62 million

Source: National Statistics

- Migration into the UK and longer life expectancy have played a part in population growth.

آبادی

- مندرجہ ذیل ٹیبل ظاہر کرتا ہے کہ کس طرح برطانیہ کی آبادی وقت کے ساتھ ساتھ بڑھی.

برطانیہ میں آبادی میں اضافہ	
سال	آبادی
1600	صرف 4 ملین سے کچھ زیادہ
1700	5 ملین
1801	8 ملین
1851	20 ملین
1901	40 ملین
1951	50 ملین
1998	57 ملین
2005	60 ملین سے کچھ کم
2010	62 ملین سے کچھ زیادہ
ماخذ: قومی اعداد و شمار	

- برطانیہ کی طرف نقل مکانی اور طویل متوقع زندگی نے آبادی میں اضافے کے لیے کردار ادا کیا ہے.

Distribition of population in the UK

England	84%
Scotland	8%
Wales	5%
Northern Ireland	Less than 3%

An ageing population

- People in the UK are living longer than ever before. This is due to improved living standards and better health care.

- There are now a record number of people aged 85 and over. This has an impact on the cost of pensions and health care.

Ethnic diversity

- The UK population is ethnically diverse and changing rapidly, especially in large cities such as London. There are people in the UK with ethnic origins from all over the world.

- In surveys, the most common ethnic description chosen is white, which includes people of European, Australian, Canadian, New Zealand and American descent. Other significant groups are those of Asian, black and mixed descent.

یو کے کی آبادی کا تناسب

انگلینڈ	84 فیصد
ویلز	8 فیصد
سکاٹ لینڈ	5 فیصد
نادرن آئرلینڈ	3 فیصد سے کم

ایک بڑھتی ہوئی عمر والی آبادی

- برطانیہ میں لوگوں کی عمر اب پہلے سے کہیں زیادہ ہے. یہ بہتر معیار زندگی اور بہتر صحت کی دیکھ بھال کی وجہ سے ہے.
- اس وقت 85 سال سے زیادہ عمر کے لوگوں کی ایک ریکارڈ تعداد موجود ہے. یہ پنشن اور صحت کے دیکھ بھال کے خرچ پر بھی اثر انداز ہوتی ہے.

نسلی تنوع

- برطانیہ کی آبادی نسلی طور پر متنوع ہے اور تیزی سے بدل رہی ہے خاص طور پر لندن کی طرح کے بڑے شہروں میں. برطانیہ میں دنیا بھر سے نسلی ماخذ کے لوگ ہیں.
- سروے میں، سب سے زیادہ عام سفید نسل ہے، جس میں یورپی، آسٹریلین، کینیڈین، نیوزی لینڈ اور امریکہ کے لوگ بھی شامل ہیں. دیگر اہم گروپوں میں ایشیائی، سیاہ اور مخلوط نسل لوگ شامل ہیں.

An equal society

- Within the UK, it is a legal requirement that men and women should not be discriminated against because of their gender or because they are, or are not, married.

- They have equal rights to work own property, marry and divorce. If they are married, both parents equally responsible for their children.

- Women in Britain today make up about half of the workforce.

- On average, girls leave school with better qualifications than boys.
- More women than men study at university.

- Employment opportunities for women are much greater than they were in the past.

- Women work in all sectors of the economy, and there are now more women in high-level positions than ever before, including senior managers in traditionally male-dominated occupations.

- Alongside this, men now work in more varied jobs than they did in the past.

- It is no longer expected that women should stay at home and not work.

- Women often continue to work after having children. In many families today, both partners work and both share responsibility for childcare and household chores.

برابری کا معاشرہ

- برطانیہ میں قانونی طور پر مردوں اور عورتوں کو ان کی جنس یا وہ شادی شدہ ہیں یا نہیں کی بنیاد پر امتیازی سلوک کا حقدار نہیں ٹھہرایا جا سکتا.

- انہیں کام کرنے، جائیداد رکھنے، شادی کرنے اور طلاق کے برابر حقوق حاصل ہیں. اگر شادی شدہ ہیں تو دونوں والدین یکساں طور پر اپنے بچوں کے لئے ذمہ دار ہیں.

- خواتین آج برطانیہ کی نصف افرادی قوت ہیں.

- اوسطاً لڑکیاں لڑکوں کی نسبت بہتر اہلیت کے ساتھ اسکول چھوڑتی ہیں.

- یونیورسٹی میں مردوں سے زائد خواتین پڑھتی ہیں.

- خواتین کے لئے روزگار کے مواقع ماضی کے مقابلے میں بہت زیادہ ہیں.

- خواتین معیشت کے تمام شعبوں میں کام کرتی ہیں اور روایتی طور پر جن پیشوں میں مردوں کا غلبہ تھا وہاں اب سینئر منیجرز سمیت، اعلیٰ سطحی عہدوں پر پہلے سے کہیں زیادہ خواتین ہیں.

- اس کے ساتھ ساتھ مرد بھی اب ماضی کے مقابلے میں زیادہ مختلف طرز کی ملازمتوں پر کام کرتے ہیں.

- اب یہ امید نہیں کی جاتی کہ عورتوں کو گھر پر رہنا چاہیے اور کام نہیں کرنا چاہیے.

- خواتین اکثر بچے پیدا کرنے کے بعد کام جاری رکھتی ہیں. آج کل بہت سے خاندانوں میں دونوں فریق کام کرتے ہیں اور بچوں کی نگہداشت اور گھر کے کام کے لئے دونوں ذمہ داریاں تقسیم کرتے ہیں.

Religion

- The UK is historically a Christian country.

- In the 2009 Citizenship Survey, 70% of people identified themselves as Christian. Much smaller proportions identified themselves as Muslim (4%), Hindu (2%), Sikh (1%), Jewish or Buddhist (both less than 0.5%), and 2% of people followed another religion.

- There are religious buildings for other religions all over the UK. This includes Islamic mosques, Hindu temples, Jewish synagogues, Sikh gurdwaras and Buddhist temples.

- However, everyone has the legal right to choose their religion or to choose not to practise a religion.

- In the Citizenship Survey, 21% of people said that they had no religion.

Christian churches

- In England, there is a constitutional link between Church and state.

- The official Church of the state is the Church of England (Called the Anglican Church in other countries and the Episcopal Church in Scotland and the United States).

- It is a Protestant Church and has existed since the Reformation in the 1530s.

مذہب

- برطانیہ تاریخی طور پر ایک عیسائی ملک ہے.

- 2009 کے شہریت سروے میں لوگوں میں سے 70 فیصد نے خود کو عیسائی ظاہر کیا. بہت چھوٹے تناسب نے مسلمان 4 فیصد، ہندو 2 فیصد، سکھ 1 فیصد ، یہودی یا بدھ مت (دونوں 0.5 فیصد سے کم) کے طور پر اپنی شناخت دی جبکہ 2 فیصد لوگوں نے کہا کہ وہ کسی اور مذہب کی پیروی کرتے ہیں.

- برطانیہ بھر میں دیگر مذاہب کے لئے مذہبی عمارتیں موجود ہیں. یہ اسلامی مساجد، مندروں، یہودی عبادت خانوں، سکھ گردواروں اور بدھ مندروں پر مشتمل ہیں.

- تاہم، ہر کسی کو قانونی حق حاصل ہے کہ اپنا مذہب منتخب کرے، یا کسی بھی مذہب پر عمل نہ کرنے کا انتخاب کرے.
- شہریت سروے میں لوگوں کے 21 فیصد کا کوئی مذہب نہیں تھا.

عیسائی گرجا گھر

- انگلینڈ میں، چرچ اور ریاست کے درمیان ایک آئینی تعلق ہے-

- ریاست کا سرکاری چرچ، چرچ آف انگلینڈ ہے (دیگر ممالک میں اینگلیکن چرچ اور اسکاٹ لینڈ اور ریاستہائے متحدہ امریکہ میں اپی سکوپل چرچ کہا جاتا ہے).

- یہ ایک پروٹیسٹنٹ چرچ ہے اور 1530 کی دہائی میں اصلاحات کے وقت سے موجود ہے.

- The monarch is the head of the Church of England.

- The spiritual leader of the Church of England is the Archbishop of Canterbury.

- The monarch has the right to select the Archbishop and other senior church officials, but usually the choice is made by the Prime Minister and a committee appointed by the Church.

- Several Church of England bishops sit in the House of Lords.

- In Scotland, the national Church is the Church of Scotland, which is a Presbyterian Church. It is governed by ministers and elders.

- The chairperson of the General Assembly of the Church of Scotland is the Moderator, who is appointed for one year only and often speaks on behalf of that Church.

- There is no established Church in Wales or Northern Ireland.

- Other Protestant Christian groups in the UK are Baptists, Methodists, Presbyterians and Quakers.

- There are also other denominations of Christianity, the biggest of which is Roman Catholic.

Patron saints' days

- England, Scotland, Wales and Northern Ireland each have a national saint, called a patron saint. Each saint has a special day:

- بادشاہ چرچ آف انگلینڈ کے سربراہ ہیں.
- چرچ آف انگلینڈ کے روحانی رہنما کینٹربری کے آرچ بشپ ہیں.
- بادشاہ کو آرچ بشپ اور دیگر چرچ کے سینئر حکام کو منتخب کرنے کا حق ہے، لیکن عام طور پر انتخاب وزیر اعظم اور چرچ کی طرف سے مقرر کردہ ایک کمیٹی کی طرف سے کیا جاتا ہے.
- چرچ آف انگلینڈ کے کئی بشپ ہاؤس آف لارڈز میں بیٹھتے ہیں.
- اسکاٹ لینڈ میں قومی چرچ، اسکاٹ لینڈ کا چرچ ہے جو کہ ایک پرسبائی ٹیرین چرچ ہے. اسے وزراء اور عمائدین کنٹرول کرتے ہیں.
- اسکاٹ لینڈ کے چرچ کی جنرل اسمبلی کا چیئرپرسن ماڈریٹر کہلاتا ہے جو صرف ایک سال کے لئے مقرر کیا جاتا ہے اور اکثر چرچ کی جانب سے بات کرتا ہے.
- ویلز یا نادرن آئرلینڈ میں کوئی معین چرچ نہیں ہے.
- برطانیہ میں دیگر پروٹیسٹنٹ عیسائی گروپوں میں بیپٹسٹ، میتھادسٹ، پرسبائی ٹیرین اور کویکرز ہیں.
- عیسائیت کے دیگر فرقے بھی ہیں جن میں سب سے بڑا رومن کیتھولک ہے.

پیٹرن (سرپرست) سینٹ کا دن

- انگلینڈ، اسکاٹ لینڈ، ویلز اور نادرن آئرلینڈ ہر ایک کا ایک قومی سینٹ ہے جسے پیٹرن (سرپرست) سینٹ کہا جاتا ہے. ہر سینٹ کا ایک خاص دن ہے:

Patron saints' days	
St. David's day, Wales	1 March
St. Patrick's day, Northern Ireland	17 March
St. George's day, England	23 April
St. Andrew's day, Scotland	30 November

- Only Scotland and Northern Ireland have their Patron saint's day as an official holiday (although in Scotland not all businesses and offices will close).

- Events are held across Scotland, Northern Ireland and the rest of the country, especially where there are lot of people of Scottish, Northern Irish and Irish heritage.

- While the patron saints' days are no longer public holidays in England and Wales, they are still celebrated. Parades and small festivals are held all over the two countries.

Customs and traditions

The main Christian festivals

- **Christmas Day**, 25 December, celebrates the birth of Jesus Christ. It is a public holiday.

پیٹرن (سرپرست) سینٹ کا دن

سینٹ ڈیوڈ کا دن، ویلز	یکم مارچ
سینٹ پیٹرک کا دن، نادرن آئرلینڈ	17 مارچ
سینٹ جورجز کا دن، انگلینڈ	23اپریل
سینٹ اینڈریو کا دن، سکاٹلینڈ	30نومبر

- صرف اسکاٹ لینڈ اور نادرن آئرلینڈ میں سرپرست سینٹ کا دن سرکاری چھٹی کا دن ہے (اگرچہ اسکاٹ لینڈ میں تمام کاروباری ادارے اور دفاتر بند نہیں ہوتے).
- اسکاٹ لینڈ، نادرن آئرلینڈ اور باقی ملک بھر میں، خاص طور پر سکاٹش، شمالی آئرش اور آئرش عوام کے ورثے والی جگہوں پر تقریبات منعقد کی جاتی ہیں.
- اگرچہ سرپرست سینٹ کے دن انگلینڈ اور ویلز میں عوامی تعطیلات نہیں ہیں لیکن پھر بھی انہیں منایا جاتا ہے. پریڈ اور چھوٹے تہوار دونوں ممالک بھر میں منعقد ہوتے ہیں.

رسوم و رواجات

اہم عیسائی تہوار

- کرسمس کے دن، 25 دسمبر کو، یسوع مسیح کی پیدائش کا جشن منایا جاتا ہے. یہ ایک عام تعطیل ہے.

- Many Christians go to church on Christmas Eve (24 December) or on Christmas Day itself.

- Christmas is celebrated in a traditional way. People usually spend the day at home and eat a special meal, which often includes roast Turkey, Christmas pudding and mince pies. They give gifts, send Cards and decorate their houses.

- Christmas is a special time for children. Very young Children believe that Father Christmas (also Known as Santa Claus) brings them presents during the night before Christmas Day.

- Many people decorate a tree in their home.

- **Boxing Day** is the day after Christmas Day and is a public holiday

- **Easter** takes place in March or April. It marks the death of Jesus Christ on Good Friday and his rising from the dead on Easter Sunday.

- Both Good Friday and the following Monday, called Easter Monday, are public holidays.

- The 40 days before Easter are known as Lent. It is a time when Christians take time to reflect and prepare for Easter.

- Traditionally, people would fast during this period and today many people will give something up, like a favourite food.

- The day before Lent starts is called Shrove Tuesday, or Pancake Day.

- بہت سے عیسائی کرسمس کی شام (24 دسمبر) یا کرسمس کے دن چرچ میں جاتے ہیں.

- کرسمس ایک روایتی انداز میں منایا جاتا ہے. لوگ عام طور پر دن گھروں پر بسر کرتے ہیں اور اکثر خاص کھانے کھاتے ہیں جن میں عام طور پر روسٹ ٹرکی، کرسمس پڈنگ اور قیمے کی کچوریاں شامل ہوتے ہیں. وہ تحفے دیتے ہیں، کارڈ بھیجتے ہیں اور گھروں کو سجاتے ہیں.

- کرسمس بچوں کے لئے ایک اہم دن ہے. بہت چھوٹے بچے سمجھتے ہیں کہ فادر کرسمس (جسے سانتا کلاز کے طور پر بھی جانا جاتا ہے) ان کے لئے کرسمس کے دن سے پہلے رات کے دوران تحائف لاتا ہے.

- بہت سے لوگ اپنے گھر میں ایک درخت سجاتے ہیں.

- **باکسنگ ڈے** کرسمس کے دن کے بعد آتا ہے اور ایک عام تعطیل ہے۔

- **ایسٹر** مارچ یا اپریل میں ہوتا ہے. یہ گڈ فرائڈے کے روز یسوع مسیح کی وفات اور ان کے ایسٹر سنڈے کو جی اٹھنے سے متعلق ہے.

- گڈ فرائڈے اور اس کے بعد کا پیر کا دن جو کہ ایسٹر منڈے کہلاتا ہے، دونوں عوامی تعطیلات ہیں.

- ایسٹر سے پہلے 40 دن لینٹ کہلاتے ہیں. اس دوران عیسائی اپنے عقائد کا تجزیہ اور ایسٹر کے لئے تیاری کرتے ہیں.

- روایتی طور پر، اس مدت میں لوگ روزے رکھتے تھے اور آجکل کچھ تیاگ دیتے ہیں مثلاً کوئی ایک پسندیدہ کھانا.

- لینٹ شروع ہونے سے پہلے کا دن شروو (Shrove) منگل، یا پین کیک کا دن کہلاتا ہے.

- People eat pancakes, which were traditionally made to use up foods such as eggs, fat and milk before fasting.

- Lent begins on Ash Wednesday. There are church services where Christians are marked with an ash cross on their forehead as a symbol of death and sorrow for sin.

- Easter is also celebrated by people who are not religious. 'Easter eggs' are chocolate eggs often given as presents at Easter as a symbol of new life.

Other religious festivals

- **Diwali** normally falls in October or November and lasts for five days. It is often called the Festival of Lights. It is celebrated by Hindus and Sikhs. It celebrates the victory of good over evil and the gaining of knowledge. There is a famous celebration of Diwali in Leicester.

- **Hannukah** is in November or December and is celebrated for eight days. It is to remember the Jews' struggle for religious freedom. On each day of the festival a candle is lit on a stand of eight candles (called a menorah) to remember the story of the festival, where oil that should have lasted only a day did so for eight.

- **Eid al-Fitr** celebrates the end of Ramadan, when Muslims have fasted for a month. They thank Allah for giving them the strength to complete the fast. The date when it takes place changes every year. Muslims attend special services and meals.

- لوگ پین کیک کھاتے ہیں جو روایتی طور پر روزوں سے پہلے انڈے، چربی اور دودھ جیسی کھانے کی چیزوں کو استعمال کرنے کے لئے بنایے جاتے تھے.
- لینٹ ایش ویڈنسڈے (بدھ) کو شروع ہوتا ہے. چرچ میں عبادات ہوتی ہیں جن میں عیسائیوں کی پیشانیوں پر، موت اور گناہوں پر دکھ کی ایک علامت کے طور پر، راکھ سے ایک کراس کا نشان بنایا جاتا ہے.
- ایسٹر وہ لوگ بھی مناتے ہیں جو مذہبی نہیں ہیں. 'ایسٹر ایگز' اکثر نئی زندگی کی علامت کے طور پر ایسٹر میں تحفے کے طور پر دیے جانے والے چاکلیٹ کے انڈے ہیں.

دیگر مذہبی تہوار

- **دیوالی** عام طور پر اکتوبر یا نومبر میں آتی ہے اور پانچ دن کے لئے رہتی ہے. اسے اکثر روشنیوں کا تہوار بھی کہا جاتا ہے. یہ ہندوؤں اور سکھوں کی طرف سے منائی جاتی ہے. یہ برائی پر اچھائی کی فتح اور علم کے حصول کا جشن ہے. تہوار کے آغاز کے بارے میں مختلف آراء ہیں. لیسٹر میں دیوالی کا ایک مشہور جشن ہوتا ہے.
- **ہنوکا** نومبر یا دسمبر میں آتا ہے اور آٹھ دن کے لئے منایا جاتا ہے. یہ مذہبی آزادی کے لئے یہودیوں کی جدوجہد کو یاد کرتا ہے. تہوار کے ہر دن ایک موم بتی، آٹھ موم بتیوں والے ایک سٹینڈ (جسے menorah کہا جاتا ہے) پر اس تہوار کی کہانی یاد کرنے کے لئے روشن کی جاتی ہے جس میں تیل جو ایک دن میں ختم ہو جانا چاہئیے تھا آٹھ دن تک جلتا رہا-
- **عید الفطر** رمضان کے اختتام پر منایا جانے والا جشن ہے جو مسلمان ایک مہینے کے روزے رکھنے کے بعد مناتے ہیں. وہ ان کا روزہ مکمل کرنے کے لئے طاقت دینے پر اللہ کا شکر ہے. اس کی تاریخ ہر سال بدلتی ہے. مسلمان خصوصی عبادات کرتے اور کھانے کھاتے ہیں.

- **Eid ul Adha** remembers that the prophet Ibrahim was willing to sacrifice his son when God ordered him to. It reminds Muslims of their own commitment to God. Many Muslims sacrifice an animal to eat during this festival. In Britain, this has to be done in a slaughterhouse.

- **Vaisakhi** (also spelled Baisakhi) is a Sikh festival, which celebrates the founding of the Sikh community known as the Khalsa. It is celebrated on 14 April each year with parades, dancing and singing.

Other festivals and traditions

- New Year, 1 January, is a public holiday. People usually celebrate on the night of 31 December (called New Year's Eve).

- In Scotland, 31 December is called Hogmanay and 2 January is also a public holiday. For some Scottish people, Hogmanay is a bigger holiday than Christmas.

- **Valentine's Day,** 14 February, is when lovers exchange cards and gifts.

- **April Fool's Day,** 1 April, is a day when people play jokes on each other until midday.

- **Mothering Sunday** (or Mother's Day) is the Sunday three weeks before Easter. Children send cards or buy gifts for their mothers.

- **Father's Day** is the third Sunday in June. Children send cards or by gifts for their fathers.

- **عید الاضحی** یاد دلاتی ہے کہ کیسے حضرت ابراہیم علیہ سلام اللہ کے حکم سے اپنے بیٹے کو قربان کرنے کو تیّار ہو گئے . یہ مسلمانوں کو اللہ کے لئے ان کے عزم کی یاد دلاتی ہے. بہت سے مسلمان اس تہوار کے دوران کھانے کے لئے ایک جانور کی قربانی دیتے ہیں. برطانیہ میں یہ قربانی ایک مذبح خانے میں کی جاتی ہے.
- **ویساکھی** [جسے بیساکھی بھی کہا جاتا ہے] ایک سکھ تہوار ہے جو کہ سکھ برادری، جسے خالصہ کہا جاتا ہے کے قیام کے لیے منایا جاتا ہے. یہ رقص، ناچ گانے اور پریڈ کے ساتھ ہر سال 14 اپریل کو منایا جاتا ہے.

دیگر تہوار اور روایات

- نیا سال، 1 جنوری، ایک عوامی چھٹی کا دن ہے. لوگ عام طور پر 31 دسمبر کی رات (نئے سال کی شام بھی کہا جاتا ہے) جشن مناتے ہیں.
- اسکاٹ لینڈ میں، 31 دسمبر ہاگ مینے کہلاتا ہے اور 2 جنوری بھی ایک عوامی چھٹی کا دن ہے. کچھ سکاٹش لوگوں کے لئے، ہاگ مینے کرسمس سے بھی بڑا تہوار ہے.
- **ویلنٹائن ڈے**، 14 فروری، محبت کرنے والوں کے لیے کارڈز اور تحائف کے تبادلے کا دن ہے.
- **اپریل فول کا دن**، 1 اپریل کو لوگ دوپہر تک ایک دوسرے سے مذاق کرتے ہیں.
- **مدرنگ سنڈے** (یا مدرز ڈے) ایسٹر سے تین ہفتے پہلے اتوار کو ہے. بچے ماؤں کو کارڈ بھیجتے ہیں یا اپنی ماؤں کے لئے تحفے خریدتے ہیں.
- **فادرز ڈے** جون میں تیسرا اتوار ہے. بچے اپنے باپوں کے لئے تحفے خریدتے ہیں یا کارڈ بھیجتے ہیں-

- **Halloween,** 31 October, is an ancient festival and has roots in the pagan festival to mark the beginning of winter. Young people will often dress up in frightening costumes to play 'trick or treat'. People give them treats to stop them playing tricks on them. A lot of people carve lanterns out of pumpkins and put a candle inside.

- **Bonfire Night,** 5 November, is an occasion when people in Great Britain set off fireworks at home or in special displays. The origin of this celebration was an event in 1605, when a group of Catholics led by Guy Fawkes failed in their plan to kill the Protestant king with a bomb in the Houses of Parliament.

- **Remembrance Day,** 11 November, commemorates those who died fighting for the UK and its allies. Originally, it commemorated the dead of the First World War, which ended on 11 November 1918. People wear poppies (the red flower found on the battlefields of the First World War). At 11.00 am there is a two-minute silence and wreaths are laid at the Cenotaph in Whitehall, London.

Bank holidays

- As well as those mentioned previously, there are other public holidays each year called bank holidays, when banks and many other businesses are closed for the day. These are of no religious significance. They are at the beginning of May, in late May or early June, and in August. In Northern Ireland, the anniversary of the Battle of the Boyne in July is also a public holiday.

- **ہیلووین**، 31 اکتوبر، ایک قدیم تہوار ہے اور موسم سرما کے آغاز کی علامت کے طور پر بت پرستوں کے میلے میں اس کی جڑیں ملتی ہیں. بچے اکثر ڈرانے یا تحفہ لینے کی غرض سے خوفناک لباس پہنتے ہیں. لوگ انہیں ان کی شرارتیں روکنے کے لئے تحفے دیتے ہیں. بہت سے لوگ کدو کی لالٹین بناتے ہیں اور اس کے اندر ایک موم بتی رکھ دیتے ہیں.
- **بون فائر نائٹ**، 5 نومبر، ایسا موقع ہے جب برطانیہ میں لوگ گھروں میں یا خصوصی تقریبات میں آتشبازی کرتے ہیں. اس جشن کی اصل 1605 کا ایک واقعہ ہے جب کیتھولک کا ایک گروہ گائے فاکس کی قیادت میں پارلیمنٹ کے ایوانوں میں بم کے ساتھ پروٹیسٹنٹ بادشاہ کو قتل کرنے کے منصوبہ میں ناکام رہا تھا.
- **ریممبرینس ڈے**، 11 نومبر، برطانیہ اور اس کے اتحادیوں کے لئے لڑ مرنے والے لوگوں کی یاد میں منایا جاتا ہے. ابتدا میں یہ 11 نومبر کو ختم ہونے والی پہلی جنگ عظیم میں مرنے والوں کی یاد میں منایا جاتا تھا. لوگ پوپی (سرخ پھول جو پہلی جنگ عظیم کے میدان جنگ میں پایا جاتا ہے) کے پھول پہنتے ہیں. صبح گیارہ بجے دو منٹ کی خاموشی اختیار کی جاتی ہے اور سینوٹاف (Cenotaph) وائٹ ہال، لندن میں پھولوں کے ہار چڑھائے جاتے ہیں.

بینک تعطیلات

- اوپر بیان کی گئی تعطیلات کے ساتھ ساتھ ہر سال دیگر عوامی تعطیلات بھی ہوتی ہیں جن کو بینک ہالیڈیز کہا جاتا ہے اس دن بینک اور دوسرے بہت سے کاروباری ادارے بند ہوتے ہیں. یہ کسی مذہبی اہمیت کی حامل نہیں ہیں. یہ اوائل مئی، آخر مئی یا اوائل جون اور اگست میں ہوتی ہیں. نادرن آئرلینڈ میں، جولائی میں بوئن (Boyne) کی لڑائی کی سالگرہ بھی ایک عام تعطیل ہے.

SPORT

- Many sporting events take place at major stadiums such as Wembley Stadium in London and the Millennium Stadium in Cardiff.

- Local governments and private companies provide sports facilities such as swimming pools, tennis courts, football pitches, dry ski Slopes and gymnasiums.

- Many famous sports, including cricket, football, lawn tennis, golf and rugby, began in Britain.

- The UK has hosted the Olympic Games on three occasions: 1908, 1948 and 2012.

- The main Olympic site for the 2012 Games was in Stratford, East London.

- The British team was very successful, across a wide range of Olympic sports, finishing third in the medal table.

- The Paralympic Games for 2012 were also hosted in London.

- The Paralympics have their origin in the work of Dr Sir Ludwig Guttman, a German refugee, at the Stoke Mandeville Hospital. Buckinghamshire.

- Dr Guttman developed new methods of treatment for people with spinal injuries and encouraged patients to take part in exercise and sport.

کھیل

- بہت سی کھیلوں کی تقریبات بڑے اسٹیڈیم جیسا کہ لندن کے ویمبلی اسٹیڈیم اور کارڈف کے ملینیم اسٹیڈیم میں منعقد ہوتی ہیں.
- مقامی حکومتیں اور نجی کمپنیاں کھیلوں کی سہولیات فراہم کرتی ہیں مثلا سوئمنگ پول، ٹینس کورٹ، فٹ بال پچ، خشک سکینگ ڈھلانیں اور جمنیزیم.
- کرکٹ، فٹ بال، لان ٹینس، گولف اور رگبی سمیت بہت سے مشہور کھیل برطانیہ میں شروع ہوئے.
- برطانیہ نے تین مواقع پر اولمپک کھیلوں کی میزبانی کی ہے: 1908، 1948 اور 2012.
- 2012 کے کھیلوں کے لئے مرکزی اولمپک کی جگہ سٹریٹ فورڈ (Stratford)، مشرقی لندن میں تھی.
- برطانوی ٹیم اولمپک کی بہت سی کھیلوں میں بہت کامیاب رہی اور تمغوں کے اعتبار سے تیسرے درجے پر تھی.
- 2012 کے لئے پیرا اولمپک کھیلوں کی بھی لندن نے میزبانی کی-
- پیرالمپک کھیلوں کی ابتدا اڈاکٹر سر لڈوگ گٹمین کے کام سے ہوئی جو کہ سٹاک مینڈیول ہسپتال بکنگھم شائر میں ایک جرمن پناہ گزین تھا-
- ڈاکٹر گٹ مین ریڑھ کی ہڈی کی چوٹوں والے لوگوں کے لئے علاج کے نیے طریقے بتاتا اور مریضوں کی ورزش اور کھیل میں حصہ لینے کے لیے حوصلہ افزائی کرتا تھا.

Notable British sportsmen and women

Sir Roger Bannister (1929-) was the first man in world to run a mile in under four minutes, in 1954.

Sir Jackie Stewart (1939-) is a Scottish former racing driver who won the Formula 1 world championship three times.

Bobby Moore (1941-93) Captained the England football team that won the World Cup in 1966.

Sir Ian Botham (1955-) captained the England cricket team and holds a number of English Test cricket records, both for batting and for bowling.

Jayne Torvill (1957-) and Christopher Dean (1958-) won I gold medals for ice dancing at the Olympic Games in 1984 and in four consecutive world championships.

Sir Steve Redgrave (1962-) won gold medals in rowing in five consecutive Olympic Games and is one of Britain's greatest Olympians.

Baroness Tanni Grey-Thompson (1969-)   an athlete who uses a wheelchair and won 16 Paralympic medals, including 11 gold medals, in races over five Paralympic Games. She won the London Marathon six times and broke a total of 30 world records.

Dame Kelly Holmes (1970 -) won two gold medals for running in the 2004 Olympic Games. She has held a number of British and European records.

Dame Ellen MacArthur (1976-)is a yachtswoman and in 2004 became the fastest person to sail around the world singlehanded.

قابل ذکر برطانوی مرد اور خواتین کھلاڑی

سر راجر بینسٹر (1929-)، 1954 میں چار منٹ سے کم وقت میں ایک میل دوڑنے والے دنیا میں سب سے پہلے شخص تھے.

سر جیکی سٹیورٹ (1939-)، ایک سکاٹش سابق ریسنگ ڈرائیور ہے جس نے فارمولہ 1 عالمی چیمپئن شپ تین بار جیتی۔

بابی مور (1941-93) 1966 میں انگلینڈ کی فٹ بال ٹیم کے کپتان تھے جب ورلڈ کپ جیتا گیا.

سر ایان بوتھم (1955-) انگلینڈ کرکٹ ٹیم کے کپتان تھے اور انہوں نے انگریزی ٹیسٹ کرکٹ میں بیٹنگ اور بولنگ دونوں کے لئے ریکارڈوں کی ایک بڑی تعداد حاصل کی.

جین ٹورول (1957-) اور کرسٹوفر ڈین (1958-) نے 1984 میں اولمپک کھیلوں میں اور مسلسل چار عالمی چیمپئن شپ میں برف پر رقص کے لیے طلائی تمغے جیتے.

سر سٹیوریڈ گریو (1962-) نے پانچ مسلسل اولمپک کھیلوں میں کشتی رانی کے لیے طلائی تمغے جیتے اور برطانیہ کے سب سے بڑے اولمپین میں سے ایک ہیں.

بیرونس ٹینی گرے-تھامسن (1969-) ویل چیئر استعمال کرنے والی ایک کھلاڑی ہے جس نے پانچ پیرالمپک کھیلوں میں 16 پیرالمپک تمغے جیتے جن میں 11 طلائی تمغے تھے. اس نے لندن میراتھن چھ بار جیتی اور کل 30 عالمی ریکارڈ توڑے.

ڈیم کیلی ہومز (1970-) نے 2004 اولمپک کھیلوں میں دوڑنے کے لئے سونے کے دو تمغے جیتے. اس نے برطانوی اور یورپی ریکارڈوں کی ایک بڑی تعداد بھی اپنے نام کی.

ڈیم ایلن میکآرتھر (1976-) ایک کشتی رانی کرنے والی کھلاڑی ہے جو کہ 2004 میں تنہا دنیا کے گرد چکر لگانے والی تیز ترین انسان بن گئی.

Sir Chris Hoy (1976-) is a Scottish cyclist who has won six gold and one silver Olympic medals. He has also won 11 world championship titles.

David Weir (1979-) is a Paralympian who uses a wheelchair and has won six gold medals over two Paralympic Games. He has also won the London Marathon six times

Bradley Wiggins (1980-) is a cyclist in 2012 he became the first Briton to win the Tour de France. He has won seven Olympic medals, including gold medals in the 2004, 2008 and 2012 Olympic Games.

Mo Farah (1983-) is a British distance runner born in Somalia. He won gold medals in the 2012 Olympics for the 5000 and 10,000 metres and is the first Briton to win the Olympic Gold medal in the 10,000 metres.

Jessica Ennis (1986-) is an athlete. She won the 2012 Olympic gold medal in the heptathlon, which includes seven different track and field events. She also holds a number of British athletics records.

Andy Murray (1987-) is a Scottish tennis player who in 2012 won the men's singles in the US Open. He is the first British man to win a singles title in a Grand Slam tournament since 1936. In the same year, he won Olympic gold and silver medals and was runner-up in the men's singles at Wimbledon.

Ellie Simmonds (1994-) is a Paralympian who won gold medals for swimming at the 2008 and 2012 Paralympic Games and holds a number of world records. She was the youngest member of the British team at the 2008 Games.

سر کرس ہوئے (- 1976) ایک سکاٹش سائیکل چلانے والا کھلاڑی ہے جس نے چھ سونے اور ایک چاندی کا اولمپک میڈل جیتا۔ اس نے 11 عالمی چیمپئن شپ کے مقابلے بھی جیتے ہیں۔

ڈیوڈ ویئر(- 1979) ویل چیئر کا استعمال کرتا ہے اور دو پیر المپک کھیلوں میں چھ طلائی تمغے جیت چکا ہے۔ اس نے لندن میراتھن چھ بار جیتی۔

بریڈلی وگنز (- 1980) ایک سائیکل چلانے والا کھلاڑی ہے وہ 2012 میں ٹور ڈی فرانس جیتنے والا پہلا برطانوی شہری بن گیا۔ اس نے 2004، 2008 اور 2012 کے اولمپک کھیلوں میں طلائی تمغے سمیت سات اولمپک میڈل جیتے۔

مو فرح (-1983) صومالیہ میں پیدا ہونے والا، ایک برطانوی لمبی دوڑ کا کھلاڑی ہے۔ اس نے 2012 اولمپکس میں 5000 اور 10,000 میٹر کی دوڑ میں طلائی تمغے جیتے اور 10,000 میٹر کی دوڑ میں طلائی تمغہ جیتنے والا پہلا برطانوی ہے۔

جیسیکا اینس (- 1986) ایک کھلاڑی ہے۔ اس نے سات مختلف ٹریک والی دوڑ میں 2012 میں اولمپک طلائی تمغہ جیتا۔ برطانوی کھیلوں کے ریکارڈوں کی ایک بڑی تعداد بھی اس کے پاس ہے۔

اینڈی مرے (-1987) ایک سکاٹش ٹینس کھلاڑی ہے جس نے 2012 کے یو ایس اوپن میں مردوں کے سنگلز کو جیتا۔ 1936 کے بعد سے ایک گرینڈ سلیم ٹورنامنٹ میں سنگلز ٹائٹل جیتنے والا وہ پہلا برطانوی آدمی ہے۔ اسی سال میں، اس نے اولمپکس میں سونے اور چاندی کے تمغے جیتے اور ومبلڈن میں مردوں کے سنگلز میں رنر اپ تھا۔

ایلی سمنڈز (- 1994) 2008 اور 2012 پیر المپکس کھیلوں میں تیراکی کے طلائی تمغے جیتنے والی اور عالمی ریکارڈ کی ایک بڑی تعداد حاصل کرنے والی ایک پیر المپین ہے۔ وہ 2008 کی کھیلوں میں برطانوی ٹیم کی سب سے کم عمر رکن تھی۔

Cricket

- Cricket originated in England and is now played in many countries. Games can last up to five days but still result in a draw!

- You may come across expressions such as 'rain stopped play' 'batting on a sticky wicket', 'playing a straight bat', 'bowled a googly' or 'it's just not cricket' which have passed into everyday usage.

- The most famous competition is the Ashes, which is a series of Test matches played between England and Australia.

Football

- Football is the UK's most popular sport. It has a long history in the UK and the first professional football clubs were formed in the late 19th century.

- England, Scotland, Wales and Northern Ireland each have separate leagues in which clubs representing different towns and cities compete.

- The English Premier League attracts a huge international audience.

- Many UK teams also compete in competitions such as the UEFA (Union of European Football Associations) Champion League against other teams from Europe.

کرکٹ

- کرکٹ انگلینڈ میں شروع ہوا اور اب بہت سے ممالک میں کھیلا جاتا ہے کھیل پانچ دن تک جاری رہے سکتے ہیں لیکن اس کے باوجود نتیجہ برابر ہو سکتا ہے!

- آپ کو اس طرح کے فقرے سننے کو مل سکتے ہیں، ' بارش نے کھیل کو روک دیا'، ' ایک چپکتی وکٹ پر بیٹنگ'، ' سیدھا بلا کھیلنا'، ' گوگلی کروانا'، یا ' یہ کرکٹ نہیں ہے' جو کہ روز مرہ کے استعمال میں آتے ہیں.

- سب سے زیادہ مشہور مقابلہ ایشز انگلینڈ اور آسٹریلیا کے درمیان کھیلا جانے والا ٹیسٹ میچوں کا ایک سلسلہ ہے.

فٹ بال

- فٹ بال برطانیہ کی سب سے زیادہ مقبول کھیل ہے. اس کی برطانیہ میں ایک طویل تاریخ ہے اور پہلا پیشہ ورانہ فٹ بال کلب انیسویں صدی کے اواخر میں قائم کیا گیا تھا.

- انگلینڈ، اسکاٹ لینڈ، ویلز اور نادرن آئرلینڈ میں سے ہر ایک کے الگ الگ ٹورنامنٹ ہیں جن میں مختلف شہروں اور قصبوں کے نمائندہ کلبوں کے مقابلے ہوتے ہیں.

- انگریزی پریمیئر لیگ بہت زیادہ بین الا قوامی ناظرین کو اپنی طرف متوجہ کرتے ہیں.

- بہت سی برطانیہ کی ٹیمیں یورپ کی دوسری ٹیموں کے خلاف مقابلوں میں بھی جیسے کہ (UEFA) یونین برائے یورپی فٹ بال ایسوسی ایشن چیمپیئن لیگ میں حصہ لیتی ہیں.

- Most towns and cities have a professional club and people take great pride in supporting their home team. There can be great rivalry between different football clubs and among fans.

- Each country in the UK also has its own national team that competes with other national teams across the world in tournaments such as the FIFA World Cup and the UEFA European football Championships.

- England's only international Tournament victory was at the world cup of 1966 hosted in the UK.

Rugby

- Rugby originated in England in the early 19th century and is very popular in the UK today.

- There are two different types of rugby, which have different rules: union and league.

- Both have separate leagues and national teams in England, Wales, Scotland and Northern Ireland (who play with the Irish Republic).

- The most famous rugby union competition is the Six Nations Championship between England, Ireland, Scotland, Wales, France and Italy.

- The Super League is the most well known rugby league (club) competition.

- بہت سے شہروں اور قصبوں کا ایک پروفیشنل کلب ہے اور لوگ اپنے علاقے کی ٹیم کی حمایت بڑے فخر سے کرتے ہیں۔ مختلف فٹ بال کلبوں اور شائقین کے درمیان عظیم رقابت ہو سکتی ہے۔

- برطانیہ میں ہر ملک کی اپنی قومی ٹیم بھی ہے جو دنیا بھر میں، فیفا ورلڈ کپ اور UEFA یورپی فٹ بال چیمپئن شپ کی طرح کے ٹورنامنٹ میں، دیگر قومی ٹیموں کے ساتھ مقابلہ کرتی ہے۔

- انگلینڈ کی واحد بین الاقوامی ٹورنامنٹ میں جیت 1966 کے ورلڈ کپ کی میزبانی کے دوران تھی۔

رگبی

- رگبی کی ابتدا انیسویں صدی میں انگلینڈ میں ہوئی اور آج برطانیہ میں بہت مقبول ہے۔

- رگبی کی دو مختلف اقسام ہیں جن کے مختلف قوانین ہیں: یونین اور لیگ۔

- دونوں کی انگلینڈ، ویلز، سکاٹ لینڈ اور نادرن آئرلینڈ (جو آئرش جمہوریہ کے ساتھ کھیلتے ہیں) میں الگ الگ لیگ اور قومی ٹیمیں ہیں۔

- سب سے زیادہ مشہور رگبی یونین مقابلہ شش قومی چیمپئن شپ ہے جو انگلینڈ، آئرلینڈ، اسکاٹ لینڈ، ویلز، فرانس اور اٹلی کے درمیان ہوتا ہے۔

- سپر لیگ سب سے زیادہ معروف رگبی لیگ (کلب) مقابلہ ہے۔

Horse racing

- There is a very long history of horse racing in Britain, with evidence of events taking place as far back as Roman times. The sport has a long association with royalty.

- Famous horse-racing events include: Royal Ascot, a five day race meeting in Berkshire attended by members of the Royal Family: the Grand National at Aintree near Liverpool; and the Scottish Grand National at Ayr.

- There is a National Horseracing Museum in Newmarket, Suffolk.

Golf

- The modern game of golf can be traced back to 15th century Scotland.

- St Andrews in Scotland is known as the home of Golf.

- The Open Championship is the only 'Major' tournament held outside the United States. It is hosted by a different golf course every year.

Tennis

- Modern tennis evolved in England in the late 19th century.

- The first tennis club was founded in Leamington Spa in 1872.

گھڑ دوڑ

- برطانیہ میں گھڑ دوڑ کی ایک بہت طویل تاریخ ہے اور اسطرح کے واقعات کا ثبوت رومن دور جتنے پرانے زمانے میں پایا جاتا ہے - کھیل کی شاہی خاندان کے ساتھ ایک طویل وابستگی ہے-
- مشہور گھڑ دوڑ کی تقریبات میں شامل ہیں: رائل ایسکاٹ، شاہی خاندان کے ارکان کی طرف سے شرکت والی برکشائر میں پانچ دن کی دوڑ: لیورپول کے قریب آئنٹری میں گرینڈ نیشنل اور آیئر میں سکاٹش گرینڈ نیشنل.
- نیومارکیٹ، سفوک میں قومی گھڑ دوڑ عجائب گھر ہے.

گالف

- گولف کے جدید کھیل کا سراغ پندرہویں صدی کے اسکاٹ لینڈ سے لگایا جاسکتا ہے.
- اسکاٹ لینڈ میں سینٹ اینڈریوز گالف کے گھر کے طور پر جانا جاتا ہے.
- اوپن چیمپئن شپ امریکہ سے باہر منعقدہ واحد بڑا ٹورنامنٹ ہے. یہ ہر سال ایک مختلف گولف کورس کی طرف سے منظم کیا جاتا ہے.

ٹینس

- جدید ٹینس انیسویں صدی کے اواخر میں انگلینڈ میں معرض وجود میں آیا.
- پہلا ٹینس کلب 1872 میں لمنگٹن سپا میں قائم کیا گیا تھا.

- The most famous tournament hosted in Britain is The Wimbledon Championships, which takes place each year at the All England Lawn Tennis and Croquet Club. It is the oldest tennis tournament in the world and the only 'Grand Slam' event played on grass.

Water sports

- Sailing continues to be popular in the UK, reflecting our maritime heritage.

- A British sailor, Sir Francis Chichester, was the first person to sail single-handed around the world, in 1966/67.

- Two years later Sir Robin Knox-Johnston became the first person to do this without stopping.

- Many sailing events are held throughout the UK, the most famous of which is at Cowes on the Isle of Wight.

- Rowing is also popular, both as a leisure activity and as a competitive sport. There is a popular yearly race on the Thames between Oxford and Cambridge Universities.

Motor sports

- Motor-car racing in the UK started in 1902.

- The UK continues to be a world leader in the development and manufacture of motor-sport technology.

- سب سے زیادہ مشہور ٹورنامنٹ جس کی میزبانی برطانیہ میں ہوتی ہے، ومبلڈن چیمپئن شپ ہے جو کہ آل انگلینڈ لان ٹینس اور کروکے کلب میں ہر سال ہوتا ہے. یہ دنیا میں سب سے قدیم ٹینس ٹورنامنٹ ہے اور واحد 'گرینڈ سلیم' مقابلہ ہے جو گھاس پر ہوتا ہے۔

پانی کے کھیل

- بادبانی کشتی رانی برطانیہ میں بہت مقبول ہے اور ہمارے سمندری ورثے کی عکاسی کرتی ہے.
- ایک برطانوی بادبانی کشتی ران، سر فرانسس چچسٹر ، 1966/67 میں دنیا کے گرد اکیلے چکر لگانے والے پہلے شخص تھے.
- دو سال بعد سر رابن ناکس-جانسٹن رُکے بغیر ایسا کرنے والے پہلے شخص بن گئے.
- بہت سے بادبانی کشتی رانی کے مقابلے برطانیہ بھر میں منعقد کیے جاتے ہیں جن میں سب سے زیادہ مشہور آئل آف وائٹ میں کاؤز میں ہوتا ہے.
- کشتی رانی بھی ایک تفریحی سرگرمی اور ایک مسابقتی کھیل کے طور پر دونوں طرح مقبول ہے. آکسفورڈ اور کیمبرج یونیورسٹیوں کی ٹیموں کے درمیان ایک مقبول سالانہ دوڑ ہوتی ہے.

موٹر سپورٹس

- برطانیہ میں موٹر کار کی دوڑ 1902 میں شروع ہوئی.
- برطانیہ موٹروں کے کھیل کی ٹیکنالوجی کی ترقی اور تعمیر میں ایک عالمی رہنما بنتا جارہا ہے.

- A Formula 1 Grand Prix event is held in the UK each year and a number of British Grand Prix drivers have won the Formula 1 World Championship.

- Recent British winners include Damon Hill, Lewis Hamilton and Jensen Button.

Skiing

- Skiing is increasingly popular in the UK. Many people go abroad to ski and there are also dry ski slopes throughout the UK.

- There are five ski centres in Scotland, as well as Europe's longest dry ski slope near Edinburgh.

Arts & Cultures

Music

- Music is an important part of British culture, with a rich and varied heritage. It ranges from classical music to modern pop.

- There are many different venues and musical events that take place across the UK.

- The Proms is an eight-week summer season of orchestral classical music that takes place in various venues, including the Royal Albert Hall in London. It has been organised by the British Broadcasting Corporation (BBC) since 1927.

- ایک فارمولہ ون گرینڈ پری ایونٹ ہر سال برطانیہ میں منعقد کیا جاتا ہے اور برٹش گرینڈ پری ڈرائیوروں کی ایک بڑی تعداد فارمولہ ون ورلڈ چیمپئن شپ جیت چکے ہیں.

- حالیہ برطانوی فاتحین میں ڈیمن ہل، لیوس ہیملٹن اور جنسن بٹن شامل ہیں.

سکینگ

- سکینگ برطانیہ میں تیزی سے مقبول ہو رہی ہے. بہت سے لوگ سکی (Ski) کرنے کے لئے بیرون ملک جاتے ہیں اور برطانیہ بھر میں بھی خشک سکی ڈھلانیں موجود ہیں.

- اسکاٹ لینڈ میں پانچ سکی مراکز ہیں مزید ایڈنبرا کے نزدیک یورپ کی سب سے طویل خشک سکی ڈھلان بھی ہے.

فنون لطیفہ اور ثقافت

موسیقی

- موسیقی ایک بڑے اور متنوع ورثے کے ساتھ، برطانوی ثقافت کا ایک اہم حصہ ہے. اس میں کلاسیکی موسیقی سے لے کر جدید پاپ موسیقی تک شامل ہیں.

- برطانیہ بھر میں بہت سے مختلف مقامات پر موسیقی کی تقریبات ہوتی ہیں.

- پرومز لندن میں رائل البرٹ ہال سمیت مختلف مقامات میں منعقد ہونے والا آرکیسٹر اکلاسیکی موسیقی کا موسم گرما میں آٹھ ہفتے کا پروگرام ہے. یہ 1927 سے برٹش براڈکاسٹنگ کارپوریشن (بی بی سی) کی طرف سے منعقد کیا جاتا ہے-

- The Last Night of the Proms is the most well known concert and (along with others in the series) is broadcast on television.

- **Henry Pureed (1659-95)** was the organist at Westminster Abbey. He wrote church music, operas and other pieces, and developed a British style distinct from that elsewhere in Europe.

- The German-born composer **George Frederick Handel (1695-1759)** spent many years in the UK and became a British citizen in 1727.

- He wrote the Water Music for King George I and Music for the Royal Fireworks for his son, George II.

- Handel also wrote an oratorio, Messiah, which is sung regularly by choirs, often at Easter time.

- More recently, important composers include **Gustav Hoist (1874 1934),** whose work includes *The Planets*, a suite of pieces themed around the planets of the solar system. He adapted *Jupiter*, part of the *Planets* suite, as the tune for *I vow to thee my country*, a popular hymn in British churches.

- **Sir Edward Elgar (1857-1934)** was born in Worcester, England. His best-known work is probably the Pomp and Circumstance Marches. March No 1 (Land of Hope and Glory) is usually played at the last Night of the Proms at the Royal Albert Hall.

- **Ralph Vaughan Williams (1872-1958)** wrote music for orchestras and choirs. He was strongly influenced by traditional English folk music.

- پرومز کی آخری رات میں سب سے زیادہ معروف کنسرٹ ہوتا ہے اور (اور سیریز کے دوسرے کنسرٹس کے ساتھ) ٹیلی ویژن پر نشر کیا جاتا ہے۔
- **ہنری پریڈ**(95-1959) ویسٹ منسٹر ایبے میں آرگن بجانے والا تھا. اس نے چرچ موسیقی، اوپرا اور دیگر موسیقی کے حصے لکھے اور یورپ کی دوسری جگہوں سے جدا ایک برطانوی طرز تیار کی.
- جرمن نژاد موسیقار **جارج فریڈرک ہینڈل** (1759 - 1695) نے برطانیہ میں کئی سال گزارے اور 1727 میں ایک برطانوی شہری بن گیا.
- اس نے کنگ جارج اوّل کے لیے پانی پر موسیقی اور ان کے بیٹے جارج دوئم کی شاہی آتش بازی کے لئے موسیقی لکھی.
- ہینڈل نے مسیح کے عنوان سے مذہبی موسیقی بھی لکھی جو باقاعدگی سے ایسٹر کے موقع پر کوآیرز (مذہبی گانوں) میں گائی جاتی ہے.
- مقابلتاً حال ہی کے اہم موسیقاروں میں **گستاو ہوئسٹ** (1874-1934) شامل ہے، جس کے کام میں دی پلینٹس، نظام شمسی کے سیاروں سے متعلق کام کے مجموعے، شامل ہیں. اس نے جوپیٹر (دی پلینٹس کا حصہ) کو برطانوی گرجاگھروں میں ایک مقبول بھجن '' میرے ملک میں تجھ سے وعدہ کرتا ہوں'' کی دھن کے لیے ڈھال لیا تھا.
- **سر ایڈورڈ ایلگر** (1857-1934) وورسٹر انگلینڈ میں پیدا ہوئے. ان کا سب سے مشہور کام شاید پومپ اور سر کمسٹانس مارچس ہے. مارچ نمبر ون (امید و شان کی سرزمین) عام طور پر رائل البرٹ ہال میں پرومز کی آخری رات میں بجایا جاتا ہے.
- **رالف وان ولیمز** (1872-1958) سازندوں اور مذہبی گانے والوں کے لئے موسیقی لکھی. وہ روایتی انگریزی لوک موسیقی سے بے حد متاثر تھا.

- **Sir William Walton (1902-83)** wrote a wide range of music, from film scores to opera. He wrote marches for the coronations of King George VI and Queen Elizabeth II but his best-known works are probably Facade, which became a ballet, and Balthazar's Feast, which is intended to be sung by a large choir.

- **Benjamin Britten (1913-76)** is best known for his operas, which include Peter Grimes and Billy Budd. He also wrote A Young Peron's Guide to the Orchestra, which is based on a piece of **music** by Purcell and introduces the listener to the various different sections of an orchestra.

- He founded the Aldeburgh festival in Suffolk, which continues to be a popular music event of international importance.

- Other types of popular music, including folk music, jazz, pop and rock music, have flourished in Britain since the 20th century.

- Britain has had an impact on popular music around the world, due to the wide use of the English language, the UK's cultural links with many countries, and British capacity for invention and innovation.

- Since the 1960s, British pop music has made one of the most important cultural contributions to life in the UK.

- Bands including The Beatles and The Rolling Stones continue to have an influence on music both here and abroad.

- **سر ولیم والٹن** (1902-83) نے فلم سکور سے لے کر اوپرا تک بہت سی مختلف موسیقی لکھی. اس نے کنگ جارج ششم اور ملکہ ایلزبتھ دوئم کی تاجپوشی کے لیے مارچ لکھے لیکن اس کا سب سے مشہور کام شاید 'فیکیڈ' ہی ہے جو کہ ایک بیلے بن گیا، اور 'بالٹھزرز فیسٹ' جو کہ ایک بڑے گروہ کی طرف سے گانے کے لئے بنا ہے.
- **بینجمن بریٹن** (1913-76) اپنے اوپرا گانوں کے لئے جانا جاتا ہے جن میں پیٹر گرائم اور بلی بڈ شامل ہیں. اس نے پرسل کے موسیقی کے ایک ٹکڑے کی بنیاد پر اے ینگ پرسنز گائیڈ ٹو دا آرکسٹرا لکھا جو سننے والے کو ایک آرکسٹرا کے مختلف حصوں سے متعارف کراتا.
- اس نے سفوک میں الڈیبر افسٹیول تہوار کی بنیاد رکھی جو آج بھی ایک بین الاقوامی اہمیت کی حامل ایک مقبول موسیقی کی تقریب ہے.
- موسیقی کی دیگر اقسام جن میں لوک موسیقی، جیز، پاپ اور راک موسیقی شامل ہیں بیسویں صدی سے برطانیہ میں مقبول ہیں.
- انگریزی زبان کے وسیع استعمال کی وجہ سے، بہت سے ممالک کے ساتھ برطانیہ کے ثقافتی روابط کی وجہ سے، اور برطانیہ کی ایجاد و اختراعات کے لئے صلاحیت کی وجہ سے، برطانیہ کا دنیا بھر میں مقبول موسیقی پر اثر دیکھا گیا ہے.
- 1960 کے بعد سے، برطانوی پاپ موسیقی نے برطانیہ میں زندگی کو اہم ثقافتی حصہ دیا ہے.
- بیٹلز اور رولنگ سٹونز جیسے بینڈ یہاں اور بیرون ملک موسیقی پر اثر انداز ہو رہے ہیں.

- British pop music has continued to innovate - for example, the Punk movement of the late 1970s, and the trend towards boy and girl bands in the 1990s.

- There are many large venues that host music events throughout the year, such as: Wembley Stadium; The 02 in Greenwich, Southeast London; and the Scottish Exhibition and Conference Centre (SECC) in Glasgow.

- Festival season takes place across the UK every summer, with major events in various locations. Famous festivals include Glastonbury, the Isle of Wight Festival and the V Festival.

- National Eisteddfod of Wales is an annual cultural festival, which includes music, dance, art and original performances largely in Welsh. It includes a number of important competitions for Welsh poetry.

- The Mercury Music Prize is awarded each September for the best album from the UK and Ireland.

- The Brit Awards is an annual event that gives awards in a range of categories, such as best British group and best British solo artist.

Theatre

- There are theatres in most towns and cities throughout the UK, ranging from the large to the small. They are an important part of local communities and often show both professional and amateur productions.

- برطانوی پاپ موسیقی نے اختراعات کرنا جاری رکھا ہے- مثال کے طور پر، 1970 کی دہائی کے اواخر سے پنک تحریک، اور 1990 کی دہائی میں لڑکوں اور لڑکیوں کے بینڈ کی طرف رجحان.

- بہت سے بڑے مقامات سال بھر موسیقی کی تقریبات کی میزبانی کرتے رہتے ہیں مثلاً: ویمبلی اسٹیڈیم، جنوب مشرقی لندن میں گرین وچ میں O2، اور گلاسگو میں سکاٹش ایکسبیشن اینڈ کانفرنس سینٹر.

- ہر موسم گرما میں برطانیہ بھر میں میلوں کا موسم ہوتا ہے جس میں مختلف مقامات پر اہم تقریبات ہوتی ہیں. مشہور تہواروں میں گلیسٹنبری، آئیل آف وائٹ فیسٹیول اور وی فیسٹیول شامل ہیں.

- ویلز کا قومی اسٹیڈ فوڈ ایک سالانہ ثقافتی تہوار ہے جس میں موسیقی، رقص، آرٹ اور زیادہ تر ویلش کی اصل کارکردگی شامل ہوتی ہے. اس میں ویلش شاعری کے لیے اہم مقابلوں کی ایک بڑی تعداد بھی شامل ہوتی ہے.

- مرکری موسیقی انعام برطانیہ اور آئرلینڈ کی طرف سے سب سے بہترین البم کے لئے ہر ستمبر میں دیا جاتا ہے.

- ''برٹ ایوارڈز'' ایک سالانہ ایونٹ ہے جس میں بہت سے زمروں میں انعامات دیے جاتے ہیں مثلاً بہترین برطانوی گروپ اور بہترین برطانوی سولو آرٹسٹ.

تھیٹر

- برطانیہ بھر میں زیادہ تر شہروں اور قصبوں میں تھیٹر موجود ہیں، بڑے سے چھوٹے تک. وہ مقامی کمیونٹیز کا ایک اہم حصہ ہیں اور اکثر پیشہ ورانہ اور شوقیہ پروڈکشنز دونوں دکھاتے ہیں.

- London's West End, also known as 'Theatreland', is particularly well known.

- The *Mousetrap*, a murder-mystery play by Dame Agatha Christie, has been running in the West End since 1952 and has had the longest initial run of any show in history.

- There is also a strong tradition of musical theatre in the UK in the 19th century.

- Gilbert and Sullivan wrote comic operas, often making fun of popular culture and politics. These operas include HMS Pinafore, The Pirates of Penzance and The Mikado.

- More recently, Andrew Lloyd Webber has written the music for shows, which have been popular throughout the world, including, in collaboration with Tim Rice, Jesus Christ Superstar and Evita, and also Cats and The Phantom of the Opera.

- One British tradition is the pantomime. Many theatres produce a pantomime at Christmas time. They are based on fairy stories and are light-hearted plays with music and comedy, enjoyed by family audiences. One of the traditional characters is the Dame, a woman played by a man. There is often also a pantomime horse or cow played by two actors in the same costume.

- The Edinburgh Festival takes place in Edinburgh, Scotland, every summer. It is a series of different arts and cultural festivals, with the biggest and most well-known being the Edinburgh Festival Fringe ('the Fringe').

- لندن کا ویسٹ اینڈ جسے 'تھیٹر لینڈ' بھی کہا جاتا ہے خاص طور پر مشہور ہے.

- اگاتھا کرسٹی کا ماؤس ٹریپ، ایک قتل کا سراغ لگانے کی کہانی ہے جو کہ 1952 سے ویسٹ اینڈ میں دکھائی جارہی ہے اور یہ کسی بھی ڈرامے کا سب سے طویل ابتدائیہ ہے.

- انیسویں صدی میں برطانیہ میں موسیقی کے تھیٹر کی بھی ایک مضبوط روایت ہے.

- گلبرٹ اور سلیوان نے مزاحیہ اوپرا لکھا جس میں اکثر مقبول ثقافت اور سیاست کا مذاق اڑایا گیا. اس اوپرا میں ایچ ایم ایس پینافور، دا پائریٹس آف پنزانس اور میکاڈو شامل ہیں.

- حال ہی میں، اینڈریو لایڈ ویبر نے مختلف شوز کے لئے موسیقی لکھی ہے جو کہ دنیا بھر میں مقبول ہے اور ٹم رائس کے تعاون سے، جیسس کرائسٹ سپر اسٹار اور ایویٹا اور کیٹس اینڈ دا فینٹم آف دا اوپرا بھی شامل ہیں.

- ایک برطانوی روایت خاموش اداکاری ہے. بہت سے تھیٹر کرسمس کے وقت خاموش اداکاری پیش کرتے ہیں. وہ پریوں کی کہانیوں پر مبنی ہوتی ہے اور گھریلو سامعین کی لیے ہلکی پھلکی موسیقی اور مزاح والے ڈرامے پر مشتمل ہوتی ہے. روایتی کرداروں میں سے ایک ڈیم، ایک آدمی کی طرف سے ادا کیا گیا ایک عورت کا کردار، ہے. ایک خاموش کردار گھوڑے یا گائے کا بھی ہے جسے ایک ہی لباس میں دو اداکاروں کی طرف سے ادا کیا جاتا ہے.

- ایڈنبرا فیسٹیول ہر موسم گرما میں ایڈنبرا، اسکاٹ لینڈ میں ہوتا ہے. یہ مختلف فنون لطیفہ اور ثقافتی تہواروں کا ایک سلسلہ ہے جس میں سب سے بڑا اور سب سے مشہور ایڈنبرا فرنج فیسٹیول (' دا فرنج') ہے.

- The Fringe is a showcase of mainly theatre and comedy performances. It often shows experimental work.

- The Laurence Olivier Awards take place annually at different venues in London. There are a variety of categories, including best director best actor and best actress. The awards are named after the British actor Sir Laurence Olivier, later Lord Olivier, who was best known for his roles in various Shakespeare plays.

Art

- During the Middle Ages, most art had a religious theme, particularly wall paintings in churches and illustrations in religious books. Much of this was lost after the Protestant Reformation but wealthy families began to collect other paintings and sculptures.

- Many of the painters working in Britain in the 16th and 17th centuries were from abroad- for example, Hans Holbein and Sir Anthony Van Dyck.

- British artists particularly those painting portraits and landscapes, became well known from the 18th century onwards.

- Works by British and international artists are displayed in galleries across the UK. Some of the most well known galleries are The National Gallery, Tate Britain and Tate Modern in London, the National Museum in Cardiff, and the National Gallery of Scotland in Edinburgh.

- بنیادی طور پر فرنج تھیٹر اور مزاحیہ اداکاری کا ایک شوکیس ہے. یہ اکثر تجرباتی کام دکھاتے ہیں.

- لارنس اولیور ایوارڈ لندن میں مختلف مقامات پر ہر سال ہوتے ہیں. یہ بہترین ڈائریکٹر، بہترین اداکار اور بہترین اداکارہ سمیت مختلف قسم کے ہوتے ہیں. یہ انعام برطانوی اداکار سر لارنس اولیور، جو بعد میں لارڈ آلیور ہوگئے ، کے نام سے منسوب ہیں جو شیکسپیئر کے ڈراموں میں ان کے بہترین مختلف کرداروں کے لیے جانے جاتے تھے.

آرٹ

- مڈل ایجز میں زیادہ تر فن پارے مذہبی خیال کے تھے، خاص طور پر گرجا گھروں میں دیواری تصاویر یا مذہبی کتابوں میں عکاسی. زیادہ تر پروٹیسٹنٹ کام اصلاحات کے بعد گم ہو گیا لیکن امیر خاندانوں نے دوسری پینٹنگز اور مجسمے جمع کرنے شروع کر دیے۔

- سولہویں اور سترہویں صدی میں برطانیہ میں کام کرنے والے بہت سے مصور بیرون ملک سے تھے، مثال کے طور پر، ہینس ہولبین اور سر انتھونی وین ڈایک۔

- رطانوی فنکار خاص طور پر پورٹریٹ بنانے والے اور مناظر کشی کرنے والے اٹھارہویں صدی سے کافی مشہور ہو گئے.

- برطانوی اور بین الاقوامی فنکاروں کا کام برطانیہ بھر میں نگار خانوں میں دکھایا جاتا ہے. سب سے زیادہ معروف نگار خانوں میں نیشنل گیلری، ٹیٹ برطانیہ اور ٹیٹ ماڈرن لندن، کارڈف میں قومی عجائب گھر، اور ایڈنبرا میں اسکاٹ لینڈ کی قومی گیلری شامل ہیں.

Notable British artists

Thomas Gainsborough (1727-88) was a portrait painter who often painted people in country or garden scenery.

David Allan (1744-96) was a Scottish painter who was best known for painting portraits. One of his most famous works is called The Origin of Painting.

Joseph Turner (1775-1851) was an influential landscape painter in a modern style. He is considered the artist who raised the profile of landscape painting.

John Constable (1776-1837) was a landscape painter most famous for his works of Dedham Vale on the Suffolk-Essex border in the east of England.

The Pre-Raphaelites were an important group of artists in the second half of the 19th century. They painted detailed pictures on religious or literary themes in bright colours. The group included Holman Hunt, Dante Gabriel Rossetti and Sir John Millais.

Sir John Lavery (1856-1941) was a very successful Northern Irish portrait painter. His work included painting the Royal Family.

Henry Moore (1898-1986) was an English sculpt' and artist. He is best known for his large bronze abstract sculptures.

John Petts (1914-91) was a Walsh artist best known for his engravings and stained glass.

Lucian Freud (1922-2011) was a German born British artist. He is best known for his portraits.

David Hockney (1937-) was an important contributor to the pop art movement of the 1960s and continues to be influential today.

قابل ذکر برطانوی فنکار

تھامس گینزبرو (88-1727) ایک پورٹریٹ پینٹر تھا جو اکثر گاؤں کے لوگوں کی یا باغ کے منظر کی پینٹنگ کرتا تھا.

ڈیوڈ ایلن (96-1744) سکاٹش پینٹر تھا جو بہترین پورٹریٹ پینٹنگ کے لئے جانا جاتا تھا. ان کا سب سے مشہور کام دی اوریجن آف پینٹنگ کہلاتا ہے.

جوزف ٹرنر (1851-1775) ایک جدید انداز کا اثردار زمینی مناظر نگار تھا. وہ ایک ایسا فنکار سمجھا جاتا ہے کہ جس نے زمینی مناظر نگاری کے درجے کو بلند کر دیا.

جان کانسٹیبل (1837-1776) ایک زمینی مناظر نگار تھا جس کی وجہ شہرت اس کا ڈیڈھم ویل پر کام تھا، جو کہ انگلینڈ کے مشرق میں سفوک۔ ایسکس کی سرحد پر واقع ہے.

پری ریفالائٹس انیسویں صدی کے دوسرے نصف حصے میں فنکاروں کا ایک اہم گروپ تھا. وہ روشن رنگوں سے مذہبی یا ادبی موضوعات پر تفصیلی تصاویر پینٹ کرتے تھے. گروپ میں ہولمین ہنٹ، ڈینٹ جبرائیل روسیتی اور سر جان میلائس شامل تھے.

سر جان لیوری (1941-1856) ایک بہت ہی کامیاب شمالی آئرش پورٹریٹ پینٹر تھا. اس کے کام میں شاہی خاندان کی تصاویر شامل ہیں.

ہینری مور (1986-1898) ایک انگریزی مجسمہ ساز اور آرٹسٹ تھا. اس کا بہترین تعارف اسکے بڑے کانسی کے تجریدی مجسمے ہیں.

جان پیپر (91-1914) ایک ویلش آرٹسٹ تھا، جو کہ کندہ کاری اور سٹین گلاس کے کام کے لئے جانا جاتا تھا.

لوسیان فرایڈ (2011-1922) ایک جرمن نژاد برطانوی آرٹسٹ تھا. جو اپنے پورٹریٹس کے لیے جانا جاتا ہے.

ڈیوڈ ہاکنی (- 1937) نے 1960 کی دہائی کے پاپ آرٹ کی تحریک میں اہم کردار ادا کیا اور آج تک اثر رکھتا ہے.

- The Turner Prize was established in 1984 and celebrates contemporary art. It was named after Joseph Turner. Four works are short listed every year and shown at Tate Britain before the winner is announced.

- The Turner Prize is recognised as one of the most prestigious visual art awards in Europe. Previous winners include Damien Hirst and Richard Wright.

Architecture

- The architectural heritage of the UK is rich and varied. In the Middle Ages, great cathedrals and churches were built, many of which still stand today. Examples are the cathedrals in Durham, Lincoln Canterbury and Salisbury.

- The White Tower in the Tower of London is an example of a Norman castle keep, built on the orders of William the Conqueror.

- In the 17th century, Inigo Jones took inspiration from classical architecture to design the Queen's House at Greenwich and the Banqueting House in Whitehall in London.

- Later in the century, Sir Christopher Wren helped develop a British version of the ornate styles popular in Europe in buildings such as the new St Paul's Cathedral.

- ٹرنر پرائز 1984 میں قائم کیا گیا اور عصر حاضر کے آرٹ سے متعلق ہے. اس کا نام جوزف ٹرنر کے نام پر رکھا گیا تھا. ٹیٹ برطانیہ میں ہر سال فاتح کا اعلان کیے جانے سے پہلے چار فن پارے منتخب کیے جاتے ہیں.
- ٹرنر پرائز یورپ میں سب سے محترم بصری آرٹ ایوارڈز میں سے ایک تسلیم کیا جاتا ہے. گزشتہ فاتحین میں ڈیمین ہرسٹ اور رچرڈ رائٹ شامل ہیں.

فن تعمیرات

- برطانیہ کا تعمیراتی ورثہ شاندار اور متنوع ہے. مڈل ایجز میں، عظیم کلیسا اور گرجا گھر تعمیر کیے گئے، جن میں سے اکثر آج بھی قائم ہیں- مثالوں میں ڈرہم، لنکن، کنٹربری اور سیلسبری کے کلیسا شامل ہیں.

- ٹاور آف لندن میں وائٹ ٹاور فاتح ولیم کے حکم پر تعمیر کیے جانے والے ایک نارمن محل کی مثال ہے.

- سترہویں صدی میں، انیگو جونز نے کلاسیکی فن تعمیر سے تحریک پا کر گرین وچ میں ملکہ کا گھر اور لندن، وائٹ ہال میں ضیافت خانہ ڈیزائن کیا.

- صدی کے آخر میں، سر کرسٹوفر رن نے برطانوی طرز کی تزئین و آرائش کا انداز متعارف کیا جو کہ نئے سینٹ پال کیتھڈرل کے طرز پر عمارتوں میں یورپ بھر میں مقبول ہوا.

- In the 18th century, simpler designs became popular. The Scottish architect Robert Adam influenced the development of architecture in the UK, Europe and America. He designed the inside decoration as well as the building itself in great houses such as Dumfries House in Scotland. His ideas influenced architects in cities such as Bath, where the Royal Crescent was built.

- In the 19th century, the medieval 'gothic' style became popular again. As cities expanded, many great public buildings were built in this style. The Houses of Parliament and St Pancras Station were built at this time, as were the town halls in cities such as Manchester and Sheffield.

- In the 20th century, Sir Edwin Lutyens had an influence throughout the British Empire. He designed New Delhi to be the seat of government in India. After the First World War, he was responsible for many war memorials throughout the world, including the Cenotaph in Whitehall.

- The Cenotaph is the site of the annual Remembrance Day service attended by the Queen, politicians and foreign ambassadors.

- Modern British architects including Sir Norman Foster, Lord (Richard) Rogers and Dame Zaha Hadid continue to work on major projects throughout the world as well as within the UK.

- In the 18th century, Lancelot 'Capability' Brown designed the grounds around country houses so that the landscape appeared to be natural with grass, trees and lakes. He often said that a place had 'capabilities'.

- اٹھارھویں صدی میں سادہ ڈیزائن مقبول ہو گئے. سکاٹش معمار نے رابرٹ آدم برطانیہ، یورپ اور امریکہ میں فن تعمیر کی ترقی کو متاثر کیا. اس نے اسکاٹ لینڈ میں ڈمفریز ہاؤس کی طرح کے عظیم گھروں میں اندرونی سجاوٹ کے ساتھ ساتھ عمارت کو بھی ڈیزائن کیا. اس کے خیالات نے باتھ، جہاں رائل کریسنٹ بنایا گیا، جیسے شہروں میں بھی معماروں کو متاثر کیا.

- انیسویں صدی میں، مڈل ایجز کا 'گوتھک' طرز دوبارہ مقبول ہو گیا. جوں جوں شہر وسیع ہوئے، بہت سی بڑی سرکاری عمارتیں اسی انداز میں تعمیر کی گئیں. ہاوسز آف پارلیمنٹ اور سینٹ پینکراز اسٹیشن اور اسی طرح مانچسٹر اور شیفیلڈ کے ٹاؤن ہال بھی اسی دور میں بنائے گئے.

- بیسویں صدی میں سر ایڈون لیوٹن کا اثر برطانیہ کی پوری سلطنت پر تھا. اس نے بھارت میں نئی دہلی کو حکومت کی پایہ تخت بننے کے لیے ڈیزائن کیا. پہلی جنگ عظیم کے بعد اس نے دنیا بھر میں بہت سی جنگی یادگاریں بنائیں جن میں وائٹ ہال میں سیں وٹاف شامل ہے.

- سیں وٹاف ریممبرینس ڈے کی رسومات کی جگہ ہے جس میں ملکہ، سیاست دان اور غیر ملکی سفیر شرکت کرتے ہیں.
- نئے برطانوی ماہرین تعمیرات سر نارمن فوسٹر، لارڈ رچرڈ راجرز اور ڈیم زاہا حدید برطانیہ سمیت دنیا بھر میں بڑے منصوبوں پر کام جاری رکھے ہوئے ہیں.

- اٹھارھویں صدی میں لینسلاٹ 'کیپبلیٹی' براؤن نے گاؤں کے گھروں کے ارد گرد زمین کی تزئین کی تاکہ گھاس، درخت اور جھیلیں قدرتی محسوس ہوں. وہ اکثر کہتا تھا کہ زمین میں 'کیپبلٹیز' (قابلیتیں) ہوتی ہیں.

- Later, Gertrude Jekyll often worked with Edwin Lutyens to design colourful gardens around the houses he designed.

- The annual Chelsea Flower Show showcases garden design from Britain and around the world.

Fashion and design

- Britain has produced many great designers, from Thomas Chippendale (who designed furniture in the 18th century) to Clarice Cliff (who designed Art Deco ceramics) to Sir Terence Conran (a 20th-century interior designer).

- Leading fashion designers of recent years include Mary Quant, Alexander McQueen and Vivienne Westwood.

Literature

- The UK has a prestigious literary history and tradition. Several British writers, including the novelist Sir William Golding, the poet Seamus Heaney, and the playwright Harold Pinter, have won the Nobel Prize in Literature.

- Agatha Christie's detective stories are read all over the world and Ian Fleming's books introduced James Bond.

- In 2003, *The Lord of the Rings* by JRR Tolkien was voted the country's best- loved novel.

- بعد ازاں، گرٹروڈ جیکائل نے بھی اکثر ایڈون لیوٹن ساتھ کام کیا اور اسکے ڈیزائن کیئے ہوے گھروں کے ارد گرد رنگارنگ باغات ڈیزائن کیئے-
- سالانہ چیلسی نمائش میں برطانیہ اور دنیا بھر سے باغات کے نمونوں کی نمائش کی جاتی ہے.

فیشن اور ڈیزائن

- برطانیہ نے بہت سے عظیم ڈیزائنر پیدا کئے ہیں, تھامس چپنڈیل (جس نے اٹھارھویں صدی میں فرنیچر ڈیزائن کیا) سے لے کر سر کلیرس کلف، (جنھوں نے سرامک برتنوں پر آرٹ ڈیزائن کیا) سے سر ٹیرینس کانرن (جو بیسویں صدی کے ایک انٹیریئر ڈیزائنر تھے).
- حالیہ برسوں کے معروف فیشن ڈیزائنرز میں میری کوانٹ، الیگزینڈر مک کوئین اور ویوین ویسٹ وڈ شامل ہیں.

ادب

- برطانیہ کی ایک مشہور ادبی تاریخ اور روایت ہے. ناول نگار سر ولیم گولڈنگ، شاعر سیمس ہینی، اور ڈرامہ نگار ہیرالڈ پنٹر سمیت کئی برطانوی لکھاری ادب میں نوبل انعام جیت چکے ہیں.
- اگاتھا کرسٹی کی جاسوسی کہانیاں دنیا بھر میں پڑھی جاتی ہیں اور ایان فلیمنگ کی کتابوں نے جیمز بانڈ جیسے کردار کو متعارف کرایا.
- 2003 میں جے آر آر ٹولکین کا "لارڈ آف دا رنگز" ملک کا سب سے زیادہ چاہا جانے والا ناول مانا گیا.

- The Man Booker Prize for Fiction is awarded annually for the best fiction novel written by an author from the Commonwealth, Ireland or Zimbabwe. It has been awarded since 1968. Past winners include Ian McEwan, Hilary Mantel and Julian Barnes.

Notable authors and writers

Jane Austen (1775-1817) was an English novelist. Her books include *Pride and Prejudice* and *Sense and Sensibility*. Her novels are concerned with marriage and family relationships.

Charles Dickens (1812-70) wrote a number of very famous novels, including *Oliver Twist* and *Great Expectations*.

Robert Louis Stevenson (1850-94) wrote books which are still read by adults and children today. His most famous books include *Treasure Island, Kidnapped* and *Dr Jekyll and Mr Hyde*.

Thomas Hardy (1840-1928) was an author and poet. His best-known novels focus on rural society and include *Far from the Madding Crowd* and *Jude the Obscure*.

Sir Arthur Conan Doyle (1859-1930) was Scottish doctor and writer. He was best known for his stories about Sherlock Holmes, who was one of the first fictional detectives.

Evelyn Waugh (1903-66) wrote Satirical novels, including *Decline and Fall* and *Scoop*. He is perhaps best known for *Brideshead Revisited*.

Sir Kingsley Amis (1922-95) was an English novelist and Poet. He wrote more than 20 novels. The most well known is *Lucky Jim*.

- فکشن کے لئے مین بکر پرائز دولت مشترکہ، آئرلینڈ یا زمبابوے کے مصنف کی طرف سے لکھے بہترین فکشن ناول پر ہر سال دیا جاتا ہے. یہ 1968 سے دیا جاتا ہے. ماضی کے فاتحین میں ایان مک ایون ، ہیلری مینٹل اور جولین بارنس شامل ہیں.

قابل ذکر مصنفین اور لکھاری

جین آسٹن (1775-1817) ایک انگریزی ناول نگار تھی. اس کی کتابوں میں پرائڈ اینڈ پریجوڈس اور سینس اینڈ سینس اینڈ سینسبلٹی شامل ہیں. اس کے ناول شادی اور خاندان کے تعلقات کے گرد گھومتے ہیں

چارلس ڈکنز (1812-70) نے اولیور ٹوئسٹ اور گریٹ ایکسپیکٹیشنز سمیت بہت سے مشہور ناولوں کی ایک بڑی تعداد لکھی.

رابرٹ لوئس سٹیونسن (1850-94) نے ایسی کتابیں تصنیف کیں جنہیں آج بھی بالغ اور بچے پڑھ رہے ہیں. ان کی سب سے زیادہ مشہور کتابیں ٹریشر آئلینڈ، کڈنیپڈ اور ڈاکٹر جیکائل اور مسٹر ہائیڈ شامل ہیں

تھامس ہارڈی (1840-1928) ایک مصنف اور شاعر تھا. اس کے سب سے مشہور ناول دیہی سماج پر مرکوز ہیں جن میں 'فار فرام دامیڈنگ کراوڈ' اور 'جیوڈ دا آبسکیور' شامل ہیں.

سر آرتھر کانن ڈایل (1859-1930) سکاٹش ڈاکٹر اور لکھاری تھا. وہ سب سے زیادہ اپنی شرلاک ہومز پر کہانیوں سے جانا جاتا تھا، جو کہ پہلے پہل کے افسانوی جاسوسوں میں سے ایک تھا-

ایولن وا (1903-66) نے ڈیکلائن اینڈ فال اور سکُوپ سمیت طنزیہ ناول لکھے، وہ شاید سب سے زیادہ برائیڈزہیڈ ری وزیٹڈ کے لئے جانا جاتا ہے.

سر کنگزلی ایمس (1922-95) ایک انگریزی ناول نگار اور شاعر تھے. انہوں نے 20 سے زائد ناول لکھے. سب سے زیادہ معروف لکی جم ہے.

Graham Greene (1904-91) wrote novels often influenced by his religious beliefs, including *The Heart of the Matter, The Honorary Consul, Brighton Rock* and *Our Man in Havana*.

J K Rowling (1965~) wrote the Harry Potter series of children's books, which have enjoyed huge international success.

British poets

- British poetry is among the richest in the world.

- The Anglo-Saxon poem *Beowulf* tells of its hero's battles against monsters and is still translated into modern English.

- Poems which survive from the Middle Ages include Chaucer's *Canterbury Tales* and a poem called *Sir Gawain and the Green Knight,* about one of the knights at the court of King Arthur.

- As well as plays, Shakespeare wrote many sonnets (poems which must be 14 lines long) and some longer poems.

- As Protestant ideas spread, a number of poets wrote poems inspired by their religious views. One of these was John Milton, who wrote *Paradise Lost*.

- Other poets, including William Wordsworth, were inspired by nature.

- Sir Walter Scott wrote poems inspired by Scotland and the traditional stories and songs from the area on the borders of Scotland and England. He also wrote novels, many of which were set in Scotland.

گراہم گرین (91-1904) نے مذہبی عقائد سے متاثر ناول لکھے 'ہارٹ آف دی میٹر'، 'آنرری کونسل'، 'برائٹن راک' اور 'آور مین ان ہوانا' ان میں شامل ہے.

جے کے راؤلنگ (-1965) نے بچوں کی کتابوں کی سیریز ہیری پوٹر لکھی جس نے بہت بڑی بین الاقوامی کامیابی کا لطف اٹھایا ہے.

برطانوی شعراء

- برطانوی شاعری دنیا میں سب سے شاندار میں سے ایک ہے.
- اینگلو سیکسن نظم 'بیووولف' بلاؤں کے خلاف اپنے ہیرو کی لڑائیوں کے بارے میں بتاتی ہے اور اب بھی جدید انگریزی میں ترجمہ کی جاتی ہے.
- مڈل ایجز کی زندہ رہنے والی نظموں میں چوسر کی کنٹربری ٹیلز اور ایک نظم 'سر گوین اینڈ گرین نائٹ'، بادشاہ آرتھر کی عدالت میں شہسواروں میں سے ایک کے بارے میں، شامل ہیں.
- شیکسپیئر نے ڈرامے کے ساتھ ساتھ بہت سے سونیٹس (نظمیں جن کا 14 لائنیں طویل ہونا ضروری ہے) اور کچھ طویل نظمیں لکھیں.
- جیسے پروٹیسٹنٹ خیالات پھیلے شاعروں کی ایک بڑی تعداد نے اپنے مذہبی خیالات سے متاثرہ نظمیں لکھیں. ان میں سے ایک جان ملٹن تھا جس نے "پیراڈائز لوسٹ"، لکھی .
- ولیم ورڈزورتھ سمیت دیگر شاعر قدرت سے متاثر تھے.
- سر والٹر سکاٹ نے اسکاٹ لینڈ سے تحریک پا کر نظمیں لکھیں اور اس کے علاوہ اسکاٹ لینڈ اور انگلینڈ کے سرحدی علاقے کے گانوں، نغموں اور روایتی کہانیوں سے متاثرہ نظمیں لکھی. اس نے بہت سے ناول لکھے جن میں سے کئی ایک اسکاٹ لینڈ پر مبنی تھے.

- Poetry was very popular in the 19th century, with poets such as William Blake, John Keats, Lord Byron, Percy Shelley, Alfred Lord Tennyson, and Robert and Elizabeth Browning.

- Later, many poets for example, Wilfred Owen and Siegfried Sassoon - were inspired to write about their experiences in the First World War.

- More recently, popular poets have included Sir Walter de la Mare, John Masefield, Sir John Betjeman and Ted Hughes.

- Some of the best-known poets are buried or commemorated in Poet's Corner in Westminster Abbey.

Leisure

Gardening

- A lot of people have gardens at home and will spend their free time looking after them.

- Some people rent additional land called 'an allotment', where they grow fruit and vegetables.

- Gardening and flower shows range from major national exhibitions to small local events.

- There are famous gardens to visit throughout the UK, including Kew Gardens, Sissinghurst and Hidcote in England, Crathes Castle and Inveraray Castle in Scotland, Bodnant Garden in Wales, and Mount Stewart in Northern Ireland.

- انیسویں صدی میں ولیم بلیک، جان کیٹس، لارڈ بائرن، شیلے، الفریڈ لارڈ ٹینی سن، اور رابرٹ براؤننگ اور الزبتھ براؤننگ جیسے شاعروں کی وجہ سے شاعری بہت مقبول تھی۔

- بعد میں بہت سے شاعروں، مثال کے طور پر ولفریڈ اون، سگفرائڈ سیسون نے زیادہ توجہ پہلی جنگ عظیم میں اپنے تجربات کے بارے میں لکھنے پر مرکوز کر دی۔

- مزید حالیہ شاعروں میں سر والٹر ڈی لامیئر، جان میز فیلڈ، سر جان بیجامین اور ٹیڈ ہیوز شامل ہیں۔

- بہت مشہور شاعروں میں سے کچھ ویسٹ منسٹر ایبی میں دفن ہیں یا وہاں شاعروں کے کونے میں ان کی یاد منائی جاتی ہے۔

تفریح

باغبانی

- بہت سے لوگوں کے گھروں پر باغات ہیں اور وہ ان کی دیکھ بھال پر فارغ وقت خرچ کرتے ہیں۔

- کچھ لوگ پھل اور سبزیاں اگانے کے لیے اضافی زمین کرائے پر لیتے ہیں جسے 'الاٹمنٹ' کہا جاتا ہے۔

- باغبانی اور پھولوں کی بڑی قومی نمائشوں سے لے کر چھوٹی مقامی تقریبات ہوتی ہیں۔

- برطانیہ بھر میں سیر کرنے لیے مشہور باغات ہیں۔ جن میں کیو گارڈن، انگلینڈ میں سیسنگ ہرسٹ اور ہڈ کوٹ ، کریتھس کاسل اور انویرارے کاسل اسکاٹ لینڈ میں، ویلز میں بوڈننٹ گارڈن، اور نادرن آئرلینڈ میں ماؤنٹ سٹیورٹ شامل ہیں۔

- The countries that make up the UK all have flowers which are particularly associated with them and which are sometimes worn on national saints' days:

  - England - the rose

  - Scotland - the thistle

  - Wales - the daffodil

  - Northern Ireland - the shamrock.

Shopping

- Most towns and cities have a central shopping area, which is called the town centre.

- Undercover shopping centres are also common -these might be in town centres or on the outskirts of a town or city.

- Most shops in the UK are open seven days a week, although trading hours on Sundays and public holidays are generally reduced.

- Many towns also have markets on one or more days a week, where stallholders sell a variety of goods.

Cooking and food

- A wide variety of food is eaten in the UK because of the country's rich cultural heritage and diverse population.

- برطانیہ کے ساتھ منسلک تمام ممالک کے ایسے پھول ہیں جو خاص طور پر ان سے منسوب کیے جاتے ہیں اور کبھی کبھی قومی سینٹس کے دنوں میں پہنے جاتے ہیں ان میں مندرجہ ذیل شامل ہیں:
  - انگلینڈ-گلاب
  - اسکاٹ لینڈ - تھسل
  - ویلز - ڈیفوڈل
  - نادرن آئرلینڈ - شیمروک

خریداری

- بہت سے شہروں اور قصبوں میں مرکزی شاپنگ کے علاقے ہیں جنہیں ٹاؤن سینٹر کہا جاتا ہے.
- ایک چھت کے نیچے والے شاپنگ سینٹرز بھی عام ہیں جو کہ شہر کے مرکز یا اس کے مضافات میں ہو سکتا ہے.
- اگرچہ برطانیہ میں زیادہ تر دکانیں ہفتے کے سات دن کھلی رہتی ہیں تاہم اتوار اور عوامی تعطیلات پر تجارتی وقت میں عام طور پر کمی کر دی جاتی ہے.
- بہت سے شہروں میں ایسی مارکیٹیں بھی ہیں جہاں ہفتے میں ایک یا ایک سے زیادہ دن ٹھیلوں والے مختلف قسم کا سامان بیچتے ہیں.

کھانا پکانے اور کھانے کی اشیاء

- ملک کے مختلف النوع ثقافتی ورثے اور آبادی کی وجہ سے کھانے کی اشیاء کی وسیع اقسام برطانیہ میں کھائی جاتی ہیں.

Traditional foods

There are a variety of foods that are traditionally associated with different parts of the UK:

- **England:** Roast beef, which is served with potatoes, vegetables, Yorkshire puddings (batter that is baked in the oven) and other accompaniments. Fish and chips are also popular.

- **Wales:** Welsh cakes - a traditional Welsh snack made from flour, dried fruits and spices, and served either hot or cold

- **Scotland:** Haggis - a sheep's stomach stuffed with offal suet, onions and oatmeal.

- **Northern Ireland:** Ulster fry - a fried meal with bacon, eggs, sausage, black pudding, white pudding, tomatoes, mushrooms, soda bread and potato bread.

Films

British film industry

- The UK has had a major influence on modern cinema.

- Films were first shown publicly in the UK in 1896 and film screenings very quickly became popular.

- From the beginning, film makers became famous for clever special effects and this continues to be an area of British expertise.

- From the early days of the cinema, British actors have worked in both the UK and USA.

روایتی کھانے

کھانے کی مختلف اقسام ہیں جو کہ روایتی طور پر برطانیہ کے مختلف حصوں کے ساتھ منسلک ہیں جیسا کہ:

- انگلینڈ: روسٹ گوشت جو کہ آلو، سبزیوں، یارکشائر پڈنگ (تندور میں سینکا ہوا دودھ انڈے کا ملغوبہ) اور دیگر لوازمات کے ساتھ پیش کیا جاتا ہے. مچھلی اور چپس بھی مقبول ہیں.
- ویلز: ویلش کیک - آٹا، خشک پھل اور مصالحے سے بنایا ایک روایتی ویلش سنیک، جو گرم یا سرد پیش کیا جاتا ہے.
- اسکاٹ لینڈ- ہیگیز: بھیڑ کا پیٹ جو کہ آنتوں، چربی، پیاز اور دلیا کے ساتھ بھرا ہوتا ہے.
- نادرن آئرلینڈ - السٹر فرائی: بیکن، انڈے. ساسیج، کالی کھیر. سفید کھیر، ٹماٹر، مشروم، سوڈے کی روٹی اور آلو کی روٹی کے ساتھ تلا ہوا کھانا.

فلمیں

برطانوی فلم انڈسٹری

- برطانیہ نے جدید سنیما پر ایک اہم اثر ڈالا ہے.
- فلمیں پہلے 1896 میں برطانیہ میں عوامی سطح پر دکھائی جاتی تھیں اور پھر فلم سکریننگ بہت تیزی سے مقبول ہوئیں.
- شروع ہی سے فلم ساز خاص فلمی اثرات کے لئے مشہور ہو گئے اور آج بھی یہ خاص برطانوی مہارت ہے.
- سنیما کے ابتدائی دنوں سے ہی برطانوی اداکاروں نے برطانیہ اور امریکہ دونوں میں کام کیا ہے.

- Sir Charles (Charlie) Chaplin became famous in silent movies for his tramp character and was one of many British actors to make a career in Hollywood.
- British studios flourished in the 1930s.

- Eminent directors included Sir Alexander Korda and Sir Alfred Hitchcock, who later left for Hollywood and remained an important film director until his death in 1980.

- During the Second World War, British movies (for example, *In Which We Serve*) played an important part in boosting morale.

- Later, British directors including Sir David Lean and Ridley Scott found great success both in the UK and internationally.

- The 1950s and 1960s were a high point for British comedies, including *Passport to Pimlico, The Ladykillers* and, later, the *Carry On* films.

- Some of the most commercially successful films of all time, including the two highest-grossing film franchises (Harry Potter and James Bond), have been produced in the UK.

- Ealing Studios has a claim to being the oldest continuously working film studio facility in the world.

- Britain continues to be particularly strong in special effects and animation. One example is the work of Nick Park, who has won four Oscars for his animated films, including three for films featuring Wallace and Gromit.

- سر چارلس (چارلی) چیپلن خاموش فلموں میں اپنے آوارہ کردار کے لئے مشہور ہو گیا اور وہ ہالی وڈ میں کیریئر بنانے والے بہت سے برطانوی اداکاروں میں سے ایک تھا.

- برطانوی اسٹوڈیوز 1930 میں پھلے پھولے.

- نامور ڈائریکٹروں میں سر الیگزینڈر کوردا اور سر الفریڈ ہچکاک، شامل ہیں جو بعد میں ہالی ووڈ چلے گئے اور 1980 میں اپنی وفات تک ایک اہم فلم ڈائریکٹر رہے.

- دوسری جنگ عظیم کے دوران برطانوی فلموں (مثال کے طور پر، 'ان وچ وئی سرو') نے حوصلہ بڑھانے میں ایک اہم کردار ادا کیا.

- بعد ازاں سر ڈیوڈ لین اور رڈلی سکاٹ سمیت برطانوی ڈائریکٹرز کو برطانیہ میں اور بین الاقوامی سطح پر بڑی کامیابی ملی.

- 1950 اور 1960 کی دہائیاں برطانوی مزاح کے لیے بہت اچھا وقت تھیں، جن میں پاسپورٹ ٹو پملیکو ، لیڈی کلرز اور بعد میں، کیری اون فلمز شامل ہیں.

- سب سے زیادہ کامیاب تجارتی فلموں میں سے کچھ اور سب سے زیادہ کمائی کرنے والی دو فلم فرنچائزز (ہیری پوٹر اور جیمز بانڈ) برطانیہ میں تیار کی گئیں.

- ایلنگ سٹوڈیوز کا دعویٰ ہے کہ وہ دنیا کا قدیم ترین مسلسل کام کرنے والا فلم سٹوڈیو ہے.

- برطانیہ (کی فلموں) میں خصوصی اثرات اور اینیمیشن کے حوالے سے ترقی جاری ہے. اس کی ایک مثال نک پارک کا کام ہے جس نے متحرک فلموں کے لئے چار آسکر جیتے جن میں سے تین 'والیس' اور ' گرومٹ' والی فلموں کے لئے ہیں.

- Actors such as Sir Lawrence Olivier, David Niven, Sir Rex Harrison and Richard Burton starred in a wide variety of popular films.

- British actors continue to be popular and continue to win awards throughout the world.

- Recent British actors to have won Oscars include Colin Firth, Sir Antony Hopkins, Dame Judi Dench, Kate Winslet and Tilda Swinton.

- The annual British Academy Film Awards, hosted by the British Academy of Film and Television Arts (BAFTA), are the British equivalent of the Oscars.

Some famous British films

- ❖ The 39 Steps (1935), directed by Alfred Hitchcock

- ❖ Brief Encounter (1945), directed by David Lean

- ❖ The Third Man (1949), directed by Carol Reed

- ❖ The Belles of St Trinian's (1954), directed by Frank Launder

- ❖ Lawrence of Arabia (1962), directed by David Lean

- ❖ Women in Love (1969), directed by Ken Russell

- ❖ Don't Look Now (1973), directed by Nicolas Roeg

- ❖ Chariots of Fire (1981), directed by Hugh Hudson

- ❖ The Killing Fields (1984), directed by Roland Joffe

- اسی طرح سر لارنس اولیور، ڈیوڈ نیون، سر ریکس ہیریسن اور رچرڈ برٹن جیسے اداکاروں نے مقبول فلموں میں اداکاری کی.
- برطانوی اداکاروں کی ساری دنیامیں مقبولیت اور ان کا ایوارڈ جیتنا جاری ہے.
- آسکر جیتنے والے حالیہ برطانوی اداکاروں میں کولن فرتھ، سر انتونی ہاپکنس، ڈیم جوڈی ڈینچ، کیٹ ونسلیٹ اور ٹلڈا اسونٹن شامل ہیں.
- برطانوی اکیڈمی برائے فلم اور ٹیلی ویژن آرٹس (BAFTA) کی طرف سے سالانہ برٹش اکیڈمی فلم ایوارڈ آسکر کے برابر مانے جاتے ہیں.

کچھ مشہور برطانوی فلمیں

- ❖ تھرٹی نائن سٹیپس (1935)، ہدایات: الفریڈ ہچکاک
- ❖ بریف انکاؤنٹر (1945)، ہدایات: ڈیوڈ لین
- ❖ دی تھرڈ مین (1949)، ہدایات: کیرول ریڈ
- ❖ دی بیلیز آف سینٹ ٹرینین (1954)، ہدایات: فرینک لانڈر
- ❖ لارنس آف عریبیہ (1962)، ہدایات: ڈیوڈ لین
- ❖ وومن ان لو (1969)، ہدایات: کین رسل
- ❖ ڈونٹ لک ناؤ (1973)، ہدایات: نکولس روگ

❖ Four Weddings and a Funeral (1994), directed by Mike Newell

❖ Touching the Void (2003), directed by Kevin MacDonald.

British comedy:

- The traditions of comedy and satire, and the ability to laugh at ourselves, are an important part of the UK character.

- Medieval kings and rich nobles had jesters who told jokes and made fun of people in the court.

- Later, Shakespeare included comic in his plays.

- In the 18th century, political cartoons attacking prominent politicians, and, sometimes the monarch or other members of the royal family, became increasingly popular.

- In the 19th century, satirical magazines began to be published. The most famous was *Punch,* which was published for the first time in the 1840's.

- Today, political cartoons continue to be published in newspapers, and magazines such as *Private Eye* continue the tradition of satire.

- Comedians were a popular feature of British music hall, a form of variety theatre, which was very common until television became the leading form of entertainment in the UK. Some of the people who had performed in the music halls in the 1940s and 1950s, such as Morecambe and Wise, became stars of television.

- ❖ فورویڈنگز اینڈ اے فیونرل (1994)، ہدایات: مائیک نیول
- ❖ ٹچنگ دی وو آئیڈ (2003)، ہدایات: کیون میکڈونالڈ

برطانوی مزاح:

- طنز و مزاح کی روایات اور خود پر ہنسنے کرنے کی صلاحیت، برطانیہ کے کردار کا ایک اہم حصہ ہیں.
- مڈل ایجز کے بادشاہ اور امراء کے پاس مسخرے ہوتے تھے جو ان کی عدالت میں لوگوں کا مذاق اڑاتے تھے.
- بعد ازاں، شیکسپیئر نے اپنے ڈراموں میں بھی مزاح شامل کیا.
- اٹھارھویں صدی میں، ممتاز سیاستدانوں اور کبھی بادشاہ یا شاہی خاندان کے دیگر ارکان کے سیاسی کارٹون تیزی سے مقبول ہوئے.
- انیسویں صدی میں، طنزیہ رسائل شائع ہونے شروع ہوئے. سب سے زیادہ مشہور 'پنچ' تھا جو کہ 1840 میں پہلی بار شائع کیا گیا تھا جس میں کارٹون ہوتے تھے.
- آج بھی سیاسی کارٹونوں کی اخبارات میں اشاعت جاری ہے اور پرائویٹ آئی جیسے میگزین طنز کی روایت جاری رکھے ہوئے ہیں.
- مزاحیہ فنکار برطانوی موسیقی ہال کی ایک مقبول خاصیت تھے، جو ورائٹی تھیٹر کی ایک شکل تھا اور برطانیہ میں ٹیلی ویژن (کے تفریح کے لئے معروف ہونے) سے پہلے تک بہت عام تھا. . کچھ فنکار جنہوں نے 1940 اور 1950 کی دہائیوں میں موسیقی ہال میں اپنے فن کا مظاہرہ کیا، جیسا کہ مورکمبے اور وائز، بعد میں ٹیلی ویژن کے ستارے بن گئے-

- Television comedy developed its own style. Situation comedies, or sitcoms, which often look at family life and relationships in the workplace, remain popular.

- Satire has also continued to be important, with shows like *That Was The Week That Was* in the 1960s and *Spitting Image* in the 1980s and 1990s.

- In 1969, *Monty Python's Flying Circus* introduced a new type of progressive comedy. Stand-up comedy, where a solo comedian talks to a live audience, has become popular again in recent years.

Television and radio

- Many different television (TV) channels are available in the UK. Some are free to watch and others require a paid subscription.

- British television shows a wide variety of programmes. Popular programmes include regular soap operas such as *Coronation Street* and *EastEnders*.

- In Scotland, some Scotland-specific programmes are shown and there is also a channel with programmes in the Gaelic language.

- There is a Welsh-language channel in Wales.

- There are also programmes specific to Northern Ireland and some programmes broadcast in Irish Gaelic.

- ٹیلی ویژن کے مزاح کا ایک اپنا انداز ہے. واقعاتی مزاح یاسٹ کوم، جو کہ اکثر خاندان کی زندگی اور دفاتر میں تعلقات پر مبنی ہوتے ہیں آج بھی بہت مقبول ہیں.

- طنز و مزاح ہمیشہ اہم رہا ہے جسکی مثال 1960 کی دہائی میں "ڈیٹ واز داویک دیٹ واز" اور 1980 اور1990 کی دہائیوں میں 'سپٹنگ امیج' کی طرح کے شوز ہیں-

- 1969 میں مونٹی پائتھن کے "فلائنگ سرکس" نے ترقی پسند مزاح کی ایک نئی قسم متعارف کرائی. کھڑے ہو کر مزاح کے مظاہرے، جن میں ایک سولو کامیڈین حاضر سامعین کے لئے فن کے مظاہرے کرتا ہے، بھی حالیہ برسوں میں ایک بار پھر مقبول ہو گئے ہیں.

ٹیلی ویژن اور ریڈیو

- برطانیہ میں بہت سے مختلف ٹیلی ویژن (ٹی وی) چینلز دستیاب ہیں. کچھ دیکھنے کے لئے مفت ہیں جبکہ کچھ کے لیے رقم ادا کرنا پڑتی ہے.

- برطانوی ٹیلی ویژن بہت سے مختلف پروگرام دکھاتا ہے. مقبول پروگراموں میں باقاعدگی سے دکھائے جانے والے ڈرامے "کورونیشن سٹریٹ" اور "ایسٹ اینڈرز" شامل ہیں.

- اسکاٹ لینڈ میں کچھ اسکاٹ لینڈ کے مخصوص پروگرام دکھائے جاتے ہیں اور گیلک زبان میں پروگراموں والا ایک چینل بھی موجود ہے.

- ویلز میں ویلش زبان کا چینل ہے.

- نادرن آئرلینڈ کے لئے مخصوص پروگرام بھی موجود ہیں اور بعض پروگراموں آئرش گیلک میں بھی نشر کیے جاتے ہیں.

- Everyone in the UK with a TV, computer or other medium which can be used for watching TV, must have a television licence.

- One licence covers all of the equipment in one home, except when People rent different rooms in a shared house and each has a separate tenancy agreement - those people must each buy a separate licence.

- People over 75 can apply for a free TV licence and blind people can get a 50% discount.

- You will receive a fine of up to £1,000 if you watch TV but do not have a TV licence.

- The money from TV licences is used to pay for the British Broadcasting Corporation (BBC). This is a British public service broadcaster providing television and radio programmes.

- The BBC is the largest broadcaster in the world. It is the only wholly state funded media organisation that is independent of government.

- Other UK channels are primarily funded through advertisements and subscriptions.

- There are also many different radio stations in the UK. There are radio stations that play certain types of music and some broadcast in regional languages such as Welsh or Gaelic.

- Like television, BBC radio stations are funded by TV licences and other radio stations are funded through advertisements.

- ٹی وی، کمپیوٹر یا کسی دوسرے ذریعے سے ٹی وی دیکھنے کے لئے برطانیہ میں ہر کسی کو ایک ٹیلی ویژن لائیسنس لینا ضروری ہے.
- ایک لائیسنس ایک گھر میں تمام آلوں کے لیے کافی ہے اگر لوگ ایک مشترکہ گھر میں مختلف کمروں میں علیحدہ کرایہ داری کے معاہدے پر رہتے ہوں تو ان کے لیے علیحدہ لائیسنس ہونا لازمی ہے.
- 75 سال سے زائد عمر کے افراد مفت ٹی وی لائیسنس کے لئے درخواست دے سکتے ہیں اور اندھے لوگوں کو 50 فیصد رعایت مل سکتی ہے.
- اگر آپ ٹی وی دیکھتے ہیں اور آپ کے پاس ٹی وی لائیسنس نہیں ہے تو آپ کو 1000 £ تک کا جرمانہ ہو گا.
- ٹی وی لائیسنس سے حاصل شدہ رقم برٹش براڈکاسٹنگ کارپوریشن (بی بی سی) کے لئے استعمال کی جاتی ہے. یہ ایک برطانوی عوامی خدمت کا نشریاتی ادارہ ہے جو کہ ٹیلی ویژن اور ریڈیو پروگرام نشر کرتا ہے-
- بی بی سی دنیا میں سب سے بڑا براڈکاسٹر ہے. یہ مکمل طور پر ریاست کے خرچ پر چلنے والی واحد ذرائع ابلاغ کی تنظیم ہے جو کہ حکومت سے آزاد ہے.
- دیگر برطانوی چینلز کے اخراجات بنیادی طور پر اشتہارات اور صارفین فراہم کرتے ہیں.
- برطانیہ میں بہت سے مختلف ریڈیو سٹیشن بھی ہیں. ایسے ریڈیو سٹیشن بھی ہیں جو خاص موسیقی سناتے ہیں اور بعض پر علاقائی زبانوں ویلش یا گیلک میں نشریات آتی ہیں.
- ٹیلی ویژن کی طرح بی بی سی ریڈیو سٹیشن بھی ٹی وی لائیسنسوں سے جبکہ دیگر ریڈیو اسٹیشن اشتہارات سے فنڈز حاصل کرتے ہیں.

Social networking

- Social networking websites such as Facebook and Twitter are a popular way for people to stay in touch with friends, organise social events, and share photos, videos and opinions.

- Many people use social networking on their mobile phones when out and about.

Pubs and night clubs

- Public houses (pubs) are an important part of the UK social culture. Many people enjoy meeting friends in the pub.

- Most communities will have a 'local' pub that is a natural focal point for social activities.

- Pub quizzes are popular. Pool and darts are traditional pub games.

- To buy alcohol in a pub or night club you must be 18 or over, but people under that age may be allowed in some pubs with an adult.

- When they are 16, people can drink wine or beer with a meal in a hotel or restaurant (including eating areas in pubs) as long as they are with someone over 18.

- Pubs are usually open during the day from 11.00 am (12 noon on Sundays).

سوشل نیٹ ورکنگ

- فیس بک اور ٹویٹر جیسی سوشل نیٹ ورکنگ ویب سائٹس لوگوں کو دوستوں کے ساتھ رابطے میں رہنے، سماجی تقریبات کا اہتمام کرنے، اور تصاویر، ویڈیوز اور رائے کا اشتراک کرنے کے لئے کافی مقبول ہیں۔

- بہت سے لوگ جب باہر نکلے ہوں تو اپنے موبائل فون پر سوشل نیٹ ورکنگ کا استعمال کرتے ہیں۔

پب اور نائٹ کلب

- پبلک گھر (پب) برطانیہ میں سماجی ثقافت کا ایک اہم حصہ ہیں۔ بہت سے لوگ پب میں دوستوں سے ملنا پسند کرتے ہیں۔

- بہت سی کمیونٹیز کے 'مقامی' پب ہیں جو کہ قدرتی طور پر سماجی سرگرمیوں کے لئے ایک مرکز ہیں۔

- پب میں سوال جواب کے مقابلے مشہور ہیں۔ پول اور ڈارٹس روایتی پب کے کھیل ہیں۔

- ایک پب یا نائٹ کلب میں شراب خریدنے کے لئے آپ کا 18 سال کا ہونا ضروری ہے، لیکن اس سے کم عمر کے لوگوں کو، ایک بالغ کے ساتھ، کچھ شراب خانوں میں جانے کی اجازت دی جا سکتی ہے۔

- ایک ہوٹل یا ریستوران میں 16 سال کے لوگ کھانے کے ساتھ شراب یا بیئر پی سکتے ہیں (اس میں شراب خانوں کی کھانے کی جگہیں شامل ہیں) بشرطیکہ وہ ایک 18 سال کے فرد کے ساتھ ہوں۔

- پب عام طور پر دن کے وقت صبح 11 بجے (اتوار دوپہر 12 بجے) سے کھلتے ہیں۔

- Night clubs with dancing and music usually open and close later than pubs.

- The licensee decides the hours that the pub or night club is open.

Betting and gambling

- In the UK, people often enjoy a gamble on sports or other events. There are also casinos in many places.

- You have to be 18 to go betting shops or gambling clubs.

- There is a National Lottery for which draws are made every week. You can enter by buying a ticket or a scratch card.

- People under 16 are not allowed to participate in the National Lottery.

Pets

- A lot of people in the UK have pets such as cats or dogs. They might have them for company or because they enjoy looking after them.

- It is against the law to treat a pet cruelly or to neglect it.

- All dogs in public places must wear a collar showing the name and address of the owner.

- The owner is responsible for keeping the dog under control and for cleaning up after the animal in a public place.

- رقص اور موسیقی کے ساتھ نائٹ کلب عام طور پر پب کے مقابلے میں دیر سے کھلتے اور بند ہوتے ہیں.

- پب یا نائٹ کلب کا لائیسنس رکھنے والا فیصلہ کرتا ہے کہ اسکے اوقات کار کیا ہوں گے.

شرط لگانا اور جوا کھیلنا

- برطانیہ میں لوگ اکثر کھیل یا دیگر واقعات پر جوئے سے لطف اندوز ہوتے ہیں. بہت سی جگہوں پر جوئے بازی کے اڈے بھی ہیں.
- شرط لگانے کی دکانوں یا جوئے کلب میں جانے کے لئے آپ کا 18 سال کا ہونا لازمی ہے.
- ایک قومی لاٹری بھی ہے جو ہر ہفتے نکلتی ہے. آپ ایک ٹکٹ یا ایک سکریچ کارڈ خرید کر شامل ہو سکتے ہیں.

- 16 سال سے کم عمر لوگوں کو قومی لاٹری میں حصہ لینے کی اجازت نہیں ہے-

جانور پالنا

- برطانیہ میں بہت سے لوگ بلیوں یا کتوں کو پالتے ہیں. وہ یا تو ان کا ساتھ پسند کرتے ہیں یا ان کی دیکھ بھال میں انہیں لطف آتا ہے.
- پالتو جانور کو نظر انداز کرنا یا اس پر ظلم کرنا قانون کے خلاف ہے.
- عوامی مقامات پر تمام کتوں کا پٹہ پہننا ضروری ہے جس پر ان کے مالک کا نام اور پتہ لکھا ہوتا ہے.

- مالک کتے کو کنٹرول میں رکھنے کے لئے اور عوامی جگہ میں صفائی کا ذمہ دار ہے.

- Vaccinations and medical treatment for animals are available from veterinary surgeons (vets).

- There are charities which may help people who cannot afford to pay a vet.

Places of interest

- The UK has a large network of public footpaths in the countryside.

- There are also many opportunities for mountain biking, mountaineering and hill walking.

- There are 15 national parks in England, Wales and Scotland. They are areas of protected countryside that everyone can visit, and where people live, work and look after the landscape.

- There are many museums in the UK, which range from small community museums to large national and civic collections.

- Famous landmarks exist in towns, cities and the countryside throughout the UK. Most of them are open to the public to view (generally for a charge).

- Many parts of the countryside and places of interest are kept open by the National Trust in England, Wales and Northern Ireland and the National Trust for Scotland. Both are charities that work to preserve important buildings, coastline and countryside in the UK.

- The National Trust was founded in 1895 by three volunteers. There are now more than 61,000 volunteers helping to keep the organisation running.

- حفاظتی ٹیکے اور جانوروں کے لئے طبی علاج ویٹرنری سرجن (vets) کے پاس دستیاب ہوتے ہیں.

- ان لوگوں کے لیے جو ایک ڈاکٹر کی فیس ادا کرنے کے متحمل نہیں ہوسکتے خیراتی ادارے موجود ہیں.

دلچسپی کے مقامات

- برطانیہ کے دیہی علاقوں میں عوامی فٹ پاتھوں کا ایک بڑا نیٹ ورک موجود ہے.

- پہاڑ پر سائیکل چلانے، کوہ پیمائی اور پہاڑوں میں چلنے کے بھی کئی مواقع ہیں.

- انگلینڈ، ویلز اور سکاٹ لینڈ میں 15 قومی پارک ہیں. یہ محفوظ دیہاتوں کے علاقے ہیں جہاں ہر کوئی جا سکتا ہے، اور جہاں لوگ رہتے ہیں، کام کرتے ہیں اور زمین کی تزئین کی دیکھ بھال کرتے ہیں.

- برطانیہ میں بہت سے عجائب گھر ہیں جن میں چھوٹے کمیونٹی میوزیم سے لے کر بڑے قومی اور شہری مجموعوں تک شامل ہیں.

- برطانیہ بھر میں دیہی علاقوں، قصبوں اور شہروں میں مشہور یادگاریں موجود ہیں. ان میں سے بیشتر عوام کے دیکھنے کے لئے (عام طور پر ٹکٹ لے کر) کھلے ہیں.

- بہت سے دیہی علاقے اور دلچسپی کے بہت سے مقامات انگلینڈ، ویلز اور نادرن آئرلینڈ کے قومی ٹرسٹ اور اسکاٹ لینڈ کے قومی ٹرسٹ کی طرف سے کھلے رکھے جاتے ہیں. یہ دونوں خیراتی ادارے ہیں جو اہم عمارتوں، ساحل اور برطانیہ میں دیہی علاقوں کے تحفظ کے لئے کام کرتے ہیں.

- نیشنل ٹرسٹ 1895 میں تین رضاکاروں نے قائم کیا تھا. تنظیم چلانے میں مدد کرنے کے لیے اب 61000 سے بھی زیادہ رضاکار موجود ہیں.

UK landmarks

Big Ben

Big Ben is the nickname for the great bell of the clock at the houses of Parliament in London. Many people call the clock Big Ben as well. The clock is over 150 years old and is a popular tourist attraction. The clock tower is named 'Elizabeth Tower' in honour of Queen Elizabeth II's Diamond Jubilee in 2012.

The Eden Project

The Eden Project is located in Cornwall, in the south west of England. Its biomes, which are like giant greenhouses, house plants from all over the world. The Eden project is also a charity, which runs environmental and social projects internationally.

Edinburgh Castle

The castle is a dominant feature of the skyline in Edinburgh, Scotland. It has a long history, dating back to the early middle ages. It is looked after by Historic Scotland, a Scottish government agency.

The Giant's Causeway

Located on the north-east coast of Northern Ireland, the Giant's Causeway is a land formation of columns made from volcanic lava. It was formed about 50 million years ago. There are many legends about the causeway and how it was formed.

Loch Lomond and the Trossachs National Park

This national park covers 720 square miles [1,865 square kilometres] in the west of Scotland.

برطانیہ کے امتیازی مقامات

بگ بین

بگ بین لندن میں پارلیمنٹ کے ایوانوں میں لگی گھڑی کی بڑی گھنٹی کا نام ہے. بہت سے لوگ گھڑی کو بھی بگ بین کہتے ہیں. گھڑی 150 سال سے زیادہ پرانی ہے اور سیاحوں کے لیے بہت پرکشش ہے. گھڑی والے مینار کو 2012 میں ملکہ الزبتھ دوئم کی ڈائمنڈ جوبلی کے اعزاز میں 'الزبتھ ٹاور' کا نام دیا گیا ہے.

ایڈن پروجیکٹ

ایڈن منصوبہ انگلینڈ کے جنوب مغرب میں، کارنوال میں واقع ہے. اس کے حیاتی خطے، جو کہ بہت بڑے گرین ہاؤس کی طرح ہیں، میں دنیا بھر کے پودے موجود ہیں. ایڈن منصوبہ بھی ایک خیراتی ادارہ ہے جو کہ بین الاقوامی سطح پر ماحولیاتی اور سماجی منصوبے چلاتا ہے.

ایڈنبرا کاسل

اسکاٹ لینڈ میں اسکائی لائن کی ایک بڑی خصوصیت محل ایڈنبرا ہے. اس کی ایک طویل تاریخ ہے جو کہ ابتدائی مڈل ایجز تک جاتی ہے. اس کی دیکھ بھال سکاٹش حکومت کی ایک ایجنسی، "تاریخی اسکاٹ لینڈ" کرتی ہے۔

دا جائنٹ کاز وے

یہ نادرن آئرلینڈ کے شمال مشرقی ساحل پر واقع آتش فشانی لاوے سے بنے کالموں پر مشتمل زمین کی ایک شکل ہے. یہ 50 ملین سال پہلے بنی تھی. اس کازوے اور اسکی تشکیل کے بارے میں بہت سی کہانیاں ہیں.

لوک لومنڈ اور ٹروسیکس نیشنل پارک

یہ نیشنل پارک 720 مربع میل وسیع (1,865 مربع کلومیٹر) اسکاٹ لینڈ کے مغرب میں احاطہ کرتا ہے۔

Loch Lomond is the largest expanse of fresh water in mainland Britain and probably the best-known part of the park.

London Eye

The London Eye is situated on the southern bank of the river Thames and is a Ferris wheel that is 443 feet [135 metres] tall. It was originally built as part of the UK's celebration of the new millennium, and continues to be an important part of New Year celebrations.

Snowdonia

Snowdonia is a national park in North Wales. It covers an area of 838 square miles [2170 square kilometres]. Its most well known landmark is Snowdon, which is the highest mountain in Wales.

The Tower of London

The Tower of London was first built by William the Conqueror after he became king in 1066. Tours are given by the Yeoman Warders, also known as Beefeaters, who tell visitors about the building's history. People can also see the Crown Jewels there.

The Lake District

The Lake District is England's largest national park. It covers 885 sq miles [2292 sq km]. It is famous for its lakes and mountains and is very popular with climbers, walkers and sailors. The biggest stretch of water is Windermere. In 2007, television viewers voted Wastwater as Britain's favourite view.

لوک لو منڈ سر زمین برطانیہ میں تازہ پانی کا سب سے بڑا ذخیرہ اور شاید پارک کا سب سے مشہور حصہ ہے.

لندن آئی

لندن آئی دریائے ٹیمز کے جنوبی کنارے پر واقع ہے اور یہ 443 فٹ (135 میٹر) اونچا ایک ہنڈولا ہے. یہ اصل میں نئی صدی کے لیے برطانیہ کے جشن کے موقع پر بنایا گیا، اور تب سے نئے سال کی تقریبات کا ایک اہم حصہ ہے.

سنو ڈونیا

سنو ڈونیا شمالی ویلز میں ایک قومی پارک ہے. یہ 838 مربع میل (2170 مربع کلومیٹر) کے علاقے پر محیط ہے. اس کی سب سے زیادہ معروف جگہ سنوڈون ہے جو ویلز میں سب سے بلند پہاڑ ہے.

ٹاور آف لندن

ٹاور آف لندن پہلے ولیم فاتح نے 1066 میں بادشاہ بننے کے بعد تعمیر کیا تھا. اس کے دورے یومن وارڈرز، جو کہ بیفیٹرز کے طور پر بھی جانے جاتے ہیں، کرواتے ہیں جو عمارت کی تاریخ کے بارے میں بھی زائرین کو بتاتے ہیں. لوگ وہاں شاہی زیورات بھی دیکھ سکتے ہیں.

لیک ڈسٹرکٹ

لیک ڈسٹرکٹ انگلینڈ کا سب سے بڑا قومی پارک ہے. یہ 885 مربع میل (2292 مربع کلومیٹر) کا احاطہ کرتا ہے. یہ اپنی جھیلوں اور پہاڑوں کے لئے مشہور ہے اور کوہ پیماؤں، چلنے والوں اور بادبانی کشتی رانوں میں بہت مقبول ہے. اس میں پانی کی سب سے بڑا ذخیرہ ونڈر میئر ہے. 2007 میں، ٹیلی ویژن ناظرین نے واسٹ واٹر کو برطانیہ کے سب سے پسندیدہ منظر کے طور پر منتخب کیا.

Chapter 4:

Practice Questions

1.   Approximately what % of the population has a parent or grandparent born outside the UK?

      A   50
      B   40
      C   20
      D   10

2.   What is the longest distance on UK mainland?

      A   2000 miles
      B   1000 miles
      C   870 miles
      D   400 miles

3.   Which city is the capital of UK?

      A   London
      B   Liverpool
      C   Manchester
      D   Oxford

4.   Which is the capital of Scotland?

      A   Glasgow
      B   London
      C   Edinburgh
      D   Dundee

5.   Which is the capital of Northern Ireland?

      A   Belfast
      B   Aberdeen
      C   Pale
      D   Dublin

6.   In 2009, what percent of people in UK identified
        themselves as Christians?

        A   70%
        B   50%
        C   15%
        D   5%
****
7.   What percent of people in UK are Muslims?

        A   7.2%
        B   4.0%
        C   4.3%
        D   6.1%

****
8.   What percent of people in UK are Sikhs?

        A   1.0%
        B   0.3%
        C   0.8%
        D   1.7%
****
9.   What percent of people in UK are Jews?

        A   0.3%
        B   1.7%
        C   Less than 0.5%
        D   1.2%

****
10.   Who has the right to select the Archbishop?

        A   Prime Minister
        B   Church Officials
        C   Monarch
        D   Parliament

11.   Which of the following statements is correct?

      A   St Andrew is the patron saint of Scotland
      B   St George is the patron saint of Scotland

12.   Each saint has a special day. Which of the following is Saint David's day?

      A   1st March
      B   17th March
      C   23rd April
      D   30th November

13.   Each saint has a special day. Which of the following is Saint Andrew's day?

      A   1st March
      B   17th March
      C   23rd April
      D   30th November

14   Which of these is Christmas Eve?

      A   Evening of 25th December
      B   Evening of 26th December
      C   Evening of 24th December
      D   Evening of 27th December

15.   What is the day after Christmas called?

      A   Boxing day
      B   Christening day
      C   D-day
      D   Remembrance day

16.   When is Halloween celebrated?

     A   1st April
     B   14th February
     C   31st October
     D   26th December

17.   On Halloween, very young people play which of these?

     A   Musical chairs
     B   Trick or Treat
     C   Rugby
     D   Board Games

18.   When is Bonfire night celebrated?

     A   1st April
     B   14th February
     C   5th November
     D   11th November

19.   11 November, commemorates those who died fighting for the UK and its allies. What is it called?

     A   Bonfire Night
     B   Remembrance day
     C   D day
     D   Thanksgiving day

20.   How many times UK has hosted Olympic games?

     A   1
     B   2
     C   3
     D   4

21.   **Who can apply for a free TV licence?**

A   Pregnant women

B   Children under 18 years

C   People over 75

D   Blind People

22.   **Where does the money from the TV licences go?**

A   BBC

B   Sky News

C   Inland Revenue

D   British Film Industry

23.   **What is the minimum age to buy alcohol in a pub?**

A   21

B   16

C   18

D   No age bar

24.   **What is the minimum age to go to betting shops or gambling clubs?**

A   21

B   16

C   18

D   No age bar

25.   **What is the minimum age to buy a lottery ticket or a scratch card?**

A   14

B   16

C   18

D   21

Q.#	Answer	Reference	
		Chapter	Page #
1	D	A modern, thriving society	p. 71
2	C	A modern, thriving society	p. 71
3	A	A modern, thriving society	p. 72
4	C	A modern, thriving society	p. 72
5	A	A modern, thriving society	p. 72
6	A	A modern, thriving society	p. 76
7	B	A modern, thriving society	p. 76
8	A	A modern, thriving society	p. 76
9	C	A modern, thriving society	p. 76
10	C	A modern, thriving society	p. 77
11	A	A modern, thriving society	p. 77
12	A	A modern, thriving society	p. 77
13	D	A modern, thriving society	p. 77
14	C	A modern, thriving society	p. 79
15	A	A modern, thriving society	p. 80
16	C	A modern, thriving society	p. 82
17	B	A modern, thriving society	p. 82
18	C	A modern, thriving society	p. 83
19	B	A modern, thriving society	p. 83
20	C	A modern, thriving society	p. 84
21	C	A modern, thriving society	p. 105
22	A	A modern, thriving society	p. 105
23	C	A modern, thriving society	p. 106
24	C	A modern, thriving society	p. 106
25	B	A modern, thriving society	p. 107

Please note that the page numbers in last column are from Official book and are written here for your peace of mind that all information and question answers are from official book. Thanks.

Chapter 5:

The UK Government, the Law & Your Role

- The UK is a Parliamentary democracy with the monarch as head of the state.

The development of British democracy

- Democracy is a system of government where the whole adult population gets a say. This might be by direct voting or by choosing representatives to make decisions on their behalf.

- At the turn of the 19th century, Britain was not a democracy as we know it today. Although there were elections to select members of Parliament [MPs], only a small group of people could vote. They were men over 21 years of age and who owned a certain amount of property.

- The franchise [that is, the number of people who had the right to vote] grew over the course of the 19th century, and the political parties began to involve ordinary men and women as members.

- In the 1830s and 1840s, a group called the Chartists campaigned for reform. They wanted six changes:

  - For every man to have the vote

  - Elections every year

  - For all regions to be equal in the electoral system

  - Secret ballots

  - For any man to be able to stand as an MP

  - For MPs to be paid

- برطانیہ ایک پارلیمانی جمہوریت ہے جس میں ریاست کا سربراہ ایک بادشاہ ہے۔

برطانوی جمہوریت کی ترقی

- جمہوریت ایک ایسا نظام ہے جس میں پوری بالغ آبادی حق رائے دہی استعمال کرتی ہے۔ یہ براہ راست ووٹنگ سے یا ان کی طرف سے فیصلے کرنے کے لیے نمائندوں کو منتخب کرکے ہو سکتا ہے۔

- انیسویں صدی کے آغاز پر برطانیہ ایسا جمہوری ملک نہیں تھا جیسا کہ آج ہے۔ اگرچہ پارلیمنٹ کے ارکان منتخب کرنے کیلئے انتخابات ہوتے تھے، لیکن لوگوں کا صرف ایک چھوٹا سا گروپ ووٹ ڈال سکتا تھا۔ یہ 21 سال سے زائد عمر کے مرد تھے جن کی ایک مقررہ حد تک املاک تھی ۔

- فرنچائز (ووٹ کا حق رکھنے والے لوگوں کی تعداد) میں انیسویں صدی کے دوران اضافہ ہوا ہے، اور سیاسی جماعتوں نے عام مردوں اور عورتوں کو بھی ارکان کے طور پر شامل کرنا شروع کر دیا۔

- 1830 اور 1840 کی دہائیوں میں ایک گروپ چارٹسٹ نے اصلاحات کے لئے مہم چلائی۔ وہ چھ تبدیلیاں کرنا چاہتے تھے:

  • ہر شخص کے لئے ووٹ کا حق حاصل کرنا

  • ہر سال انتخابات

  • تمام علاقوں کے لئے انتخابی نظام میں برابر ہونا

  • خفیہ بیلٹ (لوگوں کی نظروں سے چھپا کر ووٹ ڈالنے کی سہولت)

  • کسی بھی آدمی کو رکن پارلیمنٹ کے طور پر کھڑا ہونے کی اجازت

  • ارکان پارلیمنٹ کے لئے تنخواہ

- At the time, the campaign was generally seen as a failure.

- However, by 1918 most of these reforms had been adopted. The voting franchise was also extended to women over 30, and then in 1928 to men and women over 21.

- In 1969, the voting age was reduced to 18 for men and women.

The British Constitution

- A constitution is a set of principles by which a country is governed. It includes all of the institutions that are responsible for running the country and how their power is kept in check. The constitution also includes laws and conventions.

- The British constitution is not written down in any single document, and therefore it is described as 'unwritten'. This is mainly because the UK, unlike America or France, has never had a revolution which led permanently to a totally new system of government.

- Our most important institutions have developed over hundreds of years.

Constitutional institutions

- In the UK, there are several different parts of the government. The main ones are:
  - The monarchy
  - Parliament (the House of Commons and the House of Lords)
  - The prime minister

- اس وقت اسکو ایک ناکام مہم کے طور پر دیکھا گیا۔
- تاہم، 1918 میں ان اصلاحات میں سے زیادہ تر کو اپنالیا گیا۔ ووٹنگ فرنچائز میں بھی توسیع کر کے 30 سال سے زائد کی خواتین کو شامل کیا گیا، پھر 1928 میں مزید توسیع کر کے 21 سال سے زائد عمر کے مردوں اور عورتوں کو اس میں شامل کر لیا گیا۔
- 1969 میں مردوں اور عورتوں کیلیئے ووٹنگ کی عمر کو کم کر کے 18 سال تک کر دیا گیا۔

برطانوی آئین

- آئین ایک ملک پر حکومت کرنے کے لیے اصولوں کا ایک مجموعہ ہے۔ اس میں ملک چلانے کے ذمہ دار تمام ادارے اور ان کی طاقت پر حد مقرر کرنے کے طریقے شامل ہوتے ہیں- آئین میں قوانین اور ضابطے بھی شامل ہوتے ہیں.
- برطانوی آئین کسی ایک دستاویز میں لکھا نہیں ہے، اور اس وجہ سے اسے 'غیر تحریر شدہ' کہا جاتا ہے۔ یہ اسلیۓ ہے کہ بنیادی طور پر امریکہ یا فرانس کے برعکس برطانیہ میں کبھی ایسا انقلاب نہیں آیا کہ جس کے نتیجے میں حکومت کا مستقل طور پر ایک مکمل نیا نظام آجاتا۔
- ہمارے سب سے اہم اداروں کی نشو نماء صدیوں پر محیط ہے-

آئینی ادارے

- برطانیہ میں حکومت کے کئی مختلف حصے ہیں۔ اہم درجِ ذیل ہیں:
  - شہنشاہیت
  - پارلیمنٹ (ہاؤس آف کامنز اور ہاؤس آف لارڈز)
  - وزیر اعظم

- The cabinet
- The judiciary (courts)
- The police
- The civil service
- Local government

- In addition, there are devolved governments in Scotland, Wales and Northern Ireland that have the power to legislate on certain issues.

The monarchy

- Queen Elizabeth II is the head of state of the UK. She is also the monarch or head of state for many countries in the commonwealth.

- The UK has a constitutional monarchy. This means that the king or Queen does not rule the country but appoints the government, which people have chosen in a democratic election.

- The monarch invites the leader of the party with the largest number of MPs, or the leader of a coalition between more than one party, to become the prime minister.

- The monarch has regular meetings with the prime minister and can advise, warn, encourage, but the decisions on the government policies are made by the prime minister and the cabinet.

- The Queen has reigned since her father's death in 1952, and in 2012 she celebrated her diamond jubilee [60 years as Queen].

- کابینہ
- عدلیہ (عدالتیں)
- پولیس
- سول سروس
- لوکل حکومت

- اس کے علاوہ سکاٹ لینڈ، ویلز اور نادرن آئرلینڈ میں تنزیلی حکومتیں ہیں جو بعض معاملات پر قانون سازی کرنے کی طاقت رکھتی ہیں۔

شہنشاہیت

- ملکہ ایلزبتھ دوئم برطانیہ کی ریاست کی سربراہ ہیں۔ وہ دولت مشترکہ کے بھی بہت سے ممالک کے لئے بادشاہ یا ریاست کی سربراہ ہیں۔

- برطانیہ ایک آئینی بادشاہت ہے۔ اس کا مطلب ہے کہ بادشاہ یا ملکہ ملک پر حکمرانی نہیں کرتے لیکن وہ حکومت مقرر کرتے ہیں جس کو لوگ ایک جمہوری انتخاب میں منتخب کرتے ہیں۔

- بادشاہ، اس پارٹی جس کے ساتھ ارکان پارلیمنٹ کی سب سے بڑی تعداد ہوتی ہے، یا ایک سے زیادہ پارٹی کے درمیان اتحاد، کے رہنما کو وزیر اعظم بننے کے لئے دعوت دیتا ہے۔

- بادشاہ وزیر اعظم کے ساتھ باقاعدہ ملاقاتیں کرتا ہے اور اسے نصیحت، انتباہ یا حوصلہ افزائی دیتا ہے، لیکن حکومتی پالیسیوں پر فیصلے وزیر اعظم اور کابینہ کی طرف سے ہی ہوتے ہیں۔

- ملکہ 1952 میں ان کے والد کی موت کے بعد سے ریاست کی فرماں روا ہیں، اور 2012ء میں انہوں نے اپنی ڈائمنڈ جوبلی (ملکہ کے طور پر 60 سال) منائی۔

- She is married to Prince Philip, the Duke of Edinburgh.

- Her eldest son, Prince Charles [the Prince of Wales], is the heir to the throne.

- The Queen has important ceremonial roles, such as the opening of the new Parliamentary session each year. On this occasion, the Queen makes a speech, which summarises the government's policies for the year ahead.

- All acts of Parliament are made in her name.

- The Queen represents the UK to the rest of the world.

- She receives foreign ambassadors and high commissioners, entertains visiting heads of state, and makes state visits overseas in support of diplomatic and economic relationships with other countries.

- The Queen has an important role in providing stability and continuity. While governments and prime ministers change regularly, the Queen continues as head of state. She provides a focus for national identity and pride, which was demonstrated through the celebrations of her jubilee.

The National Anthem

- The National anthem of the UK is 'God Save the Queen'.

- It is played at important national occasions and at events attended by the Queen or the royal family.

- وہ ڈیوک آف ایڈنبرا، پرنس فلپ کی زوجہ ہیں -
- ان کے سب سے بڑے بیٹے پرنس چارلس (پرنس آف ویلز)، ان کے تخت کے وارث ہیں.
- ملکہ کچھ اہم رسمی کردار ادا کرتی ہیں جیسا کہ ہر سال نئے پارلیمانی سیشن کا افتتاح کرنا. اس موقع پر ملکہ نئے سال کے لئے حکومت کی پالیسیوں کے خلاصے پر مشتمل ایک تقریر کرتی ہیں.
- پارلیمنٹ کے تمام ضابطے انہی (ملکہ) کے نام پر بنائے جاتے ہیں.
- ملکہ باقی دنیا کے سامنے برطانیہ کی نمائیندگی کرتی ہیں.
- وہ غیر ملکی سفیروں اور ہائی کمشنروں کا استقبال کرتی ہیں، دورے پر آئے دوسرے ممالک کے سربراہان کا خیال رکھتی ہیں اور دیگر ممالک کے ساتھ سفارتی اور اقتصادی تعلقات کی حمایت میں بیرون ملک ریاستی دورے کرتی ہیں.
- ملکہ استحکام اور تسلسل فراہم کرنے میں ایک اہم کردار ادا کرتی ہیں. حکومتیں اور وزرائے اعظم باقاعدگی سے تبدیل ہوتے ہیں جبکہ ملکہ ریاست کے سربراہ کے طور پر اپنی جگہ قائم رہتی ہیں. وہ قومی تشخص اور فخر کا مرکز مہیا کرتی ہیں، جو کہ انکی جوبلی کی تقریبات میں عیاں تھا-

قومی ترانہ

- برطانیہ کا قومی ترانہ 'خدا ملکہ کی حفاظت کرے' ہے.
- یہ اہم قومی مواقع پر اور ملکہ یا شاہی خاندان کی شرکت والی تقریبات میں پڑھا جاتا ہے-

- The first verse is:

'God save our gracious Queen!

Long live our noble Queen!

God save the Queen!

Send her victorious,

Happy and glorious,

Long to reign over us,

God save the Queen!'

- New citizens swear or affirm loyalty to the Queen as part of the citizenship ceremony.

Oath of allegiance

- I [name] swear by almighty God that on becoming a British citizen, I will be faithful and bear true allegiance to Her Majesty Queen Elizabeth the Second, her Heirs and Successors, according to law.

Affirmation of Allegiance

- I [name] do solemnly, sincerely and truly declare and affirm that on becoming a British citizen, I will be faithful and bear true allegiance to Her Majesty Queen Elizabeth the Second, her Heirs and Successors, according to law.

- پہلی سطر ہے:

'خدا ہماری محسن ملکہ کی حفاظت کرے'!

ہماری عظیم ملکہ زندہ باد!

خدا ملکہ کی حفاظت کرے!

اس کو فتح مند بھیجے

خوشی اور شان کے ساتھ ،

ہمیشہ رہے وہ ہم پر بادشاہت کرنے کو،

خدا ملکہ کی حفاظت کرے''!

- نئے شہری، شہریت کی تقریب کے حصے کے طور پر ملکہ سے وفاداری کی قسم کھاتے ہیں۔

تابعداری کا حلف

- میں (نام) ایک برطانوی شہری بننے پر خدا تعالیٰ کی قسم کھا کر کہتا ہوں کہ میں قانون کے مطابق ملکہ الزبتھ دوئم، اس کے وارثوں اور اس کے جانشینوں کے ساتھ وفادار رہوں گا۔

تابعداری کی توثیق

- میں (نام) ایک برطانوی شہری بننے پر سنجیدگی سے، مخلص ہو کر اور صحیح معنوں میں اعلان کرتا ہوں اور مانتا ہوں کہ میں مخلص رہوں گا اور قانون کے مطابق ملکہ الزبتھ دوئم، اس کے وارثوں اور اس کے جانشینوں کے ساتھ وفادار رہوں گا۔

System of government

- The system of government in the UK is a Parliamentary democracy.

- The UK is divided into Parliamentary constituencies.

- Voters in each constituency elect their members of Parliament [MP] in a general election.

- All of the elected MPs form the House of Commons.

- Most MPs belong to a political party, and the party with the majority of MPs forms the government.

- If one party does not get a majority, two parties can join together to form a coalition.

The House of Commons

- The House of Commons is regarded as the more important of the two chambers in Parliament because its members are democratically elected.

- The prime minister and almost all the members of the cabinet are members of the House of Commons [MPs].

- Each MP represents a Parliamentary constituency, which is a small area of the country.

نظامِ حکومت

- برطانیہ میں حکومت کا نظام ایک پارلیمانی جمہوریت ہے.
- برطانیہ کو پارلیمانی حلقوں میں تقسیم کیا گیا ہے.
- ہر حلقے میں ووٹر ایک عام انتخاب میں پارلیمنٹ کے ارکان منتخب کرتے ہیں.
- تمام منتخب ارکان پارلیمنٹ ہاؤس آف کامنز کی تشکیل کرتے ہیں.
- زیادہ ایم پی کسی سیاسی پارٹی سے ہوتے ہیں- جس پارٹی کے ارکان پارلیمنٹ سب سے زیادہ ہوں وہ پارٹی حکومت بناتی ہے.
- ایک پارٹی اکثریت حاصل نہیں کرتی تو دونوں جماعتیں ایک دوسرے کے ساتھ شامل ہو کر ایک اتحاد تشکیل دے سکتی ہیں.

ہاؤس آف کامنز

- پارلیمنٹ میں دونوں ایوانوں میں زیادہ اہم ہاؤس آف کامنز کو مانا جاتا ہے کیونکہ اس کے ارکان جمہوری طور پر منتخب ہوتے ہیں.
- وزیراعظم اور کابینہ کے تقریباً تمام ارکان ہاؤس آف کامنز کے رکن ہیں.
- ہر ایم پی ایک پارلیمانی حلقہ کی نمائیندگی کرتا ہے جو کہ ملک کا ایک چھوٹا سا علاقہ ہوتا ہے.

- MPs have a number of different responsibilities. They:

  - Represent everyone in their constituency

  - Help to create new laws

  - Scrutinise and comment on what the government is doing

  - Debate important national issues

The House of Lords

- Members of the House of Lords, known as peers, are not elected by the people and do not represent a constituency.

- The role and membership of the House of Lords has changed over the last 50 years.

- Until 1958, all peers were:

  - 'hereditary' which means they inherited their title, or

  - Senior judges, or

  - Bishops of the church of England

- Since 1958, the prime minister has had the power to nominate peers just for their own lifetime. These are called life peers.

- They have usually had an important career in politics, business, law or another profession.

- Life peers are appointed by the monarch on the advice of the prime minister.

- ارکان پارلیمنٹ کی مختلف ذمہ داریاں ہوتی ہیں. وہ:
  - اپنے حلقہ انتخاب کی نمائیندگی کرتے ہیں
  - نئے قوانین بنانے کے لئے مدد فراہم کرتے ہیں
  - حکومت جو کچھ کرتی ہے اس کی پڑتال اور تبصرہ کرتے ہیں
  - اہم قومی مسائل پر بحث کرتے ہیں

ہاؤس آف لارڈز

- ہاؤس آف لارڈز کے ممبران، جو کہ پیرز کہلاتے ہیں، لوگوں کی طرف سے منتخب نہیں ہوتے اور نہ ہی وہ کسی ایک حلقہ انتخاب کی نمائیندگی کرتے ہیں.
- ہاؤس آف لارڈز کا کردار و رکنیت آخری 50 سالوں میں بدل گیا ہے.
- 1958 تک تمام پیرز:
  - 'موروثی' تھے یعنی اپنے عہدے وراثت میں دے سکتے تھے، یا
  - سینئر جج تھے، یا
  - چرچ آف انگلینڈ کے پادری تھے۔
- 1958 کے بعد سے، وزیر اعظم کے پاس اختیار ہے کہ وہ پیرز کو، فقط ان کی اپنی زندگی کے لئے، نامزد کر سکتا ہے. وہ لائف پیرز کہلاتے ہیں۔
- انکا عام طور پر سیاست، کاروبار، قانون یا کسی دوسرے پیشے میں ایک اہم ذاتی تجربہ ہوتا ہے۔
- لائف پیرز وزیر اعظم کی تجویز پر بادشاہ مقرر کرتا ہے۔

- They also include people nominated by the leaders of the other main political parties or by independent appointments commission for non-party peers.

- Since 1999, hereditary peers have lost the automatic right to attend the House of Lords. They now elect a few of their number to represent them in the House of Lords.

- The House of Lords is normally more independent of the government than the House of Commons. It can suggest amendments or propose new laws, which are then discussed by MPs.

- The House of Lords checks laws that have been passed by the House of Commons to ensure they are fit for purpose. It also holds the government to account to make sure that it is working in the best interest of people. There are peers who are specialists in particular areas, and their knowledge is useful in making and checking laws.

- The House of Commons has powers to overrule the House of Lords, but these are not used often.

The speaker

- Debates in the House of Commons are chaired by the speaker. This person is the chief officer of the House of Commons.

- The speaker is neutral and does not represent a political party, even though he or she is an MP, represents a constituency and deals with constituents' problems like any other MP.

- ان میں دیگر اہم سیاسی جماعتوں کے رہنماؤں کی طرف سے نامزد لوگ یا آزاد تقرری کمیشن کی طرف سے غیر جماعتی پیئرز کے لئے نامزدگیاں شامل ہوتی ہیں-

- 1999 کے بعد سے، موروثی پیئرز نے ہاؤس آف لارڈز میں شرکت کا موروثی حق (یالازمی حق، جسکو کوئی للکار نہ سکتا ہو) کھو دیا. اب وہ ہاؤس آف لارڈز میں اپنی نمائیندگی کرنے کے لئے اپنے میں سے چند ایک کا انتخاب کرتے ہیں.

- ہاؤس آف لارڈز عام طور پر ہاؤس آف کامنز کے مقابلے میں حکومت سے زیادہ آزاد ہے. یہ ترامیم اور نئے قوانین تجویز کر سکتے ہیں جن پر ارکان پارلیمنٹ تبادلہ خیال کرتے ہیں.

- ہاؤس آف لارڈز ہاؤس آف کامنز کی طرف سے منظور کیے گئے قوانین کی جانچ پڑتال کرتا ہے کہ آیا وہ اپنے مقصد کے لئے درست ہیں- وہ حکومت سے جواب طلبی بھی کرتے ہیں کہ اطمینان کر سکیں کہ حکومت عوام کے بہترین مفاد میں کام کر رہی ہے. وہاں ایسے پیئرز ہوتے ہیں جو خاص شعبوں میں ماہرین ہیں، اور ان کا علم متعلقہ قوانین بنانے اور جانچ پڑتال کرنے میں مفید ہوتا ہے-

- ہاؤس آف کامنز ہاؤس آف لارڈز کو مسترد کرنے کی طاقت رکھتا ہے، لیکن یہ طاقت اکثر استعمال نہیں ہوتی.

اسپیکر

- ہاؤس آف کامنز میں بحث اسپیکر کی زیرِ صدارت ہوتی ہے. یہ شخص ہاؤس آف کامنز کا چیف افسر ہوتا ہے.
- سپیکر غیر جانبدار رہے اور ایک سیاسی جماعت کی نمائیندگی نہیں کرتا، حالانکہ وہ رکن پارلیمان ضرور ہے، ایک انتخابی حلقہ کی نمائیندگی کرتا ہے اور کسی بھی دوسرے رکن پارلیمنٹ کی طرح ووٹروں کی مسائل حل کرتا ہے.

- The speaker is chosen by other MPs in a secret ballot.

- The speaker keeps order during political debates to make sure the rules are followed. This includes making sure the opposition has a guaranteed amount of time to debate issues which it chooses.

- The speaker also represents Parliament on ceremonial occasions.

Elections

UK elections

- MPs are elected at a general election, which is held at least every five years.

- If an MP dies or resigns, there will be a fresh election, called a by-election, in his or her constituency.

- MPs are elected through a system called 'first pass the post'.

- In each constituency, the candidate who gets the most votes is elected.

- The government is usually formed by the party that wins the majority of constituencies.

- If no party wins a majority, two parties may join together to form a coalition.

European Parliamentary elections

- Elections for European Parliament are also held every five years.

- Elected members are called members of the European Parliament [MEPs].

- اسپیکر ایک خفیہ بیلٹ کے ذریعے دیگر ارکان پارلیمنٹ کی طرف سے منتخب کیا جاتا ہے.
- اسپیکر قوانین کی پیروی کو یقینی بنانے کے لیے سیاسی مباحث کے دوران نظم وضبط بحال رکھتا ہے- اس میں اس بات کو یقینی بنانا بھی شامل ہے کہ حزب اختلاف کو اس کے منتخب کردہ مسائل پر بحث کا وقت ضرور ملے.
- اسپیکر رسمی مواقع پر پارلیمنٹ کی نمائیندگی بھی کرتا ہے.

انتخابات

برطانیہ کے انتخابات

- ارکان پارلیمنٹ عام انتخابات میں منتخب ہوتے ہیں جو کہ کم از کم ہر پانچ سال بعد منعقد کیے جاتے ہیں.
- ایک ایم پی مر جائے یا مستعفی ہو جائے تو اس کے حلقہ میں نئے انتخابات ہوتے ہیں، جو کہ ضمنی انتخابات کہلاتے ہیں-
- ارکان پارلیمنٹ 'فرسٹ پاس داپوسٹ ' نامی ایک نظام کے ذریعے منتخب ہوتے ہیں.
- ہر حلقہ انتخاب میں جو امیدوار سب سے زیادہ ووٹ حاصل کرتا ہے وہ منتخب ہو جاتا ہے.
- حکومت عام طور پر اس پارٹی کی طرف سے قائم کی جاتی ہے جو سب سے زیادہ حلقوں میں جیت جاتی ہے.
- اگر کوئی بھی پارٹی اکثریت سے نہیں جیت پاتی، تو دو جماعتیں مل کر ایک اتحاد بنا سکتی ہیں.

یورپی پارلیمانی انتخابات

- یورپی پارلیمنٹ کے لیے بھی انتخابات ہر پانچ سال بعد منعقد ہوتے ہیں.
- منتخب ارکان یورپی پارلیمنٹ کے ممبر [MEPs] کہلاتے ہیں.

- Elections to the European Parliament use a system of proportional representation, where seats are allocated to each party in proportion to the total number of votes it has won.

Contacting the elected members

- All elected members have a duty to serve and represent their constituents.

- You can get contact details for all your representatives and their parties from your local library and from www.parliament.uk.

- MPs, assembly members, members of the Scottish Parliament [MSPs] and MEPs are also listed in *the Phone Book*, published by BT, and in yellow pages.

- You can contact MPs by letter or telephone at their constituency office or at their office in the House of Commons: The House of Commons, Westminster, London SW1A 0AA, telephone 020 7729 3000.

- In addition many MPs, Assembly members, MSPs and MEPs hold regular 'surgeries', where constituents can go in person to talk about issues that are of concern to them. These surgeries are often advertised in the local newspaper.

- یورپی پارلیمنٹ کے انتخابات متناسب نمائندگی کے طریقے سے ہوتے ہیں جس میں ہر پارٹی کے لئے اس کے جیتے ہوئے ووٹوں کی کل تعداد کے برابر نشستیں مختص کی جاتی ہیں.

منتخب ارکان سے رابطہ

- تمام منتخب ارکان کی یہ ذمہ داری ہے کہ وہ اپنے حلقوں کے لیے کام اور ان کی نمائندگی کریں.

- آپ اپنے تمام نمائندوں اور ان کی جماعتوں سے رابطے کی تفصیلات اپنی مقامی لائبریری اور [www.parliament.uk] سے حاصل کرسکتے ہیں.

- بی ٹی کی طرف سے شائع فون بک میں اور ییلو پیجز میں بھی ارکان پارلیمنٹ، اسمبلی ممبران، سکاٹش پارلیمنٹ کے ارکان [MSPs] اور MEPs سے رابطے کی تفصیلات درج ہیں.

- آپ ارکان پارلیمنٹ سے خط یا ٹیلی فون کے ذریعے ان کے حلقہ کے دفتر یا ہاؤس آف کامنز میں ان کے دفتر میں رابطہ کرسکتے ہیں: ہاؤس آف کامنز، ویسٹ منسٹر، لندن SW1A 0AA، ٹیلی فون 02077293000 .

- اس کے علاوہ بہت سے ارکان پارلیمنٹ، اسمبلی ممبران، MSPs اور MEPs باقاعدہ 'سرجری' کرتے ہیں جہاں ان کے حلقوں کے لوگ ذاتی طور پر اپنے متعلقہ مسائل کے بارے میں بات کرنے کے لئے جاسکتے ہیں. یہ سرجری اکثر مقامی اخبار میں مشتہر کی جاتی ہیں.

THE GOVERNMENT

The prime minister

- The prime minister is the leader of the political party in power. He or she appoints the members of the cabinet and has control over many important public appointments.

- The official home of prime minister is 10 Downing Street, in central London, near the houses of Parliament. He or she also has a country house outside London, called Chequers.

- The prime minister can be changed if the MPs in the governing party decide to do so, or if he or she wishes to resign.

- The prime minister usually resigns if his or her party loses a general election.

The cabinet

- The prime minister appoints 20 senior MPs to become ministers in charge of departments. These include:

  - Chancellor of the Exchequer- responsible for the economy

  - Home secretary – responsible for crime, policing and immigration

  - Foreign secretary – responsible for managing relationships with foreign countries

  - Other ministers [called 'secretaries of state'] responsible for subjects such as education, health and defence.

حکومت

وزیر اعظم

- وزیر اعظم اقتدار میں سیاسی پارٹی کے رہنماہیں. وہ کابینہ کے ارکان مقرر کرتے ہیں اور بہت سے اہم عوامی تقرریوں پر کنٹرول رکھتے ہیں.
- وزیر اعظم کا سرکاری گھر 10 ڈاؤننگ سٹریٹ، مرکزی لندن میں، پارلیمنٹ ہاؤسز کے قریب ہے۔ ان کا لندن سے باہر ایک کنٹری ہاؤس بھی ہوتا ہے جو چیکرز کہلاتا ہے.
- وزیر اعظم تبدیل ہو سکتا ہے، اگر حکومتی پارٹی کے ارکان پارلیمنٹ ایسا کرنے کا فیصلہ کریں یا وہ خود استعفی دیناچاہیں.
- اگر اس کی پارٹی عام انتخابات میں ہار جائے تو وزیر اعظم عام طور پر مستعفی ہو جاتا ہے.

کابینہ

- وزیر اعظم 20 سینئر ارکان پارلیمنٹ کو محکموں کے انچارج وزراء بننے کے لیے مقرر کرتا ہے. ان میں شامل ہیں:
  - معیشت کا چانسلر - معیشت کے لئے ذمہ دار
  - ہوم سیکرٹری - جرم، پولیس اور امیگریشن کے لئے ذمہ دار
  - سیکرٹری خارجہ - غیر ملکی ممالک کے ساتھ تعلقات کو منظم کرنے کے لئے ذمہ دار
- دیگر وزراء ('ریاست کے سیکریٹری') تعلیم، صحت اور دفاع کے لیے یا اسی طرح کے اور کاموں کے لئے ذمہ دار.

- These ministers form the cabinet, a committee which usually meets weekly and makes important decisions about government policy. Many of these decisions have to be debated or approved by Parliament.

- Each department also has a number of other ministers, called Ministers of State or Parliamentary Under-Secretaries of State, who take charge of particular areas of the department's work.

The opposition

- The second largest party in the House of Commons is called the opposition.

- The leader of the opposition usually becomes prime minister if his or her party wins the next general election.

- The leader of the opposition leads his or her party in pointing out what they see as the government's failures and weaknesses.

- One important opportunity to do this is at prime minister's questions, which takes place every week while Parliament is sitting.

- The leader of the opposition also appoints senior opposition MPs to be 'shadow ministers'. They form the shadow cabinet and their role is to challenge the government and put forward alternative policies.

- یہ وزراء ایک کابینہ بنتے ہیں، جو ایک کمیٹی ہے جو عام طور پر ہفتہ وار ملاقات کرتی ہے اور حکومتی پالیسی کے بارے میں اہم فیصلے کرتی ہے. ان فیصلوں میں سے بہت سوں کو پارلیمنٹ کی طرف سے بحث یا منظوری کی ضرورت ہوتی ہے-
- ہر محکمہ میں دیگر وزراء کی بھی ایک بڑی تعداد ہوتی ہے، جو ریاست کے وزراء یاماتحت سیکرٹری کہلاتے ہیں جو کہ محکمہ کے کام کے مخصوص حصوں کے انچارج ہوتے ہیں.

حزب اختلاف

- ہاؤس آف کامنز میں دوسری سب سے بڑی پارٹی کو حزب اختلاف کہا جاتا ہے.
- اگر اس کی پارٹی اگلے عام انتخابات جیت جاتی ہے تو حزب اختلاف کا لیڈر عام طور پر وزیر اعظم بن جاتا ہے-
- اپوزیشن لیڈر جن باتوں کو حکومت کی ناکامیوں اور کمزوریوں کے طور پر دیکھتے ہیں ان کی نشاندھی کرنے میں اپنی پارٹی کی رہنمائی کرتے ہیں.
- ایسا کرنے کا ایک اہم موقع ہر ہفتے پارلیمنٹ کے اجلاس میں وزیر اعظم کے سوالات پر ملتا ہے.
- اپوزیشن لیڈر سینئر اپوزیشن ارکان کو 'شیڈو منسٹرز' مقرر کرتا ہے. وہ شیڈو کابینہ کی تشکیل کرتے ہیں اور ان کا کام حکومت کو چیلنج اور متبادل پالیسیاں پیش کرنا ہے.

The party system

- Anyone aged 18 or over can stand for election as an MP but they are unlikely to win unless they have been nominated to represent one of the major political parties. These are the Conservative Party, the Labour Party, the Liberal Democrats, or one of the parties representing Scottish, Welsh or Northern Irish interests.

- There are a few MPs who do not represent any of the main political parties. They are called 'independents' and usually represent an issue important to their constituency.

- The main political parties actively look for the members of the public to join their debates, contribute to their costs, and help at elections for Parliament or for local government. They have branches in most constituencies and hold policy-making conferences every year.

- Pressure and lobby groups are organisations which try to influence government policy. They play an important role in politics.

- Some are representative organisations such as CBI [Confederation of British Industry], which represents the views of British business.

- Others campaign on particular topics, such as the environment [for example, Greenpeace] or human rights [for example, Liberty].

پارٹی نظام

- کوئی بھی 18 سال یا اس سے زائد کی عمر میں ایک رکن پارلیمنٹ کے طور پر انتخاب کے لئے کھڑا ہو سکتا ہے لیکن اس کے جیتنے کے امکانات نہیں ہوتے جب تک کہ وہ کسی بڑی سیاسی جماعتوں میں سے ایک کی نمائیندگی کے لئے نامزد نہ کیا گیا ہو. یہ کنزرویٹو پارٹی، لیبر پارٹی، لبرل ڈیموکریٹس، یا سکاٹش، ویلش یا شمالی آئرش مفادات کی نمائیندگی کے لیے جماعتیں ہیں.
- چند ارکان پارلیمنٹ ہیں جو اہم سیاسی جماعتوں میں سے کسی کی نمائیندگی نہیں کرتے. وہ 'آزاد' کہلاتے ہیں اور عام طور پر وہ اپنے حلقے کے لئے ایک اہم مسئلہ کی نمائیندگی کرتے ہیں.
- اہم سیاسی جماعتیں بہت سرگرمی سے عوامی نمائیندے تلاش کرتی ہیں جو ان کی بحث و مباحثے میں شامل ہوں، ان کے اخراجات میں شراکت کریں، اور پارلیمنٹ کے لئے یا مقامی حکومت کے انتخابات میں ان کی مدد کریں. انکی زیادہ تر حلقوں میں شاخیں ہوتی ہیں اور وہ ہر سال پالیسی ساز کانفرنسیں کرتی ہیں.
- دباؤ اور لابی گروپ جیسی تنظیمیں حکومتی پالیسی پر اثر انداز ہونے کی کوشش کرتی ہیں. وہ سیاست میں ایک اہم کردار ادا کرتی ہیں.
- کچھ نمائیندہ تنظیمیں ہوتی ہیں جیسے کہ سی بی آئی (کنفیڈریشن آف برٹش انڈسٹری) جو کہ برطانیہ کے کاروباری خیالات کی نمائیندگی کرتی ہے.
- کچھ خاص موضوعات پر مہم چلاتی ہیں جیسے ماحول کے لیے (مثال کے طور پر، گرین پیس)، یا حقوق انسانی (مثال کے طور پر، لبرٹی)۔

The Civil Service

- Civil servants support the government in developing and implementing its policies.

- They also deliver public services.

- Civil servants are accountable to ministers.

- They are chosen on merit and are politically neutral – they are not political appointees.

- People can apply to join the civil service through an application process, like other jobs in the UK.

- Civil servants are expected to carry out their role with dedication and a commitment to the civil service and its core values.

These are:

- integrity

- honesty

- objectivity and

- impartiality [including being politically neutral].

سول سروس

- سول سرونٹس حکومت کی پالیسیوں کی ترقی اور عمل درآمد میں حمایت کرتے ہیں.

- وہ عوامی خدمات بھی فراہم کرتے ہیں.

- سول سرونٹس وزراء کو جوابدہ ہیں.

- وہ میرٹ پر منتخب کیے جاتے ہیں اور سیاسی طور پر غیر جانبدار ہیں—وہ سیاسی تعیناتیوں پر نہیں ہوتے.

- لوگ برطانیہ میں دیگر ملازمتوں کی طرح ایک درخواست کے عمل کے ذریعے سول سروس میں شامل ہونے کی درخواست دے سکتے ہیں.

- سول سرونٹس سے توقع کی جاتی ہے کہ وہ اپنا کردار لگن اور سول سروس اور اس کی بنیادی اقدار کے ساتھ وابستگی کے ساتھ نبھائیں.

- سول سروس کی بنیادی اقدار یہ ہیں:

    - دیانت

    - ایمانداری

    - مقصدیت اور

    - غیر جانبداری (سیاسی طور پر غیر جانبدار ہونا بھی شامل ہے)

Local government

- Towns, cities and rural areas in the UK are governed by democratically elected councils, often called 'local authorities'.

- Some areas have both district and county councils, which have different functions. Most large towns and cities have a single local authority.

- Local authorities provide a range of services in their areas. They are funded by money from central government and by local taxes.

- Many local authorities appoint a mayor, who is the ceremonial leader of the council.

- In some towns, a mayor is elected to be the effective leader of the administration.

- London has 33 local authorities, with the Greater London Authority and the mayor of London coordinating policies across the capital.

- For most local authorities, local elections for councillors are held in May every year.

- Many candidates stand for council election as members of a political party.

Devolved Administrations

- Since 1997, some powers have been devolved from the central government to give people in Wales, Scotland and Northern Ireland more control over matters that directly affect them.

مقامی حکومت

- برطانیہ میں قصبے، شہر اور دیہی علاقے اکثر 'مقامی اتھارٹی' نامی جمہوری طور پر منتخب کونسلوں سے چلائے جاتے ہیں.
- کچھ علاقے ڈسٹرکٹ اور کاؤنٹی کونسل دونوں رکھتے ہیں جن کے مختلف افعال ہیں. زیادہ تر بڑے شہروں اور قصبوں میں ایک واحد مقامی اتھارٹی ہوتی ہے.
- مقامی اتھارٹی ان علاقوں میں بہت سی خدمات فراہم کرتی ہیں. وہ مرکزی حکومت اور مقامی ٹیکسوں سے رقم حاصل کرتی ہیں.
- بہت سی مقامی اتھارٹیاں ایک میئر مقرر کرتی ہیں جو کونسل کا رسمی رہنما ہے-
- کچھ قصبوں میں میئر انتظامیہ کے مؤثر رہنما کے طور پر منتخب کیا جاتا ہے.
- لندن میں 33 مقامی اتھارٹیاں ہیں، اور گریٹر لندن اتھارٹی اور لندن کا میئر دار لحکومت بھر میں پالیسیاں مربوط کرتے ہیں.
- زیادہ تر مقامی اتھارٹیوں کے کونسلرز کیلئے مقامی انتخابات ہر سال مئی میں منعقد کیے جاتے ہیں.
- بہت سے امیدوار کونسل کے انتخابات کیلئے سیاسی جماعت کے ارکان کے طور پر کھڑے ہوتے ہیں.

تفویض شدہ انتظامیہ

- 1997 کے بعد سے، مرکزی حکومت کی طرف سے بعض اختیارات ویلز، سکاٹ لینڈ اور نادرن آئرلینڈ کے لوگوں کو تفویض کیے گئے ہیں تا کہ وہ ایسے معاملات پر زیادہ کنٹرول حاصل کر سکیں جو براہ راست ان پر اثر انداز ہوتے ہیں-

- There has been a Welsh Assembly and a Scottish Parliament since 1999. There is also a Northern Ireland Assembly, although this has been suspended on a few occasions.

- Policy and laws governing defence, foreign affairs, immigration, taxation and social security all remain under central UK government control. However, many other public services, such as education, are controlled by the devolved administrations.

- The devolved administrations each have their own civil service.

The Welsh government

- The Welsh government and the national assembly for Wales are based in Cardiff, the capital of Wales.

- The national assembly has 60 Assembly Members [AMs] and elections are held every four years using a form of proportional representation.

- Members can speak in either Welsh or English, and all of the Assembly's publications are in both languages.

- The Assembly has power to make laws for Wales in 20 areas, including:

    - education and training

    - health and social services

    - economic development

    - housing

- 1999 سے ایک ویلش اسمبلی اور ایک سکاٹش پارلیمنٹ ہے. ایک نادرن آئرلینڈ اسمبلی بھی ہے تاہم اسے کچھ مواقع پر معطل کیا گیا ہے.

- دفاع، امور خارجہ، امیگریشن، ٹیکسیشن اور معاشرتی تحفظ سے متعلق تمام پالیسیاں اور قوانین، مرکزی برطانوی حکومت کے کنٹرول میں ہیں. تاہم، کئی دیگر عوامی خدمات، جیسے تعلیم، تفویض شدہ انتظامیہ کے کنٹرول میں ہیں.

- تفویض شدہ انتظامیہ میں سے ہر ایک کی اپنی سول سروس ہے.

ویلش حکومت

- ویلش حکومت اور ویلز کی قومی اسمبلی کارڈف ،ویلز کے دارالحکومت، میں ہیں.

- قومی اسمبلی کے 60 اراکین اسمبلی [AMs] ہیں اور انتخابات، متناسب نمائیندگی کی ایک قسم استعمال کرتے ہوئے، ہر چار سال بعد منعقد ہوتے ہیں.

- اراکین ویلش یا انگریزی میں بات کر سکتے ہیں، اور اسمبلی کی تمام مطبوعات دونوں زبانوں میں ہیں.

- اسمبلی ویلز کیلئے 20 علاقوں میں قوانین بنانے کی طاقت رکھتی ہے، جن میں درجِ ذیل شامل ہیں:

  - تعلیم اور تربیت (سے متعلق)
  - صحت اور سماجی خدمات
  - اقتصادی ترقی
  - ہاؤسنگ

- Since 2011, the National Assembly for Wales has been able to pass laws on these topics without the agreement of the UK Parliament.

The Scottish Parliament

- The Scottish Parliament was formed in 1999. It sits in Edinburgh, the capital city of Scotland.

- There are 129 members of Scottish Parliament [MSPs], elected by a form of proportional representation.

- The Scottish Parliament can pass laws for Scotland on all matters, which are not specifically reserved to the UK Parliament.

- The matters, on which the Scottish Parliament can legislate, include:

  - Civil and criminal law

  - Health

  - Education

  - Planning

  - Additional tax raising powers

The Northern Ireland Assembly

- A Northern Ireland Parliament was established in 1922, when Ireland was divided, but it was abolished in 1972, shortly after the Troubles broke out in 1969.

- 2011 کے بعد سے، ویلز کی قومی اسمبلی برطانوی پارلیمنٹ کے اتفاق کے بغیر ان موضوعات پر قوانین منظور کرنے کے قابل ہے.

سکاٹش پارلیمنٹ

- سکاٹش پارلیمنٹ 1999 میں تشکیل دی گئی تھی. یہ ایڈنبرا، اسکاٹ لینڈ کے دارالحکومت میں بیٹھتی ہے.
- سکاٹش پارلیمنٹ کے 129 ارکان ہیں[MSPs] ،جو کہ ایک قسم کی متناسب نمائیندگی سے منتخب شدہ ہے.
- سکاٹش پارلیمنٹ اسکاٹ لینڈ کیلیئے تمام معاملات پر قوانین بنا سکتی ہے، جو خاص طور پر برطانوی پارلیمنٹ کیلیئے مخصوص نہیں ہوتے.
- سکاٹش پارلیمنٹ جن معاملات پر قانون سازی کر سکتی ہے ان میں یہ شامل ہیں:
  - سول اور کریمینل قانون
  - صحت
  - تعلیم
  - منصوبہ بندی
  - اضافی ٹیکس لگانے کے اختیارات

نادرن آئرلینڈ اسمبلی

- نادرن آئرلینڈ کی ایک پارلیمنٹ 1922 میں قائم کی گئی تھی ،جب آئرلینڈ تقسیم کیا گیا، لیکن یہ 1969 میں ٹربلز پھوٹنے کے تھوڑی دیر بعد ہی 1972 میں ختم کر دی گئی۔

- The Northern Ireland Assembly was established soon after the Belfast Agreement [or Good Friday Agreement] in 1998. There is a power-sharing agreement which distributes ministerial offices amongst the main parties.

- The assembly has 108 elected members, known as MLAs [members of the Legislative assembly]. They are elected with a form of proportional representation.

- The Northern Ireland Assembly can make decisions on issues such as:

  - Education

  - Agriculture

  - The environment

  - Health

  - Social services

- The UK government has the power to suspend all devolved assemblies.

- It has used this power several times in Northern Ireland when local party leaders found it difficult to work together. However, the assembly has been running successfully since 2007.

The media and government

- Proceedings in Parliament are broadcast on television and published in official reports called Hansard.

- نادرن آئرلینڈ اسمبلی 1998 میں بیلفاسٹ معاہدے (یاگُڈ فرائڈے معاہدے) کے بعد جلد ہی قائم کی گئی تھی. اہم جماعتوں کے درمیان وزارتی دفاتر کی تقسیم کے لیے شراکت اقتدار کا معاہدہ موجود ہے.

- اسمبلی کے 108 منتخب ارکان ہیں جو ایم ایل اے (ممبر آف لیجسلیٹو اسمبلی) کہلاتے ہیں. وہ ایک قسم کی متناسب نمائندگی کے طریقے سے منتخب ہوتے ہیں.

- نادرن آئرلینڈ اسمبلی ان معاملات پر فیصلے کر سکتی ہے:

  - تعلیم
  - زراعت
  - ماحول
  - صحت
  - سماجی خدمات

- برطانوی حکومت کو تمام تفویض شدہ اسمبلیوں کو معطل کرنے کا اختیار حاصل ہے.

- اس نے اس طاقت کو نادرن آئرلینڈ میں کئی بار استعمال کیا ہے جب مقامی پارٹی رہنماؤں کے لیے ساتھ مل کر کام کرنا مشکل ہو گیا. تاہم، 2007 سے اسمبلی کامیابی کے ساتھ چل رہی ہے.

میڈیا اور حکومت

- پارلیمنٹ کی کاروائی کو ٹیلی ویژن پر نشر اور سرکاری رپورٹ ہنسارڈ (Hansard) میں شائع کیا جاتا ہے.

- Written reports can be found in large libraries and at www.parliament.uk.

- Most people get information about political issues and events from newspapers [often called 'the press'], television, radio and the internet.

- The UK has a free press. This means that what is written in newspapers is free from government control.

- Some newspaper owners and editors hold strong political opinions and run campaigns to try to influence government policy and public opinion.

- By law, radio and television coverage of political parties must be balanced and so equal time has to be given to rival viewpoints.

Who can vote

- The UK has had a fully democratic voting system since 1928.

- The present voting age of 18 was set in 1969 and [with a few exceptions] all UK-born and naturalized adult citizens have the right to vote.

- Adult citizens of the UK, and citizens of the commonwealth and the Irish republic, who are resident in the UK, can vote in all public elections.

- Adult citizens of other EU states who are resident in the UK can vote in all elections except general elections.

- تحریری رپورٹیں بڑی لائبریریوں اور [www.parliament.uk] سے حاصل کی جاسکتی ہیں.

- زیادہ تر لوگ اخبارات (جن کو پریس کہا جاتا ہے)، ٹیلی ویژن، ریڈیو اور انٹرنیٹ سے واقعات اور سیاسی مسائل کے بارے میں معلومات حاصل کرتے ہیں.

- برطانیہ میں ایک آزاد پریس ہے. اس کا مطلب ہے کہ جو کچھ اخبارات میں لکھا جاتا ہے وہ حکومت کے کنٹرول سے آزاد ہے.

- کچھ اخبار مالکان اور ایڈیٹرز مضبوط سیاسی خیالات رکھتے ہیں اور مہمات چلاتے ہیں کہ حکومت کی پالیسی اور رائے عامہ پر اثر انداز ہو سکیں.

- قانون کے مطابق، ریڈیو اور ٹیلی ویژن پر سیاسی جماعتوں کی کوریج متوازن ہونا چاہیے یوں حریف کے نقطہ نظر کو برابر وقت دیا جانا ضروری ہے.

کون ووٹ دے سکتے ہیں

- برطانیہ میں 1928 سے ایک مکمل طور پر جمہوری ووٹنگ کا نظام ہے.

- موجودہ ووٹنگ کی عمر 18 سال 1969 میں رکھی گئی تھی اور (چند مستثنیات کے ساتھ) برطانیہ میں پیدا ہونے والے اور شہریت اختیار کرنے والے تمام بالغ شہریوں کو ووٹ دینے کا حق حاصل ہے.

- برطانیہ کے بالغ شہری، اور دولت مشترکہ اور آئرش جمہوریہ کے شہری جو برطانیہ میں مقیم ہیں، تمام عوامی انتخابات میں ووٹ دے سکتے ہیں.

- یورپی یونین کی دیگر ریاستوں کے بالغ شہری جو برطانیہ میں مقیم ہیں، عام انتخابات کے علاوہ تمام انتخابات میں ووٹ دے سکتے ہیں.

The electoral register

- To be able to vote in a Parliamentary, local or European election, you must have your name on the electoral register.

- If you are eligible to vote, you can register by contacting your local council electoral registration office. This is usually based at your local council [in Scotland it may be based elsewhere].

- If you do not know which local authority you come under, you can find out by visiting www.aboutmyvote.co.uk and entering your postcode. You can also download voter registration forms in English, Welsh and some other languages.

- The electoral register is updated every year in September or October.

- An electoral registration form is sent to every household and this has to be completed and returned with the names of everyone who is resident in the household and eligible to vote.

- In Northern Ireland a different system operates. This is called 'individual registration'' and all those entitled to vote must complete their own registration form.

- Once registered, people stay on the register provided their personal details do not change. For more information, see the Electoral Office for Northern Ireland website at www.eoni.org.uk.

- By law, each local authority has to make its electoral register available for anyone to look at, although this has to be supervised.

انتخابی رجسٹر

- پارلیمانی، مقامی یا یورپی انتخابات میں ووٹ ڈالنے کے لئے، آپ کا نام انتخابی رجسٹر میں ہونا ضروری ہے.

- اگر آپ ووٹ ڈالنے کے اہل ہیں تو آپ اپنی مقامی کونسل انتخابی رجسٹریشن آفس سے رابطہ کر کے رجسٹر ہو سکتے ہیں. یہ عام طور پر آپ کی مقامی کونسل میں ہوتا ہے (اسکاٹ لینڈ میں یہ دوسری جگہوں پر ہو سکتا ہے).

- اگر آپ کو پتہ نہیں ہے کہ آپ کس مقامی اتھارٹی کے تحت آتے ہیں تو آپ [www.aboutmyvote.co.uk] پر جا کر اور اپنا پوسٹ کوڈ داخل کر کے تلاش کر سکتے ہیں. آپ انگریزی، ویلش اور کچھ دیگر زبانوں میں ووٹر رجسٹریشن فارم بھی ڈاؤن لوڈ کر سکتے ہیں.

- انتخابی رجسٹر کی ہر سال ستمبر یا اکتوبر میں تجدید کی جاتی ہے.

- ایک انتخابی رجسٹریشن فارم ہر گھر میں بھیج دیا جاتا ہے اور اس گھر میں رہائشی اور ووٹ دینے کے اہل تمام لوگوں کے ناموں کے ساتھ مکمل کر کے واپس کرنا ہوتا ہے.

- نادرن آئرلینڈ میں ایک مختلف نظام موجود ہے. یہ 'انفرادی رجسٹریشن' کہلاتا ہے اس میں تمام ووٹ ڈالنے کے اہل لوگوں کے لیے اپنے رجسٹریشن فارم مکمل کرنا ضروری ہے.

- ایک بار رجسٹر ہو جائیں تو جب تک لوگوں کی ذاتی تفصیلات میں تبدیلی نہیں ہوتیں ان کے نام رجسٹر میں موجود رہتے ہیں. مزید معلومات کے لئے انتخابی دفتر برائے نادرن آئرلینڈ کی ویب سائٹ [www.eoni.org.uk] دیکھیے.

- قانون کے مطابق ہر مقامی اتھارٹی کو کسی کے بھی دیکھنے کے لئے اپنا انتخابی رجسٹر مہیا کرنا ہوتا ہے، گو کہ اس (دیکھنے) کی نگرانی کرنا ہوتی ہے.

- The register is kept at each local electoral registration office [or council office in England and Wales]. It is also possible to see the register at some public buildings such as libraries.

Where to vote

- People vote in elections at places called polling stations, or polling places in Scotland.

- Before the election, you will be sent a poll card. This tells you where your polling station or polling place is and when the election will take place.

- On Election Day, the polling station or place will be open from 7am until 10.00 pm.

- When you arrive at the polling station, the staff will ask for your name and address. In the Northern Ireland, you will also have to show photographic identification. You will then get your ballot paper, which you take to a polling booth to fill in privately. You should make up your own mind who you vote for.

- No one has the right to make you vote for a particular candidate. You should follow the instructions on the ballot paper. Once you have completed it, put it in the ballot box.

- If it is difficult for you to get to a polling station or polling place, you can register for a postal ballot. Your ballot paper will be sent to your home before the election. You then fill it in and post it back. You can choose to do this when you register to vote.

- رجسٹر ہر مقامی انتخابی رجسٹریشن آفس (یا انگلینڈ اور ویلز میں کونسل کے دفتر) میں رکھا جاتا ہے. بعض سرکاری عمارتوں مثلاً لائبریریوں میں بھی رجسٹر دیکھنا ممکن ہے.

ووٹ ڈالنے کے لئے کہاں جائیں

- لوگ انتخابات میں ووٹ ڈالنے جن مقامات پر جاتے ہیں انہیں پولنگ اسٹیشن یا اسکاٹ لینڈ میں پولنگ پلیسز (مقامات) کہا جاتا ہے.
- انتخابات سے پہلے، آپ کو ایک پول کارڈ بھیجا جائے گا. یہ آپ کو بتاتا ہے کہ آپ کا پولنگ سٹیشن یا پولنگ پلیس کہاں ہے اور انتخاب کب ہو گا.
- انتخاب کے دن، پولنگ اسٹیشن یا پولنگ پلیس صبح 7 بجے سے لے کر رات 10 بجے تک کھلے رہیں گے.
- آپ پولنگ اسٹیشن پر پہنچتے ہیں، تو عملہ آپ کا نام اور پتہ پوچھے گا. نادرن آئرلینڈ میں، آپ کو تصویر والی شناخت بھی ظاہر کرنا پڑے گی. پھر آپ کو آپ کا بیلٹ پیپر مل جائے گا، جسے آپ تنہائی میں بھرنے کے لئے ایک پولنگ بوتھ پر لے جائیں گے. آپ کو اپنا ذہن خود بنانا چاہیئے کہ آپ کس کو ووٹ دیں.
- آپ کو کوئی مجبور نہیں کر سکتا کہ آپ کسی خاص امیدوار کو ووٹ دیں. آپ کو بیلٹ پیپر پر ہدایات پر عمل کرنا چاہیئے. جب آپ اسے مکمل کر چکیں تو اسے بیلٹ باکس میں ڈال دیں.
- اگر آپ کو پولنگ سٹیشن یا پولنگ کی جگہ پہنچنے میں مشکل در پیش ہے، تو آپ پوسٹل بیلٹ کے لئے رجسٹر کر سکتے ہیں. آپ کا بیلٹ پیپر انتخابات سے قبل آپ کے گھر پر بھیجا جائے گا. پھر آپ اسے مکمل کر کے واپس پوسٹ کر دیں. آپ اس طریقے کا انتخاب ووٹ ڈالنے کے لئے رجسٹر کرتے وقت کر سکتے ہیں.

Standing for office

- Most citizens of the UK, the Irish Republic or Commonwealth, aged 18 or over, can stand for public office. There are some exceptions, including:

    - Members of the armed forces
    - Civil servants
    - People found guilty of certain criminal offences

- Members of the House of Lords may not stand for election to the House of Commons but are eligible for all other public offices.

Visiting Parliament and the devolved administrations

The UK Parliament

- The public can listen to debates in the palace of Westminster from public galleries in both the House of Commons and the House of Lords.

- You can write to your local MP in advance to ask for tickets or you can queue on the day at the public entrance. Entrance is free.

- It is usually easier to get in the House of Lords.

- You can find further information on the UK Parliament website at www.parliament.uk.

Northern Ireland Assembly

- In Northern Ireland, elected members, known as MLAs, meet in the Northern Ireland Assembly at Stormont in Belfast.

انتخابات کے لئے کھڑا ہونا

- 18 سال سے زیادہ کی عمر کے برطانیہ، آئرش جمہوریہ یا دولت مشترکہ کے زیادہ تر شہری، انتخابات میں کھڑے ہو سکتے ہیں. جن میں کچھ مستثنیات ہیں :(یعنی ماسوائے ان کے:)
    - مسلح افواج کے اراکین
    - سول سرونٹس
    - وہ لوگ جو کچھ خاص جرائم کے قصوروار ثابت ہو جائیں
- ہاؤس آف لارڈز کے اراکین تمام سرکاری دفاتر کے انتخابات کے لئے کھڑے ہو سکتے ہیں ما سوائے ہاؤس آف کامنز کے.

پارلیمنٹ اور تفویض شدہ انتظامیہ کا دورہ کرنا

برطانیہ کی پارلیمنٹ

- عوام ویسٹ منسٹر کے محل میں عوامی گیلریوں سے ہاؤس آف کامنز اور ہاؤس آف لارڈز، دونوں میں بحث سن سکتے ہیں.
- آپ اپنے مقامی رکن اسمبلی کو پیشگی ٹکٹ کے لئے لکھ سکتے ہیں یا کسی بھی دن عوامی داخلے کے دروازے پر قطار میں جا سکتے ہیں. داخلہ مفت ہے.
- عام طور پر ہاؤس آف لارڈز میں داخلہ آسان ہے.
- آپ برطانوی پارلیمنٹ کی ویب سائٹ [www.parliament.uk] پر مزید معلومات حاصل کر سکتے ہیں.

نادرن آئرلینڈ اسمبلی

- نادرن آئرلینڈ میں منتخب اراکین (MLAs) نادرن آئرلینڈ اسمبلی میں سٹورمونٹ (Stormont) بلفاسٹ میں ملتے ہیں-

- There are two ways to arrange a visit to Stormont. You can either contact the Education Service [details: www.niassembly.gov.uk] or contact an MLA.

Scottish Parliament

- In Scotland, the elected members, called the MSPs, meet in the Scottish Parliament building at Holyrood in Edinburgh. [for more information: www.scottish.parliament.uk]

- You can get information, book tickets or arrange tours through visitor services. You can write to them at Scottish Parliament, Edinburgh, EH99 1SP, telephone 0131 348 5200 or email sp.bookings@scottish.Parliament.uk.

National Assembly for Wales

- In Wales the elected members, known as AMs, meet in the Welsh Assembly in the Senedd in Cardiff Bay. [for more information: www.wales.gov.uk]

- The Senedd is an open building. You can book guided tours or seats in public galleries for the Welsh Assembly. To make a booking contact the assembly booking service on 0845 010 5500 or email assembly.bookings@wales.gsi.gov.uk.

- سٹورمونٹ کے دورے کا بندوبست کرنے کے دو طریقے ہیں. آپ یا تو تعلیمی سروس سے رابطہ کرسکتے ہیں [تفصیلات: www.niassembly.gov.uk] یا کسی MLA سے رابطہ کریں.

سکاٹش پارلیمنٹ

- اسکاٹ لینڈ میں منتخب اراکین، جو کہ MSPs کہلاتے ہیں، ایڈنبرا میں ہولی رُوڈ (Holyrood) میں سکاٹش پارلیمنٹ کی عمارت میں ملتے ہیں. [مزید معلومات: www.scottish.parliament.uk]

- آپ وزیٹر سروسز کے ذریعے معلومات حاصل کرسکتے ہیں، ٹکٹ بک کرواسکتے ہیں یا دورے کا بندوبست کر سکتے ہیں. آپ ان کو سکاٹش پارلیمنٹ، ایڈنبرا، EH99 1SP، فون نمبر 0131 348 5200 یا ای میل کر سکتے ہیں [sp.bookings@scottish.Parliament.uk]

ویلز کے لئے قومی اسمبلی

- ویلز میں منتخب اراکین AMs کہلاتے ہیں ۔ وہ ویلش اسمبلی، کارڈف میں سینیڈ (Senedd) میں ملتے ہیں. [مزید معلومات: www.wales.gov.uk]

- سینیڈ ایک کھلی عمارت ہے. آپ ویلش اسمبلی کے لئے گائیڈ کے ساتھ دورے یا عوامی گیلریوں میں نشستوں کے لیے بکنگ کرواسکتے ہیں. اسمبلی بکنگ سروس سے رابطہ کرنے کے لئے 0845 010 5500 ملائیں یا ای میل کریں [assembly.bookings @ wales.gsi.gov.uk]

The UK and international institutions

The Commonwealth

- The Commonwealth is an association of countries that support each other and work together towards shared goals in democracy and development.

- Most member states were once part of the British Empire, although a few countries which were not have also joined.

- The Queen is the ceremonial head of the Commonwealth, which currently has 54 member states.

- Membership is voluntary.

- The Commonwealth has no power over its members, although it can suspend membership.

- The Commonwealth is based on the core values of democracy, good government and the rule of law.

برطانیہ اور بین الاقوامی ادارے

دولتِ مشترکہ

- دولت مشترکہ ممالک کی ایک تنظیم ہے جو ایک دوسرے کی حمایت کرتے ہیں اور جمہوریت اور ترقی کے لیے مشترکہ مقاصد کی طرف مل کر کام کرتے ہیں.
- زیادہ تر رکن ممالک، کسی زمانے میں برطانوی سلطنت کا حصہ تھے گو کہ کچھ ایسے ممالک جو نہیں بھی تھے وہ بھی شامل ہو گئے ہیں.
- ملکہ دولت مشترکہ کی رسمی سربراہ ہیں جسکے اسوقت 54 رکن ممالک ہیں۔
- اس کی رکنیت رضاکارانہ ہے.
- دولت مشترکہ اپنے اراکین پر کوئی طاقت نہیں رکھتی البتہ ان کی رکنیت معطل کر سکتی ہے۔
- دولت مشترکہ کی بنیاد جمہوریت، اچھی حکومت اور قانون کی حکمرانی کی بنیادی اقدار پر ہے.

Common Wealth Members

Antigua and Barbuda	Australia	The Bahamas
Bangladesh	Barbados	Belize
Botswana	Brunei Darussalam	Cameroon
Canada	Cyprus	Dominica
Fiji (currently suspended)	The Gambia	Ghana
Grenada	Guyana	India
Jamaica	Kenya	Kiribati
Lesotho	Malawi	Malaysia
Maldives	Malta	Mauritius
Mozambique	Namibia	Nauru
New Zealand	Nigeria	Pakistan
Papua New Guinea	Rwanda	Samoa
Seychelles	Sierra Leone	Singapore
Solomon Islands	South Africa	Sri Lanka
St Kitts and Nevis	St Lucia	St Vincent and the Grenadines

اراکین دولت مشترکہ		
انٹیگوا اور باربودا	آسٹریلیا	بہاماز
بنگلہ دیش	بارباڈوس	بیلیز
بوٹسوانا	برونائی دارالسلام	کیمرون
کینیڈا	قبرص	ڈومینیکا
فجی (فی الحال معطل)	گیمبیا	گھانا
گریناڈا	گیانا	بھارت
جمیکا	کینیا	کرباتی
لیسوتھو	ملاوی	ملائیشیا
مالدیپ	مالٹا	ماریشس
موزمبیق	نمیبیا	نورو
نیوزی لینڈ	نائجیریا	پاکستان
پاپوا نیو گنی	روانڈا	ساموا
سیشلز	سیرالیون	سنگاپور
جزائر سلیمان	جنوبی افریقہ	سری لنکا
سینٹ کٹس اور نیوس	سینٹ لوسیا	سینٹ ونسنٹ اور گریناڈائنز

Common Wealth Members ... continued		
Swaziland	Tanzania	Tonga
Trinidad and Tobago	Tuvalu	Uganda
UK	Vanuatu	Zambia

The European Union

- The European Union (EU), originally called the European Economic Community (EEC), was set up by six western European countries (Belgium, France, Germany, Italy, Luxembourg and the Netherlands) who signed the Treaty of Rome on 25 March 1957.

- The UK originally decided not to join this group but it became a member in 1973.

- There are now 27 EU member states.

- Croatia will also become a member state in 2013.

اراکینِ دولت مشترکہ		
سوازی لینڈ	تنزانیہ	ٹونگا
ٹرینیڈاڈ اور ٹوباگو	ٹوالو	یوگنڈا
برطانیہ	وانواٹو	زیمبیا

یورپی یونین

- یورپی یونین (EU) ، جسے آغاز میں یورپی اکنامک کمیونٹی (EEC) کہتے تھے، چھ مغربی یورپی ممالک (بیلجیم، فرانس، جرمنی، اٹلی، لکسمبرگ اور نیدرلینڈ) نے قائم کیا تھا جنہوں نے روم کے معاہدہ پر 25 مارچ 1957 میں دستخط کیئے.
- برطانیہ نے پہلے پہل اس گروپ میں شامل نہ ہونے کا فیصلہ کیا لیکن 1973 میں اس کا رکن بن گیا.
- اس وقت 27 ممالک یورپی یونین کے رکن ہیں.
- کروشیا بھی 2013 میں ایک رکن ریاست بن جائے گا.

EU member states		
Austria	Belgium	Bulgaria
Cyprus	Czech Republic	Denmark
Estonia	Finland	France
Germany	Greece	Hungary
Ireland	Italy	Latvia
Lithuania	Luxembourg	Malta
Netherlands	Poland	Portugal
Romania	Slovakia	Slovenia
Spain	Sweden	UK

- EU law is legally binding in the UK and all the other EU member states.

- European laws are called directives, regulation or framework decisions.

یورپین یونین کے ممبر ممالک		
آسٹریا	بیلجیم	بلغاریہ
قبرص	چیک ریپبلک	ڈنمارک
ایسٹونیا	فن لینڈ	فرانس
جرمنی	یونان	ہنگری
آئرلینڈ	اٹلی	لیٹویا
لتھوانیا	لکسمبرگ	مالٹا
نیدرلینڈ	پولینڈ	پرتگال
رومانیہ	سلوواکیہ	سلووینیا
سویڈن	سپین	برطانیہ

- یورپی یونین کا قانون برطانیہ اور دیگر تمام یورپی یونین کے رکن ممالک میں پابند کرنے والا ہے.
- یورپی قوانین کو ہدایات، ریگولیشن یا فریم ورک فیصلے کہا جاتا ہے.

The Council of Europe

- The Council of Europe is separate from the EU. It has 47 member countries, including the UK, and is responsible for the protection' and promotion of human rights in those countries.

- It has no power to make laws but draws up conventions and charters, the most well known of which is the European Convention on Human Rights and Fundamental Freedoms, usually called the European Convention on Human Rights.

The United Nations

- The UK is part of the United Nations (UN), an international organization with more than 190 countries as members.

- The UN was set up after the Second World War and aims to prevent war and promote international peace and security.

- There are 15 members on the UN Security Council, which recommends action when there are international crises and threats to peace.

- The UK is one of five permanent members of the Security Council.

The North Atlantic Treaty Organization (NATO)

- The UK is also a member of NATO.

- NATO is a group of European and North American countries that have agreed to help each other if they come under attack. It also aims to maintain peace between all of its members.

یورپ کی کونسل

- یورپ کی کونسل یورپی یونین سے علیحدہ ہے. اس کے برطانیہ سمیت 47 رکن ممالک ہیں اور یہ ان ممالک میں انسانی حقوق کے فروغ اور تحفظ کے لئے ذمہ دار ہے.

- اس کے پاس قانون بنانے کا اختیار نہیں ہے لیکن کنونشن اور چارٹر بنا سکتی ہے جن میں سے انسانی حقوق اور بنیادی آزادی پر یورپی کنونشن سب سے زیادہ اچھی طرح سے جانا جاتا ہے جسے عام طور پر یورپی کنونشن برائے انسانی حقوق کہا جاتا ہے.

اقوام متحدہ

- برطانیہ اقوام متحدہ (UN) کا حصہ ہے, ایک بین الاقوامی تنظیم جس کے 190 سے زائد ممالک اراکین ہیں.

- اقوام متحدہ دوسری عالمی جنگ کے بعد قائم کی گئی اور اس کا مقصد جنگ کو روکنا اور بین الاقوامی امن اور سلامتی کو فروغ دینا ہے.
- اقوام متحدہ کی سلامتی کونسل کے 15 اراکین ہیں جو بین الاقوامی بحرانوں اور امن کے لئے خطرات کے وقت کارروائی کی سفارشات کرتی ہے.

- برطانیہ سلامتی کونسل کے پانچ مستقل اراکین میں سے ایک ہے.

معاہدہ شمالی اوقیانوس کی تنظیم [نیٹو] (NATO)

- برطانیہ نیٹو کا بھی رکن ہے.

- نیٹو یورپی اور شمالی امریکہ کے ممالک کا ایک گروپ جو یہ مانتے ہیں کہ کسی حملے کی زد میں آنے کی صورت میں وہ ایک دوسرے کی مدد کریں گے. تمام اراکین کے درمیان امن برقرار رکھنا بھی اس کا مقصد ہے۔

Respecting the law

- One of the most important responsibilities of all residents in the UK is to know and obey the law.

- Britain is proud of being a welcoming country, but all residents regardless of their background, are expected to comply with the law and to understand that some things which may be allowed in other legal systems are not acceptable in the UK.

- Those who do not respect the law should not expect to be allowed to become permanent residents in the UK.

- The law is relevant to all areas of life in the UK.

- You should make sure that you are aware of the laws which affect your everyday including both your personal and business affairs.

The law in the UK

- Every person in the UK receives equal treatment under the law, This means that the law applies in the same way to everyone, no matter who they are or where they are from.

- Laws can be divided into criminal law and civil law;

  - Criminal law relates to crimes, which are usually investigated by the police or another authority such as a council, and which are punished by the courts.

  - Civil law is used to settle disputes between individuals or groups.

قانون کا احترام کرنا

- برطانیہ میں تمام باشندوں کی سب سے اہم ذمہ داریوں میں سے ایک قانون کو جاننا اور اطاعت کرنا ہے۔

- برطانیہ کو ایک خیر مقدم کرنے والا ملک ہونے پر فخر ہے، لیکن تمام باشندوں سے، قطع نظر کہ ان کا پس منظر کیا ہے، قانون پر عمل کرنے کی امید کی جاتی ہے اور یہ سمجھنے کی کہ کچھ چیزیں جو شاید دیگر قانونی نظاموں میں قابل اجازت ہوں وہ برطانیہ میں قابل قبول نہیں ہیں۔

- وہ لوگ جو قانون کا احترام نہیں کرتے انہیں یہ توقع نہیں کرنی چاہئیے کہ انہیں برطانیہ میں مستقل باشندہ بننے کے لئے اجازت دی جائے گی۔

- برطانیہ میں قانون زندگی کے تمام شعبوں پر لاگو ہوتا ہے۔

- آپ کو اس بات کو یقینی بنانا چاہئیے کہ آپ ان قوانین سے آگاہ ہیں جو کہ آپ کی ذاتی اور کاروباری امور کے حوالے سے آپ کی روز مرہ زندگی کو متاثر کر سکتے ہیں۔

برطانیہ میں قانون

- برطانیہ میں ہر شخص کو قانون کے تحت مساوی سلوک ملتا ہے، اس کا مطلب ہے کہ قانون سب کے لئے ایک ہی طرح لاگو ہوتا ہے اس سے قطع نظر کہ وہ کون ہیں اور کہاں سے ہیں۔

- قوانین کو کریمینل (جرائم سے متعلق) قانون اور سول قانون میں تقسیم کیا جا سکتا ہے؛

  - کریمینل قانون جرائم سے متعلق ہے عام طور پر جس میں پولیس یا کسی دوسری اتھارٹی جیسا کہ کونسل سے چھان بین کروائی جاتی ہے، اور عدالتوں کے ذریعے سزا دی جاتی ہے۔

  - سول قانون افراد یا گروہوں کے درمیان تنازعات کو حل کرنے کے لئے استعمال کیا جاتا ہے۔

Examples of criminal laws are:

- **Carrying a weapon:** it is a criminal offence to carry a weapon of any kind, even if it is for self-defence. This includes a gun, a knife or anything that is made or adapted to cause injury.

- **Drugs:** selling or buying drugs such as heroin, cocaine, ecstasy and cannabis is illegal in the UK.

- **Racial crime:** it is a criminal offence to cause harassment, alarm or distress to someone because of their religion or ethnic origin.

- **Selling tobacco:** it is illegal to sell tobacco products (for example. cigarettes, cigars, roll-up tobacco) to anyone under the age of 18.

- **Smoking in public places:** It is against the law to smoke tobacco products in nearly every enclosed public place in the UK. There are signs displayed to tell you where you cannot smoke.

- **Buying alcohol:** it is a criminal offence to sell alcohol to anyone who is under 18 or to buy alcohol for people who are under the age of 18. (There is one exception: people aged 16 or over can drink alcohol with a meal in a hotel or restaurant).

- **Drinking in public:** some places have alcohol-free zones, where you cannot drink in public. The police can also confiscate alcohol or move young people on from public places. You can be fined or arrested.

- This list does not include all crimes. There are many that apply in most countries, such as murder, theft and assault. You can find out more about types of crime in the UK at www.gov.uk

کریمینل قوانین کی مثالیں یہ ہیں:

- **ہتھیار پاس رکھنا :** کسی بھی قسم کا ہتھیار پاس رکھنا جرم ہے چاہے یہ اپنے دفاع کے لئے ہی کیوں نہ ہو. اس میں بندوق، چھری یا کچھ بھی شامل ہے جو کسی کو چوٹ لگانے کے لیے بنا ہو یا ڈھال لیا گیا ہو.
- **منشیات:** منشیات مثلا ہیروئن، کوکین، ایکسٹیسی اور بانگ کی خرید و فروخت برطانیہ میں غیر قانونی ہے.
- **نسل پرستی کا جرم:** کسی کو اس کے مذہب یا نسل کی وجہ سے ہراساں کرنا، خوفزدہ کرنا یا تکلیف دینا جرم ہے.
- **تمباکو کی فروخت:** کسی بھی 18 سال سے کم عمر کو تمباکو کی مصنوعات (مثال کے طور پر سگریٹ، سگار، تمباکو رول) فروخت کرنا غیر قانونی ہے۔
- **عوامی مقامات پر تمباکو نوشی :** برطانیہ میں تقریبا تمام بند عوامی جگہوں میں تمباکو کی مصنوعات استعمال کرنا قانون کے خلاف ہے. جہاں آپ تمباکو نوشی نہیں کر سکتے وہاں آپ کو بتانے کے لئے نشان لگائے گئے ہیں۔
- **شراب خریدنا:** 18 سال سے کم عمر کے لوگوں کو شراب فروخت کرنا یا 18 سال سے کم عمر کے لوگوں کے لیے شراب خریدنا ایک کریمینل جرم ہے. (ایک رعایت ہے: 16 سال یا اس سے زیادہ عمر کے لوگ ہوٹل یا ریستوران میں کھانا کھانے کے ساتھ شراب پی سکتے ہیں)۔
- **عوام میں شراب پینا:** کچھ جگہیں شراب فری زون ہیں جہاں آپ عوام میں نہیں پی سکتے. پولیس شراب ضبط کر کے عوامی مقامات سے نوجوانوں کو ہٹا سکتی ہے. آپ کو جرمانہ یا گرفتار کیا جا سکتا ہے.
- اس فہرست میں تمام جرائم شامل نہیں ہیں. بہت سے اور بھی ہیں جو کہ زیادہ تر ممالک میں لاگو ہوتے ہیں مثلا قتل، چوری اور حملہ کرنا. آپ برطانیہ میں جرم کی اقسام کے بارے میں مزید معلومات [www.gov.uk] پر حاصل کر سکتے ہیں۔

Examples of civil laws are:

- Housing law: this includes disputes between landlords and tenants over issues such as repairs and eviction.

- Consumer rights: an example of this is a dispute about faulty goods or services.

- Employment law: these cases include disputes over wages and cases of unfair dismissal or discrimination in the workplace.

- Debt: people might be taken to court if they owe money to someone.

The police and their duties

- The job of the police in the UK is to:

  - Protect life and property

  - Prevent disturbances (also known as keeping the peace)

  - Prevent and detect crime.

- The police are organized into a number of separate police forces headed by Chief Constables. They are independent of the government.

- In November 2012, the public elected Police and Crime Commissioners (PCCs) in England and Wales. These are directly elected individuals who are responsible for the delivery of an efficient and effective police force that reflects the needs of their local communities.

سول قوانین کی مثالیں یہ ہیں:

- ہاؤسنگ قانون: ان میں مرمت اور انخلا کے معاملات پر مالکان مکان اور کرایہ داروں کے درمیان تنازعات شامل ہے.
- صارف کے حقوق: اس کی ایک مثال ناقص سامان یا خدمات کے بارے میں ایک تنازعہ ہے.
- روزگار قانون: ان مقدمات میں اجرت اور غیر منصفانہ برطرفی یا کام کی جگہ پر امتیازی سلوک کے معاملات سے متعلق تنازعات شامل ہیں.
- قرض: اگر لوگوں کے ذمے رقم واجب الادا ہے تو ان کو عدالت میں لے جایا جاسکتا ہے.

پولیس اور ان کے فرائض

- برطانیہ میں پولیس کی ذمہ داری:
  - حفاظت جان ومال
  - بدامنی کی روک تھام (یا امن کا قیام)
  - جرائم کا پتہ لگانا اور ان کی روک تھام.
- پولیس الگ پولیس فورسز کی ایک بڑی تعداد میں چیف کانسٹیبل کی سربراہی میں منظم ہوتی ہے. وہ حکومت سے آزاد ہیں.
- نومبر 2012 میں، انگلینڈ اور ویلز میں عوام نے پولیس اور جرائم کمشنروں (PCCS) کو منتخب کیا. یہ براہ راست منتخب ہوئے افراد ہیں جو کہ ایک چست اور مؤثر پولیس فورس کی فراہمی کے ذمہ دار ہیں جو ان کے مقامی لوگوں کی ضروریات کی عکاسی کرتی ہے۔

- PCCs set local police priorities and the local policing budget. They also appoint the local Chief Constable.

- The police force is a public service that helps and protects everyone, no matter what their background or where they live.

- Police officers must themselves obey the law. They must not misuse their authority, make a false statement, be rude or abusive, or commit racial discrimination.

- If police officers are corrupt or misuse their authority they are severely punished.

- Police officers are supported by police community support officers (PCSOs).

- PCSOs have different roles according to the area but usually patrol the streets, work with the public and support police officers at crime scenes and major events.

- All people in the UK are expected to help the police prevent and detect crimes whenever they can.

- If you are arrested and taken to a police station, a police officer will tell you the reason for your arrest and you will be able to seek legal advice.

- It something goes wrong, the police complaints system tries to put it right.

- Anyone can make a complaint about the police by going to a police station or writing to the Chief Constable of the police force involved.

- PCCs مقامی پولیس کی ترجیحات اور مقامی پولیس بجٹ مقرر کرتے ہیں. یہ مقامی چیف کانسٹیبل بھی مقرر کرتے ہیں.

- پولیس فورس سب کی حفاظت اور مدد کے لیے ایک عوامی خدمت ہے اس سے قطع نظر کہ ان کا پس منظر کیا ہے اور وہ کہاں رہتے ہیں.

- پولیس افسران پر بھی قانون کا احترام لازم ہے. وہ اپنی اتھارٹی کا غلط استعمال نہیں کرسکتے، کوئی جھوٹا بیان نہیں دے سکتے، بدتمیزی یا بد سلوکی نہیں کرسکتے، اور نہ ہی نسلی امتیاز کا ارتکاب کرسکتے ہیں.

- اگر پولیس افسران بدعنوان ہوں یا اپنی اتھارٹی کا غلط استعمال کریں تو ان کو سخت سزا دی جاتی ہے.

- پولیس کمیونٹی سپورٹ افسران (PCSOs) پولیس افسران کی مدد کرتے ہیں-

- PCSOs علاقے کے مطابق مختلف کردار ادا کرتے ہیں لیکن عام طور پر سڑکوں پر گشت کرتے ہیں، عوام کے ساتھ کام کرتے ہیں اور پولیس افسران کے ساتھ جرائم کی جگہ اور اہم واقعات میں کام کرتے ہیں.

- برطانیہ میں سب لوگوں سے توقع کی جاتی ہے کہ جب بھی ممکن ہو جرائم کا پتہ لگانے اور روکنے میں پولیس کی مدد کریں-

- اگر آپ کو گرفتار کیا جاتا ہے اور پولیس سٹیشن لے جایا جاتا ہے، تو ایک پولیس افسر آپ کو آپ کی گرفتاری کی وجہ بتائے گا اور آپ کو قانونی مشورہ حاصل کرنے کا بھی موقع دیا جائے گا.

- اگر کچھ غلط ہوتا ہے تو پولیس کمپلینٹس سسٹم (شکایات کا نظام) اسے ٹھیک کرنے کی کوشش کرتا ہے.

- کوئی بھی پولیس سٹیشن جا کر یا متعلقہ پولیس فورس کے چیف کانسٹیبل کو لکھ کر پولیس کے بارے میں شکایت کر سکتا ہے.

- Complaints can also be made to an independent body, the independent Police Complaints Commission in England and Wales, the Police Complaints Commissioner for Scotland or the Police Ombudsman for Northern Ireland.

Terrorism and extremism

- The UK faces a range of terrorist threats. The most serious of these is from Al Qa'ida, its affiliates and like-minded organisations.

- The UK also faces threats from other kinds of terrorism, such as Northern Ireland-related terrorism.

- All terrorist groups try to radicalize and recruit people to their cause. How, where and to what extent they try to do so will vary.

- Evidence shows that these groups attract very low levels of public support, but people who want to make their home in the UK should be aware of this threat.

- It is important that all citizens feel safe. This includes feeling safe from all kinds of extremism (vocal or active opposition to fundamental British values), including religious extremism and far right extremism.

- If you think someone is trying to persuade you to join an extremist or terrorist cause, you should notify your local police force.

- شکایات، انگلینڈ اور ویلز میں انڈیپنڈنٹ (خود مختار) پولیس کمپلینٹس کمیشن، اسکاٹ لینڈ میں پولیس کمپلینٹس کمشنر یا نادرن آئرلینڈ کے لئے پولیس امبڈسمن (محتسب) کو، کی جاسکتی ہیں-

دہشت گردی اور انتہا پسندی

- برطانیہ کو دہشت گردی کے بہت سے خطرات کا سامنا ہے. ان میں سب سے سنگین القاعدہ، اس سے ملحقہ اور اس طرح کا ذہن رکھنے والی تنظیموں کی طرف سے ہے.

- برطانیہ کو دہشت گردی کی اور اقسام کا بھی سامنا ہے جن میں نادرن آئرلینڈ سے متعلق دہشت گردی شامل ہے.
- تمام دہشت گرد گروپ لوگوں کو اپنے مقصد کے لیے بھرتی کرنے کی کوشش کرتے ہیں. وہ ایسا کرنے کی کوشش، کیسے، کہاں اور کس حد تک کرتے ہیں یہ مختلف ہوتا ہے.
- ثبوت سے پتہ چلتا ہے کہ یہ گروپ عوامی حمایت بہت کم حاصل کر پاتے ہیں، لیکن ان لوگوں کو جو برطانیہ میں اپنے گھر بنانا چاہتے ہیں اس خطرے کے بارے میں علم ہونا چاہئے.

- یہ ضروری ہے کہ تمام شہری خود کو محفوظ محسوس کریں. اس میں تمام اقسام کی انتہا پسندی (بنیادی برطانوی اقدار کی قولی یا فعلی مخالفت) سے محفوظ محسوس کرنا شامل ہے جیسا کہ مذہبی انتہا پسندی اور شدید دائیں بازو کی انتہا پسندی.

- اگر آپ محسوس کریں کہ کوئی آپ کو انتہا پسند یا دہشت گردی کے کام میں شامل ہونے کے لئے قائل کرنے کی کوشش کر رہا ہے تو آپ کو اپنی مقامی پولیس کو مطلع کرنا چاہیے.

The role of the courts

The judiciary

- Judges (who are together called 'the judiciary') are responsible for interpreting the law and ensuring that trails are conducted fairly. The government cannot interfere with this.

- Sometimes the actions of the government are claimed to be illegal. If the judges agree, then the government must either change its policies or ask Parliament to change the law.

- If judges find that a public body is not respecting someone's legal rights, they can order that body to change its practices and/or pay compensation.

- Judges also make decisions in disputes between members of the public or organisations. These might be about contracts, property or employment rights or after an accident.

Criminal courts

- There are some differences between the court systems in England and Wales, Scotland and Northern Ireland.

Magistrates and Justice of the Peace Courts

- In England, Wales and Northern Ireland, most minor criminal cases are dealt with in a Magistrates' Court.

- In Scotland, minor criminal offences go to a Justice of the Peace Court.

عدالتوں کا کردار

عدلیہ

- جج (جن کو اکٹھے 'عدلیہ' کہا جاتا ہے) قانون کی ترجمانی اور منصفانہ مقدمات کے منعقد کئے جانے کو یقینی بنانے کے ذمہ دار ہوتے ہیں. حکومت اس کام میں مداخلت نہیں کر سکتی.
- کبھی کبھی حکومت کے اقدامات غیر قانونی ہونے کا دعوی کیا جاتا ہے. اگر جج اتفاق کریں تو حکومت کو یا تو اسکی پالیسیوں میں تبدیلی کرنی چاہیے یا پارلیمنٹ سے قانون تبدیل کرنے کی درخواست کرنی چاہیے .
- جج اگر دیکھیں کہ ایک عوامی ادارہ کسی کے قانونی حقوق کا احترام نہیں کر رہا ہے، تو وہ اس کے طریقوں کو تبدیل یا / اور معاوضہ ادا کرنے کے لئے حکم جاری کر سکتے ہیں.
- جج عوامی ارکان یا تنظیموں کے درمیان تنازعات میں فیصلے بھی کرتے ہیں. یہ معاہدوں، جائیداد یا روزگار کے حقوق کے بارے میں ہو سکتے ہیں یا کسی حادثے کے بعد ہو سکتے ہیں.

کریمینل عدالتیں

- انگلینڈ اور ویلز، سکاٹ لینڈ اور نادرن آئرلینڈ میں عدالت کے نظام کے درمیان کچھ فرق موجود ہیں.

امن عدالتوں کی مجسٹریٹ اور جسٹس

- انگلینڈ، ویلز اور نادرن آئرلینڈ میں، زیادہ تر معمولی کریمینل مقدمات ایک مجسٹریٹ کی عدالت میں نمٹائے جاتے ہیں.
- اسکاٹ لینڈ میں، معمولی مجرمانہ افعال امن کورٹ کے جسٹس کے پاس جاتے ہیں.

- Magistrates and Justices of the Peace (JPs) are members of the local community.

- In England, Wales and Scotland they usually work unpaid and do not need legal qualifications.

- They receive training to do the job and are supported by a legal adviser.

- Magistrates decide the verdict in each case that comes before them and, if the person is found guilty, the sentence that they are given.

- In Northern Ireland, cases are heard by a District Judge or Deputy District Judge, who is legally qualified and paid.

Crown Courts and Sheriff Courts

- In England Wales and Northern Ireland, serious offences are tried in front of a judge and jury in Crown Court.

- In Scotland, serious cases are heard in a Sheriff Court with either a sheriff or a sheriff with a jury.

- The most serious cases in Scotland, such as murder, are heard at a High Court with a judge and jury.

- A jury is made up of members of the public chosen at random from the local electoral register.

- In England, Wales and Northern Ireland a jury has 12 members, and in Scotland a jury has 15 members.

- مجسٹریٹ اور امن کے جسٹس (JPs) مقامی کمیونٹی کے رکن ہوتے ہیں.

- انگلینڈ، ویلز اور سکاٹ لینڈ میں وہ عام طور پر بلا معاوضہ کام کرتے ہیں اور انہیں قانونی قابلیت کی ضرورت نہیں ہوتی.

- وہ کام کرنے کے لئے تربیت حاصل کرتے ہیں اور انہیں ایک قانونی مشیر سے مدد ملتی ہے.

- ہر معاملے میں فیصلہ مجسٹریٹ کرتے ہیں اور اگر کوئی مجرم پایا جاتا ہے تو اس کی سزا بھی تجویز کرتے ہیں.

- نادرن آئرلینڈ میں، مقدمات ڈسٹرکٹ جج یا ڈپٹی ڈسٹرکٹ جج سنتا ہے جو کہ قانونی علم رکھتا ہے اور تنخواہ لیتا ہے.

کراؤن عدالتیں اور شیرف عدالتیں

- انگلینڈ، ویلز اور نادرن آئرلینڈ میں، سنگین جرائم کو کراؤن کورٹ میں ایک جج اور جیوری کے سامنے پیش کیا جاتا ہے.

- اسکاٹ لینڈ میں، سنگین مقدمات شیرف کورٹ میں ایک شیرف یا شیرف اور جیوری کے سامنے پیش کیے جاتے ہیں.

- اسکاٹ لینڈ میں سب سے زیادہ سنگین مقدمات، جیسے قتل، ایک ہائیکورٹ میں جج اور جیوری کے ساتھ سنے جاتے ہیں.

- جیوری مقامی انتخابی رجسٹر سے عوام کے ارکان کے بے ترتیب انتخاب پر مبنی ہوتی ہے.

- انگلینڈ، ویلز اور نادرن آئرلینڈ میں ایک جیوری کے 12 ارکان ہوتے ہیں، اور اسکاٹ لینڈ میں ایک جیوری کے 15 ارکان ہوتے ہیں.

- Everyone who is summoned to do jury service must do it unless they are not eligible (for example, because they have a criminal conviction) or they provide a good reason to be excuse such as ill health.

- The jury has to listen to the evidence presented at the trial and then decide a verdict of 'guilty' or 'not guilty' based on what they have heard.

- In Scotland, a third verdict of 'not proven' is also possible.

- If the jury finds a defendant guilty, the judge decides on the penalty.

Youth Courts

- In England, Wales and Northern Ireland, if an accused person is aged 10 to 17, the case is normally heard in a Youth Court in front of up to three specially trained magistrates or a District Judge.

- The most serious cases will go to the Crown Court.

- The parents or carers of the young person are expected to attend the hearing.

- Members of the public are not allowed in Youth Courts, and the name or photographs of the accused young person cannot be published in newspapers or used by the media.

- جب جیوری سروس کے لئے کسی کو طلب کیا جاتا ہے تو ہر کسی کو یہ ضرور کرنا ہوتی ہے، تا آنکہ وہ اہل نہ ہوں (مثال کے طور پر انہوں نے کسی جرم کی سزا پائی ہو) یا پھر وہ جیوری نہ بننے کے لیے ایک اچھی وجہ فراہم کریں مثلاً خرابی صحت.

- جیوری کو مقدمے کی سماعت میں پیش ثبوت سننا ہوتے ہیں اور پھر انہوں نے جو کچھ سنا ہوتا ہے اس کی بنیاد پر 'مجرم' یا 'مجرم نہیں' کے بارے میں فیصلہ کرتے ہیں.

- اسکاٹ لینڈ میں، ایک تیسری قسم کے 'ثابت نہیں' کے فیصلے بھی ممکن ہیں.

- اگر جیوری کو کوئی مدعا علیہ مجرم لگتا ہے تو جج سزا کا فیصلہ کرتا ہے.

بچوں کی عدالتیں

- انگلینڈ، ویلز اور نادرن آئرلینڈ میں اگر 10 سے 17 سال کی عمر کے شخص پر الزام لگایا جاتا ہے تو کیس ایک یوتھ کورٹ میں عام طور پر تین خاص طور پر تربیت یافتہ مجسٹریٹ یا ایک ڈسٹرکٹ جج کے سامنے سنا جاتا ہے.

- سب سے زیادہ سنگین مقدمات کراؤن کورٹ میں جاتے ہیں.

- ان بچوں کے والدین یا دیکھ بھال کرنے والوں کو سماعت میں شرکت کرنا ہوتی ہے.

- عوام کے اراکین کو بچوں کی عدالتوں میں آنے کی اجازت نہیں ہے، اور ملزم کا نام یا تصاویر اخبارات میں شائع یا میڈیا میں استعمال نہیں کی جا سکتیں.

- In Scotland a system called the Children's Hearings System is used to deal with children and young people who have committed an offence.

- Northern Ireland has a system of youth conferencing to consider how a child should be dealt with when they have committed an offence.

Civil courts

County Courts

- County Courts deal with a wide range of civil disputes. These include people trying to get back money that is owed to them, cases involving personal injury, family matters breaches of contract, and divorce.

- In Scotland, most of these matters are dealt with in the Sheriff Court.

- More serious evil cases - for example when a large amount of compensation is being claimed - are dealt with in the   High Court in England, Wales and Northern Ireland. In Scotland, they are dealt with in the Court of Session in Edinburgh.

The small claims procedure

- The small claims procedure is an informal way of helping people to settle minor disputes without spending a lot of time and using a lawyer.

- اسکاٹ لینڈ میں جرم کا ارتکاب کرنے والے بچوں اور نوجوانوں کے لیے ایک ایسا نظام ایک استعمال کیا جاتا ہے جسے چلڈرنز ہیرنگ سسٹم (بچوں کی سماعتوں کا نظام) کہا جاتا ہے۔

- نادرن آئرلینڈ میں نوجوانوں کی کانفرنسنگ کا نظام اس بات پر غور کرنے کے لئے ہے کہ ایک بچہ جس نے کسی جرم کا ارتکاب کیا ہے اس کے ساتھ کس طرح نمٹا جانا چاہئے۔

سول عدالتیں

کاؤنٹی عدالتیں

- کاؤنٹی عدالتیں بہت سے سول تنازعات سے نمٹتی ہیں۔ ایسے تنازعات میں لوگوں کی رقوم کا واپس دلانا، زخمی ہونے کے مقدمات، خانگی معاملات، معاہدے کی خلاف ورزی اور طلاق کے مقدمات شامل ہیں۔

- اسکاٹ لینڈ میں زیادہ تر ایسے معاملات شیرف کورٹ میں نمٹائے جاتے ہیں۔

- زیادہ سنگین برائی کے مقدمات - مثال کے طور پر جب معاوضہ کی ایک بڑی رقم کا دعوی کیا جا رہا ہے - انگلینڈ، ویلز اور نادرن آئرلینڈ میں ہائی کورٹ میں نمٹائے جاتے ہیں۔ اسکاٹ لینڈ میں، وہ سیشن کورٹ ایڈنبرا میں نمٹائے جاتے ہیں۔

چھوٹے دعوے کا طریقہ کار

- چھوٹے دعوے کا طریقہ کار لوگوں کے معمولی تنازعات کو حل کرنے میں مدد کرنے کا ایک غیر رسمی طریقہ ہے جس میں بہت زیادہ وقت اور وکیل کا استعمال نہیں ہوتا-

- This procedure is used for claims of less than £5,000 in England and Wales and £3,000 in Scotland and Northern Ireland.

- The hearing is held in front of a judge in an ordinary room and people from both sides of the dispute sit around a table. Small claims can also be issued online through Money Claims Online (www.moneyclaim.gov.uk).

- You can get details about the small claims procedure from your local County Court or Sheriff Court.

- Details of your local court can be found as follows:

  - England and Wales: at www.gov.uk

  - Scotland: at www.scotcourts.gov.uk

  - Northern Ireland: at www.courtsni.gov.uk

Legal advice

Solicitors

- Solicitors are trained lawyers who give advice on legal matters, take action for their clients and represent their clients in court.

- There are solicitors' offices throughout the UK. It is important to find out which aspects of law a solicitor specialises in and to check that they have the right experience to help you with your case.

- یہ عمل انگلینڈ اور ویلز میں 5000 پونڈ اور اسکاٹ لینڈ اور نادرن آئر لینڈ میں 3000 پونڈ سے کم کے دعوؤں کے لئے استعمال کیا جاتا ہے.
- سماعت ایک عام کمرے میں ایک جج کے سامنے منعقد کی جاتی ہے جہاں تنازعہ کے دونوں اطراف سے لوگ ایک میز کے گرد بیٹھ جاتے ہیں. منی کلیمز آن لائن [www.moneyclaim.gov.uk] کے ذریعے چھوٹے دعوے آن لائن بھی جاری کیے جاسکتے ہیں.
- آپ اپنے مقامی کاؤنٹی کورٹ یا شیرف کورٹ سے چھوٹے دعووں کے طریقہ کار کے بارے میں تفصیلات حاصل کر سکتے ہیں.
- آپ کی مقامی عدالت کی تفصیل مندرجہ ذیل پر مل سکتی ہے:
  - انگلینڈ اور ویلز: [www.gov.uk]
  - اسکاٹ لینڈ: [www.scotcourts.gov.uk]
  - نادرن آئر لینڈ: [www.courtsni.gov.uk]

قانونی مشورہ

سولیسیٹرز (Solicitors)

- سولیسیٹرز تربیت یافتہ وکلاء ہیں جو کہ قانونی معاملات پر مشورہ دیتے ہیں اپنے مؤکل کے لئے کارروائی کرتے ہیں اور عدالت میں اپنے مؤکل کی نمائیندگی کرتے ہیں.
- برطانیہ بھر میں ایسے وکلاء کے دفاتر موجود ہیں. یہ دیکھنا بہت اہم ہے کہ ایک وکیل قانون کے کن پہلوؤں میں مہارت رکھتا ہے اور وہ آپ کے کیس میں آپ کی مدد کرنے کا صحیح تجربہ بھی رکھتا ہے.

- Many advertise in local newspapers and in Yellow Pages.

- The Citizens advice Bureau (www.citizensadvice.org.uk) can give you names of local solicitors and the areas of law they specialise in.

- You can also get this information from the Law Society (www.lawsociety.org.uk) in England and Wales, the Law Society of Scotland (www.lawscot-org.uk) or the Law Society of Northern Ireland (www.lawsoc-ni.org).

- Solicitors Charges are usually based on how much time they spend on a case.

- It is very important to find out at the start how much a case is likely to cost.

Fundamental principles

- Britain has a long history of respecting an individual's rights and ensuring essential freedoms. These rights have their roots in Magna Carta, the Habeas Corpus Act and the Bill of Rights of 1689, and they have developed over a period of time.

- British diplomats and lawyers had an important role in drafting the European Convention on Human Rights and Fundamental Freedoms.

- The UK was one of the first countries to sign the Convention in 1950.

- بہت سے ایسے وکلاء مقامی اخبارات اور ییلو پیجز میں تشہیر کرتے ہیں.
- سیٹیزن ایڈوائس بیورو (citizens advice bureau) [www.citizensadvice.org.uk] آپ کو مقامی وکیلوں کے نام اور ان کی مہارت کے بارے میں بتا سکتے ہیں۔
- آپ یہ معلومات انگلینڈ اور ویلز کی لاء سوسائٹی [www.lawsociety.org.uk] ، سکاٹ لینڈ کی لاء سوسائٹی [www.lawcot-org.uk] یا نادرن آئرلینڈ کی لاء سوسائٹی [www.lawsoc-ni.org] سے بھی حاصل کر سکتے ہیں.
- وکلاء کا معاوضہ عام طور پر اس بنیاد پر ہوتا ہے کہ وہ ایک مقدمے پر کتنا وقت خرچ کرتے ہیں.
- مقدمہ شروع کرنے سے پہلے یہ جاننا بہت اہم ہے کہ ایک مقدمہ پر کتنی لاگت آسکتی ہے.

بنیادی اصول

- برطانیہ افرادی حقوق کے احترام اور ضروری آزادی کو یقینی بنانے کی ایک طویل تاریخ لیے ہوئے ہے. ان حقوق کی جڑیں میگنا کارٹا (Magna Carta)، ایکٹ برائے حبس بے جا اور 1689 کے حقوق کے بل میں ہیں، اور وقت کے ساتھ ان (حقوق) کی نشو نماء ہوئی ہے۔
- برطانوی سفارت کاروں اور وکلاء نے انسانی حقوق اور بنیادی آزادی پر یورپی کنونشن کا مسودہ تیار کرنے میں ایک اہم کردار ادا کیا.
- برطانیہ 1950 میں کنونشن پر دستخط کرنے والے پہلے ممالک میں سے ایک تھا.

- Some of the principles included in the European Convention on Human Rights are:

  - right to life

  - prohibition of torture

  - Prohibition of slavery and forced labour

  - right to liberty and security

  - right to a fair trial

  - freedom of thought, conscience and religion

  - freedom of expression (Speech)

- The Human Rights Act 1998 incorporated in the European Convention on Human Rights into UK law. The government, public bodies and the courts must follow the principles of the convention.

Equal opportunities

- UK laws ensure that people are not treated unfairly in any area of life or work because of their age, disability, sex, pregnancy and maternity, race, religion or belief, sexuality or marital status.

- If you face problems with discrimination, you can get more information from the Citizens Advice Bureau or from one of the following organizations.

- England and Wales: Equality and Human Rights Commission (www.equalityhumanrights.com)

- یورپی کنونشن برائے انسانی حقوق میں شامل اصولوں میں سے کچھ یہ ہیں:
  - زندگی کا حق
  - تشدد کی ممانعت
  - غلامی اور جبری مشقت کی ممانعت
  - آزادی اور سلامتی کا حق
  - ایک منصفانہ مقدمہ کا حق
  - فکر، ضمیر اور مذہب کی آزادی
  - اظہار رائے کی آزادی (تقریری)
- برطانیہ کے 1998 کے ہیومن رائٹس ایکٹ (انسانی حقوق کے قانون) میں یورپین کنوینشن آن ہیومن رائٹس کو شامل کر لیا گیا- حکومت، عوامی اداروں اور عدالتوں کے لیے کنونشن کے اصولوں کی پیروی کرنا ضروری ہے.

مساوی مواقع

- برطانوی قوانین اس بات کو یقینی بناتے ہیں کہ لوگوں کو زندگی کے کسی بھی شعبے میں یا جس جگہ وہ کام کرتے ہیں ان کی عمر، معذوری، جنس، حمل اور زچگی، نسل، مذہب یا عقیدے، جنسی یا ازدواجی حیثیت کی بنا پر غیر منصفانہ برتاؤ کا سامنا نہ ہو.
- اگر آپ امتیازی سلوک کے مسائل کا سامنا ہے تو آپ سٹیزن ایڈوائس بیورو سے یا مندرجہ ذیل تنظیموں میں سے ایک سے مزید معلومات حاصل کر سکتے ہیں.
  - انگلینڈ اور ویلز: مساوات اور انسانی حقوق کمیشن

[www.equalityhumanrights.com]

- Scotland: Equality and Human Rights Commission in Scotland

  www.equalityhumanrights.com/scotland/the-commission-in-scotland) and Scottish Human Rights Commission (www.scottishhumanrights.com)

- Northern Ireland: Equality Commission for Northern Ireland

  (www.equalityni.org)

- Northern Ireland Human Rights Commission (www.nihrc.org).

Domestic violence

- In the UK, brutality and violence in the home is a serious crime.

- Anyone who is violent towards their partner - whether they are a man or a woman, married or living together - can be prosecuted.

- Any man who forces a woman to have sex, including a woman's husband, can be charged with rape.

- It is important for anyone facing domestic violence to get help as soon as possible. A solicitor or the Citizens Advice Bureau can explain the available options.

- In some areas, there are safe places to go and stay in, called refuges or shelters.

- There are emergency telephone numbers in the helpline section at the front of Yellow Pages, including, for women, the number of the nearest women's centre.

- سکاٹ لینڈ: مساوات اور انسانی حقوق کمیشن، سکاٹ لینڈ

[www.equalityhumanrights.com/scotland/the-commission-in-scotland] اور اسکاٹش

انسانی حقوق کمیشن- ن[www.scottishhumanrights.com]

- شمالی آئر لینڈ: نادرن آئر لینڈ کے لئے مساوات کمیشن

[www.equalityni.org]

- نادرن آئر لینڈ کا انسانی حقوق کمیشن [www.nihrc.org]

گھریلو تشدد

- برطانیہ میں گھر میں ظلم اور تشدد ایک سنگین جرم ہے.
- اپنے شریک حیات - آیا وہ ایک مرد ہو یا عورت، شادی شدہ ہو یا ایک ساتھ رہنے والے - پر تشدد کا مقدمہ چلایا جاسکتا ہے.
- ایک عورت کو جنسی تعلق پر مجبور کرنے والے پر، چاہے وہ اس عورت کا شوہر ہی کیوں نہ ہو، عصمت دری کا الزام عائد کیا جاسکتا ہے.
- ایسا فرد جو گھریلو تشدد کا سامنا کر رہا ہو اس کے لیے ضروری ہے کہ جلد از جلد مدد حاصل کرے. وکیل یا سٹیزن ایڈوائس بیورو دستیاب متبادلات (یعنی متبادل حل) کی وضاحت کر سکتے ہیں.
- کچھ علاقوں میں جانے اور رہنے کے لئے محفوظ مقامات موجود ہیں جنہیں ریفیوج یا شیلٹر (پناہ گاہیں) کہا جاتا ہے.
- ییلو پیجز کے شروع میں ہیلپ لائن کے سیکشن میں ایمرجنسی ٹیلی فون نمبرز موجود ہیں جن میں خواتین کے لئے قریب ترین خواتین کے مرکز کے نمبر بھی شامل ہیں.

- You can also phone the 24-hour National Domestic Violence Free phone Helpline on 0808 2000 247 at any time, or the police can help you find a safe place to stay.

Female genital Mutilation

- Female Genital Mutilation (FGM), also known as cutting or female circumcision, is illegal in the UK.

- Practising FGM or taking a girl or woman abroad for FGM is a criminal offence.

Forced marriage

- A marriage should be entered into with the full and free consent of both people involved.

- Arranged marriages, where both parties agree to the marriage, are acceptable in the UK.

- Forced marriage is where one or both parties do not or cannot give their consent to enter into the partnership. Forcing another person marry is a criminal offence.

- Forced Marriage Protection Orders were introduced in 2008 for England, Wales and Northern Ireland under the Forced Marriage (Civil Protection) Act 2007.

- Court orders can be obtained to protect a person from being forced into a marriage, or to protect a person in a forced marriage.

- آپ کسی بھی وقت 247 2000 0808 پر 24 گھنٹے قومی گھریلو تشدد کی مفت فون ہیلپ لائن کو فون کر سکتے ہیں، یا پولیس آپ کے رہنے کے لئے ایک محفوظ جگہ تلاش کرنے میں مدد کر سکتی ہے.

فیمیل جینیٹل میوٹیلیشن (Female Genital Mutilation)

- برطانیہ میں عورتوں یا بچیوں کے نسوانی اعضا کو نقصان پہنچانا، جسے کاٹنا یا سرکمیسژن [FGM] بھی کہتے ہیں، غیر قانونی ہے۔
- نسوانی اعضا کو کاٹنا یا [FGM] کرنا یا سرکمیسژن [FGM] کے لئے بیرون ملک کسی لڑکی یا عورت کو لے جانا سنگین جرم ہے.

جبری شادی

- شادی، اس میں شامل دونوں لوگوں کی، مکمل اور آزاد رضامندی سے ہونی چاہیے.

- گھر والوں کی طرف سے اہتمامی شادیاں جن میں دونوں لوگ رضامند ہوں، برطانیہ میں قابل قبول ہیں.

- جبری شادی وہ ہے جہاں ایک یا دونوں افراد شریک حیات بننے کے لئے اپنی رضامندی نہیں دیتے یا نہیں دے سکتے۔ کسی دوسرے شخص کو جبری شادی پر مجبور کرنا ایک کریمینل جرم ہے.

- جبری شادی سے حفاظتی قانون 2008 میں انگلینڈ، ویلز اور نادرن آئرلینڈ کے لئے جبری شادی (سول پروٹیکشن) ایکٹ 2007 کے تحت متعارف کرایا گیا تھا.

- اس شخص کی حفاظت کے لئے جسے جبری شادی کرنے پر مجبور کیا جا رہا ہے، یا ایک جبری شادی میں کسی شخص کی حفاظت کے لئے کورٹ کے احکامات حاصل کیے جا سکتے ہیں.

- Similar Protection Orders were introduced in Scotland in November 2011.

- A potential victim, or someone acting for them, can apply for an order.

- Anyone found to have breached an order can be jailed for up to two years for contempt of court.

Taxation

Income tax

- People in the UK have to pay tax on their income, which includes.

    - wages from paid employment

    - profits from self-employment

    - taxable benefits

    - pensions

    - income from property, savings and dividends.

- Money raised from income tax pays for government services such as roads, education, police and the armed forces.

- For most people, the right amount of income tax is automatically taken from their income from employment by their employer and paid directly to HM Revenue & Customs (HMRC), the government department that collects taxes. This system is called 'Pay As you Earn' (PAYE).

- اسی طرح کے تحفظ کے احکامات نومبر 2011 میں اسکاٹ لینڈ میں متعارف کرائے گئے.

- ایک ممکنہ مظلوم، یا اس کے لئے کوئی اور، احکامات کے لئے درخواست دے سکتے ہیں.

- کوئی بھی جاری حکم کی خلاف ورزی کرتا پایا گیا تو وہ توہین عدالت کے لئے دو سال کے لئے جیل جا سکتا ہے.

ٹیکسوں کا نظام

انکم ٹیکس

- برطانیہ میں لوگوں کو ان کی آمدنی پر ٹیکس ادا کرنا پڑتا ہے. اس آمدنی میں شامل ہیں:
    - بامعاوضہ ملازمت سے اجرت
    - خود روزگار سے منافع
    - قابل ٹیکس فوائد
    - پنشن
    - جائداد، بچت اور منافع سے آمدنی.
- انکم ٹیکس سے جمع شدہ رقم سڑکوں، تعلیم، پولیس اور مسلح افواج جیسی حکومت کی خدمات کے لئے ادائیگی کرتی ہے.

- زیادہ تر لوگوں سے انکم ٹیکس کی درست رقم خودکار طریقے سے ان کا امپلایر یا آجر ملازمت کی آمدنی میں سے نکال لیتا ہے اور ایچ ایم ریونیو اینڈ کسٹمز (HMRC) [ٹیکسوں کا سرکاری محکمہ] میں جمع کرا دیتا ہے. اس نظام کو پے ایز یو ارن یا جمع کرائیں جونہی آپ کمائیں (PAYE) کہا جاتا ہے.

- If you are self-employed, you need to pay your own tax through a system called self-assessment' which includes completing a tax return. Other people may also need to complete a tax return.

- If HMRC sends you a tax return, it is important to complete and return the form as soon as you have all the necessary information.

- You can find out more about income tax at www.hmrc.gov.uk/ income tax.

- You can get help and advice about taxes and completing tax forms from the HMRC self-assessment helpline, on 0845 3000 627, and the HMRC website at www.hmrc.gov.uk

National Insurance

- Almost everybody in the UK who is in paid work, including self-employed people, must pay National Insurance Contributions.

- The money raised from National Insurance Contributions is used to pay for state benefits and services such as the state retirement pension and the National Health Service (NHS).

- Employees have their National Insurance Contributions deducted from their pay by their employer.

- People who are self-employee need to pay National Insurance Contributions themselves.

- Anyone who does not pay enough National Insurance Contributions will not be able to receive certain contributory benefits such as Jobseeker's Allowance or a full state retirement pension.

- آپ ذاتی روزگار پر ہیں تو آپ کو سیلف اسسمنٹ (یعنی خود تخمینہ) نامی ایک نظام کے ذریعے اپنا ٹیکس ادا کرنے کی ضرورت ہے جس میں ٹیکس ریٹرن مکمل کرنا شامل ہے. دوسرے لوگوں کو بھی ٹیکس ریٹرن مکمل کرنے کے لئے ضرورت ہو سکتی ہے-
- اگر HMRC آپ کو ایک ٹیکس ریٹرن بھیجتا ہے تو ضروری ہے کہ اسے جیسے ہی تمام ضروری معلومات مہیا ہوں مکمل کر کے واپس بھجوا دیا جائے.
- آپ [www.hmrc.gov.uk/income tax] پر انکم ٹیکس کے بارے میں مزید معلومات حاصل کر سکتے ہیں.
- آپ HMRC سیلف اسسمنٹ ہیلپ لائن 627 3000 0845 اور HMRC ویب سائٹ [www.hmrc.gov.uk] سے ٹیکس اور ٹیکس فارم مکمل کرنے کے بارے میں مشورہ اور مدد حاصل کر سکتے ہیں-

نیشنل انشورنس

- تقریباً ہر کسی کو، جو بھی برطانیہ میں اجرتی کام کر رہا ہے، ان میں آزاد پیشہ افراد بھی شامل ہیں، نیشنل انشورنس کنٹریبوشن ادا کرنا ہو گا.
- نیشنل انشورنس کنٹریبوشن سے جمع شدہ رقم ریاست ریٹائرمنٹ پینشن اور نیشنل ہیلتھ سروس(NHS) جیسے ریاستی فوائد اور خدمات کے لئے استعمال کیا جاتا ہے.
- ملازمین کی طرف سے ان کے آجر ان کی تنخواہ سے نیشنل انشورنس کنٹریبوشن منہا کر لیتے یا نکال لیتے ہیں.
- وہ لوگ جو آزاد پیشہ ہیں انہیں نیشنل انشورنس کنٹریبوشن خود ادا کرنے کی ضرورت ہوتی ہے.
- کوئی بھی جو اپنا نیشنل انشورنس کنٹریبوشن پورا ادا نہیں کرتا وہ بے روزگاری الاؤنس یا ایک مکمل ریاست ریٹائرمنٹ پینشن جیسے کنٹریبوشن کے فوائد حاصل نہیں کر سکتا.

- Some workers, such as part-time workers, may not qualify for statutory payments such as maternity pay if they do no earn enough.

- Further guidance about National Insurance Contributions is available On HMRC's website at www.hmrc.gov.uk/n

Getting a National Insurance number

- A National Insurance number is a unique personal account number. It makes sure that the National Insurance Contributions and tax you pay are properly recorded against your name.

- All young people in the UK are sent a National Insurance number just before their 16th birthday.

- A non-UK national living in the UK and looking for work, starting work or setting up as self-employed will need a National Insurance number. However, you can start work without one.

- If you have permission to work in the UK, you will need to telephone the Department for Work and Pensions (DWP) to arrange to get a National Insurance number. You may be required to attend an interview.

- The DWP will advise you of the appropriate application process and tell you which documents you will need to bring to an interview if one is necessary.

- You will usually need documents that prove your identity and that you have permission to work in the UK.

- بعض کارکنان، جیسا کہ پارٹ ٹائم کارکن، اگر زیادہ نہیں کماتے تو وہ زچگی کی تنخواہ جیسی قانونی ادائیگیوں کے اہل نہیں ہوتے ۔
- نیشنل انشورنس کنٹریبوشن کے بارے میں مزید رہنمائی HMRC کی ویب سائٹ [www.hmrc.gov.uk/n] پر دستیاب ہے۔

قومی انشورنس نمبر حاصل کرنا

- قومی انشورنس نمبر ایک منفرد ذاتی اکاؤنٹ نمبر ہے. یہ اس بات کو یقینی بناتا ہے کہ آپ کا نیشنل انشورنس کنٹریبوشن اور ٹیکس ادائیگی مناسب طریقے سے آپ کے نام کے ساتھ درج کیا جاتا رہے.
- برطانیہ میں تمام نوجوان لوگوں کو ان کی سولہویں سالگرہ سے کچھ پہلے ایک قومی انشورنس نمبر بھیجا جاتا ہے.
- برطانیہ میں رہنے والا ایک غیر برطانوی شہری جو کام کی تلاش میں ہو، کام شروع کرنا چاہ رہا ہو یا آزاد پیشہ ہو، اسے قومی انشورنس نمبر کی ضرورت ہو گی. تاہم، آپ اسکے بغیر کام شروع کر سکتے ہیں.
- اگر آپ کو برطانیہ میں کام کرنے کی اجازت ہے تو آپ کو ایک قومی انشورنس نمبر حاصل کرنے کے لئے کام اور پینشن کے ڈیپارٹمنٹ (DWP) ٹیلی فون کرنے کی ضرورت ہو گی. آپ کا وہاں شاید ایک انٹرویو ہو .
- DWP آپ کو درخواست کی مناسب کارروائی کے متعلق مشورہ دے گا اور آپ کو بتائے گا کہ آپ کو کونسی دستاویزات انٹرویو میں لانے کی ضرورت ہو گی.
- آپ کو عام طور پر جن دستاویزات کی ضرورت ہوتی ہے ان میں آپ کی شناخت ثابت کرنے والی اور یہ بتانے والی دستاویزات ہیں کہ آپ کو برطانیہ میں کام کرنے کی اجازت ہے.

- A National Insurance number does not on its own prove to an employer that you have the right to work in the UK.

- You can find out more information about how to apply for a National Insurance number at www.gov.uk

Driving

- In the UK, you must be at least 17 years old to drive a car or motor cycle and you must have a driving license to drive on public roads.

- To get a UK driving license you must pass a driving test, which tests both your knowledge and your practical skills.

- You need to be at least 16 years old to ride a moped, and there are other age requirements and special tests for driving large vehicles.

- Drivers can use their driving license until they are 70 years old. After that, the license is valid for three years at a time.

- In Northern Ireland, a newly qualified driver must display an R Plate (for restricted driver) for one year after passing the test.

- If your driving license is from a country in the European Union (EU), Iceland, Liechtenstein or Norway, you can drive in the UK for as long as your license is valid.

- If you have a license from any other country, you may use it in the UK for up to 12 months. To continue driving after that, you must get a UK full driving license.

- ایک نیشنل انشورنس نمبر خود بخود ایک آجر کے یہ ثابت نہیں کرتا کہ آپ کو برطانیہ میں کام کرنے کا حق حاصل ہے.
- آپ [www.gov.uk] پر نیشنل انشورنس نمبر کے لئے درخواست کرنے کے طریقے کے بارے میں مزید معلومات حاصل کرسکتے ہیں-

ڈرائیونگ

- برطانیہ میں گاڑی یا موٹر سائیکل چلانے کے لیے آپ کی عمر کم از کم 17 سال ہونی چاہیے اور آپ کے پاس عوامی سڑکوں پر چلانا کے لیے ڈرائیونگ لائیسنس ہونا ضروری ہے.
- برطانیہ میں ڈرائیونگ لائیسنس حاصل کرنے کے لئے آپ کو ڈرائیونگ ٹیسٹ پاس کرنا ہوتا ہے جو کہ آپ کے علم اور آپ کی عملی مہارت دونوں کی جانچ کرتا ہے.
- آپ کو ایک موپڈ چلانے کے لئے کم از کم 16 سال کی عمر درکار ہے، اور اسی طرح بڑی گاڑیوں کی ڈرائیونگ کے لئے خصوصی ٹیسٹ اور عمر درکار ہیں.
- ڈرائیور اپنے ڈرائیونگ لائیسنس 70 سال کی عمر تک استعمال کر سکتے ہیں. اس کے بعد ہر دفعہ کا لائیسنس تین سال چلتا ہے-
- نادرن آئرلینڈ میں، ایک نئے پاس ہوئے ڈرائیور کے لیے ٹیسٹ پاس کرنے کے بعد ایک سال تک R پلیٹ (محدود ڈرائیور کے لئے) کا لگانا ضروری ہے.
- اگر آپ کا ڈرائیونگ لائیسنس یورپی یونین (EU)، آئس لینڈ، لکٹن سٹائن یا ناروے، میں سے کسی ملک کا ہے تو آپ جب تک آپ کا لائیسنس کارآمد ہے برطانیہ میں گاڑی چلا سکتے ہیں.
- اگر آپ کا ڈرائیونگ لائیسنس کسی بھی اور ملک کا ہے، تو آپ 12 ماہ کے لئے برطانیہ میں اس کا استعمال کر سکتے ہیں. اس کے بعد، ڈرائیونگ جاری رکھنے کیلیۓ آپکو فل یوکے ڈرائیونگ لائیسنس حاصل کرنا ضروری ہے-

- If you are resident in the UK, your car or motor cycle must be registered at the Driver and Vehicle Licensing Agency (DVLA).

- You must pay an annual road tax and display the tax disc, which shows that the tax has been paid, on the windscreen.

- You must also have valid motor insurance. It is a serious criminal offence to drive without insurance.

- If your vehicle is over three years old, you must take it for a Ministry of Transport (MOT) test every year.

- It is an offence not to have an MOT certificate if your vehicle is more than three years old.

- You can find out more about vehicle tax and MOT requirements from www.gov.uk

Your Role In The Community

- Becoming a British citizen or settling in the UK brings responsibilities but also opportunities. Everyone has the opportunity to participate in their community.

Values and Responsibilities

- Although Britain is one of the World's most diverse societies, there is a set of shared values and responsibilities that everyone can agree with.

- اگر آپ برطانیہ میں مقیم ہیں تو آپ کی گاڑی یا موٹر سائیکل کا ڈرائیور اور وہیکل لائیسنسنگ ایجنسی (DVLA) میں رجسٹرڈ ہونا ضروری ہے۔
- آپ کو لازمی سالانہ روڈ ٹیکس ادا کرنا چاہیے اور ونڈ سکرین پر ٹیکس کی ڈسک لگانا چاہیے جو ظاہر کرتا ہے کہ ٹیکس ادا کیا گیا ہے۔
- آپ کے پاس کارآمد موٹر انشورنس بھی ہونی چاہیے. انشورنس کے بغیر گاڑی چلانا ایک سنگین جرم ہے.
- اگر آپ کی گاڑی تین سال سے زیادہ پرانی ہے تو اسے ہر سال وزارتِ ٹرانسپورٹ کے ٹیسٹ (MOT) کے لئے لیکر جانا ضروری ہے -
- اگر آپ کی گاڑی تین سال سے زیادہ پرانی ہے تو (MOT) سرٹیفکیٹ نہ رکھنا بھی ایک جرم ہے.
- آپ [www.gov.uk] سے وہیکل ٹیکس اور (MOT) کے تقاضوں کے بارے میں مزید معلومات حاصل کر سکتے ہیں۔

کمیونٹی میں آپ کا کردار

- ایک برطانوی شہری بننا یا برطانیہ میں بسنا آپ کے لیے ذمہ داریاں لاتا ہے مگر مواقع بھی فراہم کرتا ہے۔ ہر شخص کے پاس اسکی کمیونٹی میں شرکت کرنے کا موقع ہوتا ہے.

اقدار اور ذمہ داریاں

- اگرچہ برطانیہ دنیا کے سب سے متنوع معاشروں میں سے ایک ہے، یہاں پر مشترکہ اقدار اور ذمہ داریوں کا بھی ایک مجموعہ ہے جس پر آپ سب کے ساتھ متفق ہو سکتے ہیں.

- These values and responsibilities include:

  - to obey and respect the law

  - to be aware of the rights of others and respect those rights

  - to treat others with fairness

  - to behave responsibly

  - to help and protect your family

  - to respect and preserve the environment

  - to treat everyone equally, regardless of sex. race, religion age, disability, class or sexual orientation

  - to work to provide for yourself and your family

  - to help others

  - to vote in local and national government elections.

- Taking on these values and responsibilities will make it easier for you to become a full and active citizen.

Being a good neighbour

- When you move into a new house or apartment, introduce yourself to the people who live near you.

- Getting to know your neighbours can help you to become part of the community and make friends.

- ان اقدار اور ذمہ داریوں میں شامل ہیں:

  - قانون کی اطاعت اور احترام کرنا

  - دوسروں کے حقوق کے بارے میں علم رکھنا اور ان حقوق کا احترام کرنا

  - دوسروں کے ساتھ شفقت سے پیش آنا

  - ذمے داری کا برتاؤ کرنا

  - اپنے خاندان کی مدد اور حفاظت کرنا

  - ماحول کا احترام اور تحفظ کرنا

  - جنس، نسل، مذہب، عمر، معذوری، کلاس یا جنسی رجحان سے قطع نظر سب کے ساتھ یکساں سلوک کرنا

  - اپنے اور اپنے خاندان کے لئے کام کر کے کمانا

  - دوسروں کی مدد کرنا

  - مقامی اور قومی حکومت کے انتخابات میں ووٹ ڈالنا۔

- ان اقدار اور ذمہ داریوں پر عمل آپ کے لیے ایک مکمل اور فعال شہری بننا آسان کر دے گی۔

ایک اچھا پڑوسی بنیں

- اگر آپ ایک نئے گھر یا اپارٹمنٹ میں منتقل ہوتے ہیں تو آپ اپنے قریب رہنے والے لوگوں سے اپنا تعارف کرائیں۔

- اگر آپ کو اپنے پڑوسیوں کا علم ہو گا تو یہ آپ کو کمیونٹی حصہ بننے اور دوست بنانے میں مدد فراہم کرے گا۔

- Your neighbours are also a good source of help - for example, they may be willing to feed your pets if you are away, or offer advice on local shops and services.

- You can help prevent any problems and conflicts with your neighbours by respecting their privacy and limiting how much noise you make.

- Also try to keep your garden tidy, and only put your refuse bags and bins on the street or in communal areas if they are due be collected.

Getting Involved In Local Activities

- Volunteering and helping your community are an important part of being a good citizen. They enable you to integrate and get to know other people.

- It helps to make your community a better place if residents support each other. It also helps you to fulfil your duties a citizen, such as behaving responsibly and helping others.

How you can support your community

- There are a number of positive ways in which you can support your community and be a good citizen.

- آپ کے ہمسائے مدد کا ایک اچھاذریعہ بھی ہیں- مثال کے طور پر، ہو سکتا ہے جب آپ دور ہوں تو وہ آپ کے پالتو جانوروں کو کھانا کھلانے پر راضی ہوں یامقامی دکانوں اور خدمات پر مشورہ دے سکیں-

- آپ ان کی رازداری کا احترام اور اپنے شور کو محدود کر کے اپنے پڑوسیوں کے ساتھ مسائل اور تنازعات کو جنم لینے سے روک سکتے ہیں.

- اس کے علاوہ اپنے باغ صاف رکھنے کی کوشش کریں، اور سڑک پر یا مشترکہ استمال کی جگہوں پر اپنے بن بیگ اور ڈبے صرف تب رکھیں جب انہیں جمع کیا جانا ہو-

مقامی سرگرمیوں میں حصہ لینا

- رضاکارانہ کام اور کمیونٹی کی مدد کرنا ایک اچھے شہری ہونے کی نشانیاں ہیں. یہ آپکو مل جل کر رہنے اور دوسروں کو زیادہ بہتر جاننے میں مدد کرتے ہیں-

- اگر رہائشی ایک دوسرے کی مدد کریں تو کمیونٹی ایک بہتر جگہ بن جاتی ہے. یہ آپ کو ایک شہری کے طور پر اپنے فرائض بھی پورا کرنے میں مدد دیتی ہے جیسا کہ ذمہ داری سے رہنا اور دوسروں کی مدد-

آپ اپنی کمیونٹی کی مدد کس طرح کرسکتے ہیں

- اپنی کمیونٹی کی مدد کرنے اور ایک اچھا شہری بننے کے بہت سے مثبت طریقے ہیں-

Jury Service

- As well as getting the right to vote, people on the electoral register are randomly selected to serve on a jury.

- Anyone who is on the electoral register and is aged 18 to 70 can be asked to do this.

Helping In Schools

- If you have children, there are many ways in which you can help at their schools. Parents can often help in classrooms, by supporting activities or listening to children read.

- Many schools organise events to raise money for extra equipment or out-of-school activities. Activities might include book sales, toy sales or bringing food to sell.

- Sometimes events are organised by parent-teacher associations (PTAs). Volunteering to help with their events or joining the association is a way of doing something good for the school and also making new friends in your local community.

- You can find out about these opportunities from notices in the school or notes your children bring home.

School governors and school boards

- School governors, or members of the school board in Scotland, are people from the local community who wish to make a positive contribution to children's education.

جیوری سروس

- ووٹ کا حق حاصل کرنے کے ساتھ ساتھ انتخابی رجسٹر میں شامل لوگ جیوری سروس کے لئے بھی بلا ترتیب چنے جاسکتے ہیں۔

- انتخابی رجسٹر پر موجود لوگوں میں سے 18 سے 70 سال کی عمر کے لوگوں کو ایسا کرنے کے لئے کہا جاسکتا ہے.

اسکولوں میں مدد کرنا

- آپ کے بچے ہیں تو آپ ان کے اسکولوں میں مدد کر سکتے ہیں جس کے بہت سے طریقے ہیں. والدین اکثر بچوں کی کلاس میں سرگرمیوں میں مدد کرکے یا بچوں کی پڑھائی سن کر مدد کر سکتے ہیں.

- بہت سے اسکول اضافی سامان یا اسکول سے باہر کی سرگرمیوں کے لئے اضافی رقم جمع کرنے کی غرض سے مختلف مواقع منظم کرتے ہیں. جن میں کتابیں، کھلونا یا خوراک فروخت کرنے جیسی سرگرمیاں ہو سکتی ہیں.

- بعض اوقات ایسی سرگرمیاں والدین اساتذہ ایسوسی ایشن (PTAs) کی طرف سے منظم کی جاتی ہیں. آپ ایسی سرگرمیوں میں رضاکارانہ طور پر مدد کرکے یا انجمن میں شامل ہو کر اسکول کے لئے کچھ اچھا کر رہے ہوتے ہیں اور اس کے ساتھ ساتھ اپنی مقامی کمیونٹی میں نئے دوست بناتے ہیں.

- ان سرگرمیوں کے بارے میں آپ اسکول نوٹس بورڈ سے یا آپ کے بچوں کے گھر لائے ہوئے نوٹس سے جان سکتے ہیں.

اسکول گورنر اور سکول بورڈ

- اسکول کے گورنر، یا اسکاٹ لینڈ میں اسکول بورڈ کے ارکان، مقامی کمیونٹی سے لوگ ہیں جو بچوں کی تعلیم کے لئے مثبت شراکت کرنا چاہتے ہیں.

- They must be aged 18 or over at the date of their election or appointment. There is no upper age limit.

- Governors and school boards have an important part to play in raising school standards. They have three key roles:

  - setting the strategic direction of the school

  - ensuring accountability

  - monitoring and evaluating school performance.

- You can contact your local school to ask if they need a new governor or school board member.

- In England, you can also apply online at the School Governors' One-Stop Shop at www.sgoss.org.uk

  In England, parents and other community groups can apply to open a free school in their local area. More information about this can found on the Department for Education website at www.dfe.gov.

Supporting political parties

- Political parties welcome new members.

- Joining one is a way to demonstrate your support for certain views and to get involved in the democratic process.

- Political parties are particularly busy at election times.

- ایسے افراد کا اپنے انتخاب یا تقرری کی تاریخ تک کم از کم 18 سال یا اس سے زیادہ عمر کے ہونا ضروری ہے. زیادہ سے زیادہ عمر کی کوئی حد نہیں ہے.

- گورنر اور اسکول بورڈز اسکول کے معیار میں اضافے کے لئے ایک اہم کردار ادا کرتے ہیں. ان کے تین اہم کردار ہیں:

  - اسکول کی حکمتِ عملی کی سمت کی ترتیب دینا

  - احتساب کو یقینی بنانا

  - سکولوں کی کارکردگی کا جائزہ اور نگرانی.

- آپ اپنے مقامی اسکول سے رابطہ کر سکتے ہیں کہ انہیں ایک نئے گورنر یا اسکول بورڈ کے رکن کی ضرورت تو نہیں.

- انگلینڈ میں آپ اسکول گورنر کی ون سٹاپ شاپ [www.sgoss.org.uk] پر آن لائن درخواست بھی دے سکتے ہیں۔

- انگلینڈ میں، والدین اور دوسرے کمیونٹی کے گروپ ان کے مقامی علاقے میں ایک آزاد اسکول کھولنے کے لئے درخواست دے سکتے ہیں. اس بارے میں مزید معلومات محکمہ تعلیم کی ویب سائٹ [www.dfe.gov] پر ملاحظہ فرمائیں.

سیاسی جماعتوں کی حمایت

- سیاسی جماعتیں نئے اراکین کا استقبال کرتی ہیں.

- Members work hard to persuade people to vote for their candidates – for instance, by handing out leaflets in the street or by knocking on people's doors and asking for their support. This is called 'canvassing'.

- British citizens can stand for office as a local councillor, a member of Parliament (or the devolved equivalents) or a member of the European Parliament. This is an opportunity to become even more involved in the political life of the UK.

- You may also be able to stand for office if you are an Irish citizen, an eligible commonwealth citizen or (except for standing to be an MP) a citizen of another EU country.

- You can find out more about joining a political party from the individual party websites.

Helping With Local Services

- There are opportunities to volunteer with a wide range of local service providers, including local hospitals and youth projects. Services often want to involve local people in decisions about the way in which they work.

- Universities, housing associations, museums and arts councils may advertise for people to serve as volunteers in their governing bodies.

- You can volunteer with the police, and become a special constable or a lay (non-police) representative.

- ممبران اپنے امیدواروں کے لئے ووٹ ڈالنے کے لئے لوگوں کو قائل کرنے میں سخت تگ ودو کرتے ہیں- مثال کے طور پر، گلی میں لیفلٹ یا اشتہار تقسیم کرنا یا لوگوں کے دروازوں پر دستک دینا اور اپنے امیدواروں کی حمایت کے لیے کہنا. یہ عمل کنویسنگ 'canvassing' کہلاتا ہے.

- برطانوی شہری ایک مقامی کونسلر، پارلیمنٹ کے ایک رکن (یا سکاٹ لینڈ، آئرلینڈ یا ویلز کے مساوی ممبر) یا یورپی پارلیمنٹ کے ایک رکن کی حیثیت سے عہدے کے لئے کھڑے ہوسکتے ہیں. یہ برطانیہ کی سیاسی زندگی میں مزید شمولیت کا ایک موقع ہے.

- آپ بھی کسی عہدے کے لئے کھڑے ہوسکتے ہیں اگر آپ ایک آئرش شہری، ایک اہل دولت مشترکہ کے شہری یا (یا بشرطیہ کہ آپ رکن پارلیمنٹ کے لئے کھڑے نہیں ہو رہے تو) یورپی یونین کے کسی دوسرے ملک کے شہری ہیں.

- آپ کسی سیاسی جماعت میں شامل ہونے کے بارے میں مزید معلومات اس پارٹی کی اپنی ویب سائٹس سے حاصل کرسکتے ہیں.

مقامی خدمات میں مدد

- مقامی ہسپتالوں اور نوجوانوں کے منصوبوں سمیت بہت سے مقامی سروس فراہم کرنے والوں کے ساتھ رضاکارانہ کام کرنے کے مواقع موجود ہیں. سروس فراہم کرنے والے اکثر اپنے طریقہ کار کے فیصلوں میں مقامی لوگوں کو شامل کرنا چاہتے ہیں.

- یونیورسٹیاں، ہاؤسنگ ایسوسی ایشنز، عجائب گھر اور آرٹ کونسلز، اپنے گورننگ اداروں کے لیے، لوگوں کے رضاکارانہ طور پر کام کرنے کی تشہیر کرسکتے ہیں.

- آپ پولیس کے رضاکار بن کر ایک خاص کانسٹیبل یا ایک عام نمائندے (غیر پولیس) بن سکتے ہیں.

- You can also apply to become a magistrate.

- You will often find advertisements for vacancy in your local newspaper or on local radio. You can also find out more about these sorts of roles at www.gov.uk

Blood and Organ Donation

- Donated blood is used by hospitals to help people with a wide range of injuries and illnesses. Giving blood only takes about an hour to do.

- You can register to give blood at:

    - England and North Wales: www.blood.co.uk

    - Rest of Wales: www.welsh-blood.org.uk

    - Scotland: www.scotblood.co.uk

    - Northern Ireland: www.nibts.org

- Many people in the UK are waiting for organ transplants.

- If you register to be an organ donor, it can make it easier for your family to decide whether to donate your organs when you die.

- You can register to be an organ donor at www.organdonation.nhs.uk.

- Living people can also donate a kidney.

- آپ ایک مجسٹریٹ بننے کے لئے بھی درخواست دے سکتے ہیں.

- آپ کو اکثر اپنے مقامی اخبار میں یا مقامی ریڈیو پر خالی جگہ کے اشتہارات مل جائیں گے. آپ اس قسم کے کرداروں کے بارے میں مزید معلومات [www.gov.uk] میں بھی حاصل کرسکتے ہیں.

خون اور اعضاء کے عطیہ

- عطیہ کردہ خون کو ہسپتال بہت طرح کے بیمار اور زخمی لوگوں کی مدد کرنے کے لیے استعمال کرتے ہیں. خون دینے میں صرف ایک گھنٹا لگتا ہے.

- آپ خون دینے کے لئے مندرجہ ذیل جگہوں پر رجسٹر ہوسکتے ہیں:

  - انگلینڈ اور نارتھ ویلز: [www.blood.co.uk]

  - بقیہ ویلز: [www.welsh-blood.org.uk]

  - اسکاٹ لینڈ: [www.scotblood.co.uk]

  - شمالی آئرلینڈ: [www.nibts.org]

- برطانیہ میں بہت سے لوگ انسانی اعضاء کی ٹرانسپلانٹ کے لئے انتظار کر رہے ہیں.

- اگر آپ ایک عضو کے عطیہ کنندہ بن جائیں، تو آپ کے خاندان کے لیے آسان ہو جاتا ہے کہ وہ مرنے کے بعد آپ کے اعضاء عطیہ کرنے کا فیصلہ کر سکیں.

- آپ [www.organdonation.nhs.uk] پر اعضاء کے عطیہ کنندہ بننے کے لئے رجسٹر کرسکتے ہیں.

- زندہ لوگ بھی ایک گردہ عطیہ کرسکتے ہیں.

Other ways to volunteer

- Volunteering is working for good causes without payment.

- There are many benefits to volunteering, such as meeting new people and helping make your community a better place.

- Some volunteer activities will give you a chance to practice your English or develop work skills that will help you find a job or improve your curriculum vitae (CV).

- Many people volunteer simply because they want to help other people.

- Activities you can do as a volunteer include:

  - working with animals - for example, caring for animals at a local rescue shelter

  - youth work - for example, volunteering at a youth group

  - helping improve the environment - for example, participating in a litter pick-up in the local area

  - working with the homeless in, for example, a homelessness shelter

  - mentoring - for example, supporting someone who has just come out of prison

  - work in health and hospitals - for example, working on an information desk in a hospital

  - helping older people at, for example, a residential care home.

رضا کاری کے دیگر طریقے

- رضاکاری، تنخواہ کے بغیر اچھے مقاصد کے لئے کام کرنا ہے.
- رضاکارانہ خدمات انجام دینے کے لئے بہت سے فوائد ہیں مثلاً نئے لوگوں سے میل ملاقات اور اپنی کمیونٹی کو ایک بہتر جگہ بنانے کے لئے مدد کی فراہمی.
- کچھ رضاکارانہ سرگرمیاں آپ کو انگریزی کی مشق کرنے کا یا کام کی مہارت کو بہتر بنانے کا موقع فراہم کرتی ہیں. یہ آپکو بہتر ملازمت کے حصول اور آپکے کوائف نامہ (CV) کو بہتر بنانے میں مدد دیتی ہیں.
- بہت سے لوگ صرف اس لیے رضاکارانہ کام کرتے ہیں کہ وہ دوسرے لوگوں کی مدد کرنا چاہتے ہیں.
- سرگرمیاں جو کہ آپ رضاکارانہ طور پر کرسکتے ہیں:

- جانوروں کے ساتھ کام کرنا- مثال کے طور پر، ایک مقامی امدادی پناہ گاہ میں جانوروں کی دیکھ بھال کرنا
- نوجوانوں کا کام- مثال کے طور پر، ایک نوجوان گروپ میں رضاکارانہ کام.
- ماحول کو بہتر بنانے میں مدد کرنا - مثال کے طور پر، مقامی علاقے میں گندگی صاف کرنے میں حصہ لینا.
- بے گھر افراد کے ساتھ کام - مثال کے طور پر، بے گھروں کو پناہ گاہ کی فراہمی
- رہنمائی- مثال کے طور پر، حال ہی میں جیل سے باہر آنیوالے کی مدد کرنا-
- صحت اور ہسپتالوں میں کام- مثال کے طور پر، ایک ہسپتال میں ایک معلومات ڈیسک پر کام کرنا.
- بوڑھے لوگوں کی مدد کرنا- مثال کے طور پر، ایک رہائشی کیئر ہوم میں مدد کرنا.

- There are thousands of active charities and voluntary organizations in the UK.

- They work to improve the lives of people, animals and the environment in many different ways. They range from the British branches of international organisations, such as the British Red Cross, to small local charities working in particular areas.

- They include charities working with older people (such as Age UK), with children (for example, the National Society for the Prevention of Cruelty to Children (NSPCC), and with the homeless (for example, Crisis and Shelter).

- There are also medical research charities (for example, Cancer Research UK), environmental charities (including the National Trust and Friends of the Earth) and charities working with animals (such as the People's Dispensary for Sick Animals (PDSA)).

- Volunteers are needed to help with their activities and to raise money.

- The charities often advertise in local newspapers, and most have websites that include information about their opportunities.

- You can also get information about volunteer for different organisations from www.do-it.org.uk.

- There are many opportunities for younger people to volunteer and receive accreditation, which will help them to develop their skills.

- برطانیہ میں ہزاروں کی تعداد میں خیراتی ادارے اور رضاکار تنظیمیں سرگرم ہیں.
- وہ بہت سے مختلف طریقوں سے لوگوں کی زندگیوں، جانوروں اور ماحول کی بہتری کے لئے کم کرتے ہیں. ان میں بین الاقوامی تنظیموں کی برطانوی شاخوں مثلاً برٹش ریڈ کراس سے لے کر ان علاقوں میں کام کرنے والے چھوٹے مقامی خیراتی اداروں تک شامل ہیں.
- ان میں بوڑھے لوگوں کے لیے (جیسا کہ ایج یو کے Age UK)، اور بچوں کے لیے (مثال کے طور پر، بچوں پر ظلم کی روک تھام کے لئے قومی سوسائٹی NSPCC)، اور بے گھروں کے لیے (مثال کے طور پر، کرائسس Crisis اور شیلٹر Shelter) جیسے خیراتی ادارے بھی شامل ہیں.
- طبی تحقیق کے خیراتی ادارے بھی کام کر رہے ہیں (مثال کے طور پر، کینسر ریسرچ یو کے)، ماحولیاتی خیراتی ادارے (جن میں نیشنل ٹرسٹ اور فرینڈز آف دا ارتھ) اور جانوروں کے لیے خیراتی ادارے (جیسے بیمار جانوروں کی پیپلز ڈسپنسری PDSA) شامل ہیں.
- ان سرگرمیوں میں مدد دینے اور ان کے لیے رقم جمع کرنے کے لئے رضاکاروں کی ضرورت ہے.
- خیراتی ادارے اکثر مقامی اخباروں میں تشہیر کرتے ہیں اور اکثر کی ویب سائٹس ہیں جو ان کے بارے میں معلومات فراہم کرتی ہیں
- آپ مختلف تنظیموں کے لئے رضاکارانہ طور پر کام کرنے کے بارے میں **معلومات** [www.do-it.org.uk] سے بھی حاصل کرسکتے ہیں.
- نوجوانوں کے لئے رضاکارانہ طور پر کام کرنے کے بہت سے مواقع موجود ہیں جن سے انھیں اپنی صلاحیتوں کو اجاگر کرنے میں مدد ملتی ہے-

- These include the National Citizen Service programme, which gives 16- and 17-year-olds the opportunity to enjoy outdoor activities, develop their skills and take part in a community project.

- You can find out more about these opportunities as follows:

  - National Citizen Service: at nationalcitizenservice.direct.gov.uk.

  - England: at www.vmspired.com

  - Wales: at www.gwirvol.org

  - Scotland: at www.vds.org.uk

  - Northern Ireland: at www.volunteernow.co.uk

Looking after the environment

- It is important to recycle as much of your waste as you can.

- Using recycled materials to make new products uses less energy and means that we do not need to extract more raw materials from the earth.

- It also means that less rubbish is created, so the amount being put into landfill is reduced.

- You can learn more about recycling and its benefits at www.recyclenow.com. At this website, you can also find out what you can recycle at home and in the local area if you live in England.

- ان میں نیشنل سٹیزن سروس کے پروگرام شامل ہیں جو کہ 16- 17 سال کے نوجوانوں کے لیے مواقع فراہم کرتے ہیں کہ وہ بیرونی سرگرمیوں سے لطف اندوز ہو سکیں، اپنی مہارت کو ترقی دے سکیں اور کمیونٹی کے منصوبے میں حصہ لے سکیں.

- آپ ان مواقع کے بارے میں مزید معلومات مندرجہ ذیل ویب سائٹس سے حاصل کرسکتے ہیں:

  - نیشنل سٹیزن سروس: [nationalcitizenservice.direct.gov.uk] :
  - انگلینڈ: [www.vmspired.com]
  - ویلز: [www.gwirvol.org]
  - اسکاٹ لینڈ: [www.vds.org.uk]
  - نادرن آئرلینڈ: [www.volunteernow.co.uk]

ماحول کی دیکھ بھال کرنا

- یہ ضروری ہے کہ آپ اپنی ضایع کردہ اشیاء کو زیادہ سے زیادہ ری سائیکل کریں-
- نئی مصنوعات بنانے کے لئے ری سائیکل مواد کا استعمال کرنے کے لیے کم توانائی خرچ ہوتی ہے اور اس کا مطلب ہے کہ ہمیں زمین سے زیادہ خام مال نکالنے کی بھی ضرورت نہیں پڑتی.

- اس کا یہ بھی مطلب ہے کہ کوڑا کرکٹ کم پیدا ہوتا ہے اور اور گڑھوں میں بھرے جانے والا کوڑا کرکٹ بھی کم ہوتا ہے

- آپ [www.recyclenow.com] میں ری سائیکلنگ اور اس کے فوائد کے بارے میں مزید جان سکتے ہیں. اس ویب سائٹ پر آپ یہ بھی جان سکتے ہیں کہ اگر آپ انگلینڈ میں رہتے ہیں تو آپ گھر اور مقامی علاقے میں کیا کیا ریسائیکل کرسکتے ہیں.

- This information is available for Wales at www.wasteawarenesswales.org.uk, for Scotland at www.recycleforscotland.com and for Northern Ireland from your local authority.

- A good way to support your local community is to shop for products locally where you can. This will help businesses and farmers in your area and in Britain. It will also reduce your carbon footprint, because the products you buy will not have had to travel as far.

- Walking and using public transport to get around when can is also a good way to protect the environment.

- It means that you create less pollution than when you use a car.

- یہ معلومات ویلز کے لئے [www.wasteawarenesswales.org.uk] پر، اسکاٹ لینڈ کے لئے [www.recycleforscotland.com] پر اور نادرن آئرلینڈ کے لئے آپ کی مقامی اتھارٹی سے دستیاب ہیں.

- مقامی کمیونٹی کی مدد کے لئے ایک اچھا طریقہ یہ ہے کہ جہاں ممکن ہو سکے مقامی مصنوعات خریدی جائیں. یہ آپ کے علاقے اور برطانیہ میں کاروباری اداروں اور کسانوں کو مدد دے گا. اس سے آپ کے کاربن اثرات بھی کم ہو جائیں گے کیونکہ جن مصنوعات کو آپ خریدیں گے انہیں دور تک سفر نہیں کرنا پڑے گا.

- پیدل چلنا اور پبلک ٹرانسپورٹ کا استعمال کرنا بھی ماحول کے تحفظ کے لئے ایک اچھا طریقہ ہے۔

- اس کا مطلب یہ ہے کہ اس طرح کرنے سے آپ گاڑی استعمال کرنے کے مقابلے میں کم آلودگی پیدا کرتے ہیں۔

Chapter 5:

Practice Questions

1.   What is the system of government in the UK?

       A   Presidential democracy
       B   Direct democracy
       C   Parliamentary democracy
       D   Federal

****

2.   When did political parties began to involve ordinary men
      and women as members?

       A   17th century
       B   18th century
       C   19th century
       D   20th century

****

3.   In 1969, the voting age was reduced from 21 to the
      current age of which one of these?

       A   14
       B   20
       C   16
       D   18

****

4.   British constitution is written down in a single document
      like other countries. Is this statement true or false?

       A   True
       B   False

****

5.   In Constitutional Monarchy, who rules the country?

       A   The Prime Minister
       B   The Monarch

6.   Since when has Queen Elizabeth II reigned?

    A   1945
    B   1950
    C   1952
    D   1955

****

7.   Who is the heir to the throne?

    A   Prince William
    B   Prince Harry
    C   Prince Philip
    D   Prince Charles

****

8.   Who opens the new Parliamentary session each year?

    A   The Pope
    B   The Queen
    C   The Prime Minister
    D   House of Lords

****

9.   What is the National Anthem of UK?

    A   God save us
    B   God save the king
    C   God save the Queen
    D   God save the princes

****

**10.   The Houses of Parliament in London, are a world heritage
        site. Is this statement true or false?**

    A   True
    B   False

11.   How frequently are general elections held in UK?

A   Each year
B   Once in 2 years
C   Once in 4 years
D   Once in 5 years

****

12.   How frequently are elections for European Parliament held in UK?

A   Each year
B   Once in 2 years
C   Once in 4 years
D   Once in 5 years

****

13.   What are elected members for European parliament called?

A   MPs
B   MA's
C   MEPs
D   AM's

****

14.   Which of these is the official home of the Prime Minister?

A   The Buckingham Palace
B   The Tower of London
C   10 Downing Street
D   11, Knightsbridge

****

15.   The Prime Minister also has a country house outside London, called what?

A   Rural Palace
B   Chequers
C   PM House
D   Squares

16. How many local authorities are there in London?

    A   33
    B   10
    C   5
    D   55

17. Since when has there been a Welsh Assembly and a Scottish Parliament?

    A   1947
    B   1970
    C   1997
    D   1999

18. Where is Welsh National Assembly based?

    A   Edinburgh
    B   Glasgow
    C   Cardiff
    D   London

19. How many members are there in Welsh Assembly?

    A   50
    B   108
    C   129
    D   60

20. How many members are there in Scottish Parliament?

    A   60
    B   129
    C   108
    D   201

21.   How many members are there in Northern Ireland Assembly?

A   201
B   129
C   60
D   108

22.   How often are elections held for Welsh assembly?

A   Each year
B   Once in 2 years
C   Once in 4 years
D   Once in 5 years

23.   When was the Northern Ireland Parliament abolished?

A   1922
B   1969
C   1972
D   1975

24.   When did Troubles break out in Northern Ireland?

A   1922
B   1969
C   1972
D   1975

25.   Since which year is Northern Ireland Assembly running successfully without being dissolved?

A   1970
B   1998
C   2007
D   2012

26.   Where do the elected members in Scotland meet?

   A   Westminster, London
   B   Stormont, Belfast
   C   Holyrood, Edinburgh
   D   Senedd, Cardiff

****

27.   Where do the elected members in Northern Ireland meet?

   A   Stormont, Belfast
   B   Westminster, London
   C   Senedd, Cardiff
   D   Holyrood, Edinburgh

****

28.   Since when has UK had a fully democratic voting system?

   A   1928
   B   1918
   C   1947
   D   1997

****

29.   When was the present voting age set at 18?

   A   1918
   B   1928
   C   1969
   D   1997

****

30.   Only UK born citizens have a right to vote. Is this
        statement true or false?

   A   True
   B   False

31. **In which year was EU (Originally named EEC- European Economic Community) formed?**

    A   1914
    B   1857
    C   1957
    D   1997

32. **In which year did UK become a member of European Union?**

    A   1957
    B   1973
    C   1997
    D   1999

33. **Which of these countries initially formed European Union (or EEC)? Select TWO correct groups.**

    A   France, Italy & Germany
    B   UK, Germany & France
    C   Belgium, Luxembourg & Netherlands
    D   UK, US & France

34. **Currently how many EU member states are there?**

    A   20
    B   27
    C   31
    D   35

35. **How many member states are there in the Council of Europe?**

    A   52
    B   27
    C   102
    D   47

36.   How many member states are there in the United
        Nations?

   A   27
   B   52
   C   47
   D   190

37.   What is the United Nations responsible for? Mark **TWO**
        correct answers.

   A   Protecting the Environment
   B   Preventing War
   C   Protection and promotion of human rights in
        member countries
   D   Promoting World Peace

38.   When was United Nations set up?

   A   After first World War
   B   Before 2nd World War
   C   After 2nd World War
   D   Before First World War

39.   How many member states are there in Security Council of
        the United Nations?

   A   15
   B   27
   C   47
   D   52

40.   How many member of the Security Council are
        permanent?

   A   2
   B   3
   C   5
   D   8

41.   When found guilty, who decides the penalty?

    A   Jury
    B   Judge or Sheriff
    C   Police
    D   Prime Minister

****

42.   Youth courts hear cases when accused persons belong to which age group?

    A   5 to 15
    B   10 to 17
    C   8 to 18
    D   7 to 17

****

43.   In which TWO of these places can you find details of a solicitor if you need one?

    A   Local Newspapers
    B   Yellow Pages
    C   Local Supermarket
    D   Ask your GP

****

44.   When did UK sign European Convention on Human Rights?

    A   1997
    B   1950
    C   1970
    D   2010

****

45.   A husband cannot be charged with rape of his wife. Is this statement true or false?

    A   False
    B   True

46. **After 70 years, you can get a driving licence for how many years at a time?**

    A   2 years
    B   3 years
    C   5 years
    D   10 years

****

47. **If you are resident in the UK, your car or motor cycle must be registered at which of these agencies?**

    A   National Health Service -NHS
    B   Your local council
    C   Driver and Vehicle Licensing Agency - DVLA
    D   Department for Work and Pensions - DWP

****

48. **Which of these is true regarding driving without a valid motor insurance?**

    A   It is a minor offence, you will get a caution from police
    B   It is not an offence, but it will be expensive for you if you have an accident
    C   It is a serious criminal offence
    D   It is a serious criminal offence and you will straightaway go to jail

****

49. **At what age can you drive a moped?**

    A   14
    B   15
    C   16
    D   18

****

50. **Which of these can stand for election as an MP?**

    A   European Citizen
    B   Irish Citizens & Commonwealth Citizens

Q.#	Answer	Reference	
		Chapter	Page #
1	C	The UK government, the law & your role	p. 119
2	C	The UK government, the law & your role	p. 119
3	D	The UK government, the law & your role	p. 120
4	B	The UK government, the law & your role	p. 120
5	A	The UK government, the law & your role	p. 121
6	C	The UK government, the law & your role	p. 122
7	D	The UK government, the law & your role	p. 122
8	B	The UK government, the law & your role	p. 122
9	C	The UK government, the law & your role	p. 122
10	A	The UK government, the law & your role	p. 123 - picture
11	D	The UK government, the law & your role	p. 125
12	D	The UK government, the law & your role	p. 126
13	C	The UK government, the law & your role	p. 126
14	C	The UK government, the law & your role	p. 127
15	B	The UK government, the law & your role	p. 127
16	A	The UK government, the law & your role	p. 129
17	D	The UK government, the law & your role	p. 129
18	C	The UK government, the law & your role	p. 129
19	D	The UK government, the law & your role	p. 129
20	B	The UK government, the law & your role	p. 130
21	D	The UK government, the law & your role	p. 131
22	C	The UK government, the law & your role	p. 129
23	C	The UK government, the law & your role	p. 131
24	B	The UK government, the law & your role	p. 131
25	C	The UK government, the law & your role	p. 132
26	C	The UK government, the law & your role	p. 136

Q.#	Answer	Reference	
		Chapter	Page #
27	A	The UK government, the law & your role	p. 136
28	A	The UK government, the law & your role	p. 133
29	C	The UK government, the law & your role	p. 133
30	B	The UK government, the law & your role	p. 133
31	C	The UK government, the law & your role	p. 138
32	B	The UK government, the law & your role	p. 138
33	A & C	The UK government, the law & your role	p. 138
34	B	The UK government, the law & your role	p. 138
35	D	The UK government, the law & your role	p. 139
36	D	The UK government, the law & your role	p. 139
37	B & D	The UK government, the law & your role	p. 139
38	C	The UK government, the law & your role	p. 139
39	A	The UK government, the law & your role	p. 139
40	C	The UK government, the law & your role	p. 139
41	B	The UK government, the law & your role	p. 146
42	B	The UK government, the law & your role	p. 146
43	A & B	The UK government, the law & your role	p. 147
44	B	The UK government, the law & your role	p. 148
45	A	The UK government, the law & your role	p. 149
46	B	The UK government, the law & your role	p. 152
47	C	The UK government, the law & your role	p. 153
48	C	The UK government, the law & your role	p. 153
49	C	The UK government, the law & your role	p. 152
50	B	The UK government, the law & your role	p. 157

Please note that the page numbers in last column are from Official book and are written here for your peace of mind that all information and question answers are from official book. Thanks.